Growing at the
Speed of Life

从明天起种菜、烹调，
做一个幸福的人

SKAGIT

在斯卡吉特，生活是这样的

Graham Kerr

〔美〕格雷汉姆·柯尔 ○著

张　愉 ○译

陕西出版传媒集团

陕西人民出版社

图书在版编目（CIP）数据

从明天起种菜、烹调，做一个幸福的人：在斯卡吉特，生活是这样的／（美）柯尔（Kerr, G.）著；张愉 译. —西安：陕西人民出版社，2013

书名原文：Growing at the Speed of Life：A Year in the Life of My First Kitchen Garden

ISBN 978-7-224-10534-6

Ⅰ. ①从… Ⅱ. ①柯… ②张… Ⅲ. ①生活方式—通俗读物 Ⅳ. ① C913.3-49

中国版本图书馆 CIP 数据核字（2013）第 038778 号

Growing at the Speed of Life by Graham Kerr

Copyright © 2011 by Kerr Corporation

Simplified Chinese edition © 2013 by Shaanxi People's Publishing House Ltd.

This edition published by arrangement with Perigee, a member of Penguin Group (USA) Inc.

All rights reserved.

著作权合同登记号：陕版出图字 25—2012—183 号

从明天起种菜、烹调，做一个幸福的人：
在斯卡吉特，生活是这样的

作　　者	格雷汉姆·柯尔 著　张愉 译	
出版发行	陕西出版传媒集团	
	陕西人民出版社（西安北大街 147 号　邮编：710003）	
	发货联系电话（传真）：（010）88203378	

印　　刷	北京兴鹏印刷有限公司	
开　　本	787mm×1092mm　16 开　19.5 印张　392 千字	
版　　次	2013 年 6 月第 1 版　2013 年 6 月第 1 次印刷	
书　　号	ISBN 978-7-224-10534-6	
定　　价	68.00 元	

从明天起种菜、烹调，
做一个幸福的人

目 录
CONTENTS

1

目录
CONTENTS

从明天起种菜、烹调，做一个幸福的人

第六章　　香草花园 / 265

感　谢

　　我得感谢查理·姚帮我搞清楚了温室的问题。查理又把我介绍给了整体高级有机研究中心的主任斯科特·泰特斯。斯科特很有幽默感,是他让我对表土层有了全新的认识。

　　查理和斯科特都成了我的好朋友,还有戴伯·米切尔。他是华盛顿州立大学的园艺学硕士、讲师,非常讨人喜欢。我从他那里学到了很多知识,而且不断得到他的建议。

　　我阅读了24本出色的参考书,想从中汲取一些对这本书有用的信息。在阅读的过程中,我找到了史蒂芬·艾尔伯特的《厨房菜园种植者指南》和他的网站"从收获到餐桌"(www.harvettotable.com)。史蒂芬已经帮我做好了家庭作业,从一个专家的角度对每一种植物都做了综合性研究。本书中每一种植物的素描图都是在他的辛苦工作下协助完成的。

　　桑迪·西尔维索恩超常发挥了他的卡通画天赋,用寥寥几笔就勾勒出每一棵植物的神韵。我很喜欢他的作品!

　　那些营养数据都经过了层层的分析,最后在常常被我称为巴特斯(意:黄油)的老朋友和烹饪助理苏珊娜·巴特勒的火眼金睛下通过审核。她都快看吐了!

　　每一个字,事实上是每一次按键都是我们最可靠的私人秘书温迪敲进去的。要是没有她的话,我们这个小小的世界将会是一片雪白,连一个数字都看不到。

　　最后要感谢的是我亲爱的朋友约翰·杜夫。我跟他一起出版了6本书了。在为本书的文字部分做润色的那段时间里,我有一阵子溜号了。现在我很高兴能够重新回到组织,从他对美食、园艺、好书,特别是真正美好的生活的了解中受益匪浅。

序 言

读这本书之前，请允许我先来做个小小的忏悔。在今年以前，我还从来没有遇到过一棵我养不死的植物。我自己就是很有效的除草剂。

现在我明白问题出在哪里了。我从来没有给予过它们适当的关注。我甚至还说过，既然在我飞往不知何处的路上已经把擦身而过的花朵的花瓣吹落了，那就没有必要再返回去闻闻那些花的芬芳了！

如今一切似乎都变了。我仍然很活跃，但绝不再对我的植物不闻不问。如今它们不会死掉（至少不是由于没人管而死）。它们不仅活了下来，而且还长得很茁壮！而我也在撰写我的第29本书，以这种包容性很强的生命的速度在写。

我找到了一种新的规律，一次节奏更加均匀的、很少时断时续的——几乎是可以预见的——冒险，其中充满了意想不到的自然挑战以及与他人分享最终的收获时的无比喜悦。但愿我们的厨房菜园能帮助我们理解不断以生命的速度生长的真正意义。

格雷汉姆·柯尔
于华盛顿州弗农山的无双小屋和无双花园

第一章

我决定种菜的原因

在过去的60年里，我一直在把健康的食物送上餐桌的接力赛中跑最后一棒，也就是说我是最后那个接过新鲜的水果和蔬菜的人，把它们做好盛到盘子里，相当于跑到了终点线。对于大多数厨师而言——无论是职业的还是业余的——这并不算什么非同寻常的任务。

队友中有人从挑选种子和育苗开始起跑，接着有人准备肥沃的土壤，把菜苗移过去。第三个和第四个人把这些植物培育成熟，送到市场上，以便交到我——厨师的手上。

挑选种子和育苗　准备土壤　培育植物　送到市场上　厨师

作为一位美食和营养专家，我曾经烹饪过所有地里长出来的东西，但是我却从来没有种植过一棵我曾烹饪过的植物。那么，又是什么令我涉足从土地到餐桌这个过程的呢？

你知道吗？我们这个年代流行的很多种慢性病都是可以避免的，比如肥胖症、心脏病、II型糖尿病和一些癌症等，而有一种主要由水果和蔬菜构成的食谱就是预防这些疾病的第一道防线。如果你没有听说过的话，那你肯定不是地球人。我是从1975年开始关注自己家的这个问题的，当时美国国立卫生研究院首先引入了"一天5份"概念——每天至少要摄取5种水果或蔬菜。事实上，我是跟研究院合作共同提出这一倡议的。可奇怪的是，一组数据表明这项耗资2400万美元的运动，在1975年到2008年间只在美国消费者中取得了每天增加半种果蔬（从3种到3.5种）的成果，真是令人大失所望。

2001—2006年的国家健康与营养调查（NHANES）显示：（与1988—1994年的调查结果相比）年龄从40岁到74岁的消费者中，尝试过"一天5份"做法的人从42%减少到26%，同时肥胖人数的比例从28%上升到36%。此外，参加体育锻炼（以每个月12次为基准）的人从53%减少到43%。

这些数字对于我们国家未来的健康来说可不是什么好消息。但是请注意，吃蔬菜水果的人数减少的比率比其他两项要多出至少6%。

这一统计现在看起来或许颇为无趣，但是它对我的打击却是相当的大。我差点就气疯了。

我在"一天5份"项目中做了一点点工作——关于这个话题我做了近500次广播

节目——而人们对果蔬的食用却只是从 3 种涨到 3.5 种。尽管敦促国人食用更多水果和蔬菜的人远远不止我一个，但我还是为此而耿耿于怀。

为什么会出现这种情况呢？（根据 OmniHeart 的研究）大部分专家都相信每天必须摄取 9~11 种果蔬才能真正改善糖尿病、心脏病，当然还有肥胖症患者的状况。我们还能多做些什么来获得必需的那 300% 的增长呢？

我决定回到起跑线，用一种全新的方式来跑完全程。在早期做《腾飞美食》节目期间，我曾被慧俪轻体国际公司授予破木勺奖。他们把我说成是那些做出健康饮食选择的人的头号公敌。

显然，自 1987 年以来我们新制作的 1000 期电视节目有了很大的变化，因为慧俪轻体终于寄给了我一把没有破损的勺子！然而，即使是那些改变也没能适应如今这个世界的需要。

于是我琢磨自己是否能用在自家后院的一点儿辛苦劳作和热心地传授自己的经验来帮助别人达到这些目标。

我的家是我和妻子特莉娜亲手盖起来的，并于2001年4月入住。房子的西面和南面都看得到斯卡吉特谷的绝美风景——它是世界上最富饶的农业三角洲之一，位于华盛顿州的西雅图和加拿大温哥华之间。这座房子的设计灵感来源于我们对游船的喜爱——纯粹是一个1400平方英尺的船舱，跟一个船舶建筑师一样利用里面有限的空间。我们叫它"无双小屋"，跟我们曾经拥有过的一艘小帆船同名（而且纯属巧合，与英国国王亨利八世在英格兰南部建造的那个过于奢侈的城堡同名）。小屋坐落在一片朝西倾斜的土地上，在盛夏时节给我们带来长达16小时的日照时间。房子南面的草坪渐渐变成了一片蒲公英的海洋，我们就这样与它们多年比邻而居（要是我早知道春天的有机蒲公英在市场上会卖到7美元一磅的话，我可能早就加入这场从土地到餐桌的赛跑了！）。

我一向钟爱"撞大运"这个词，听起来就像是某位发型师为了创造出一款手指捅到电门上的爆炸发型才会遇到的事。对我们来说，那就是第一夫人米歇尔·奥巴马对白宫的南草坪动起了铲子——没错，就是南草坪！

在第一夫人之后没几天，我就对我家的南草坪动了铲子，这难道不算撞大运吗？现在有了两个南草坪厨房菜园——我相信任何的比较都应该到此为止了！

我们计划建造三个风格或者说三种类型的菜园，都是可食用的。我们打算把一种名为泥土箱的容器摆在其中一个船坞（又受到了航海的影响）旁边，分别种各种蔬菜。

第二个项目是一间温室，用于选种和育苗。我们俩目瞪口呆地看着当地一家国际性公司（查理温室公司）在短短 7 小时里就给我们建好了一座 16 英尺×8 英尺的温室大棚！在西北太平洋沿岸短暂的种植季节里，我们将在这里从零开始，并希望能够常年种植蔬菜。

最后一个也是最费力的菜园是一片面积只有 1/10 公顷的种植床，用来种豌豆、豆角、甜菜、卷心菜、西红柿、辣椒、茄子、胡萝卜、欧洲萝卜，还有大量在红甜菜、夏属和冬属南瓜中间忙于控制杂草生长的生菜——全加起来有 30 多种植物，都要交给一个完全没有任何经验的人来照管！

虽然我当时还不是太清楚建造这个菜园的经历将对我的生活、我的邻居，甚至于在一定程度上对我们社区会产生什么样的影响，但我早就意识到我愿意与他人分享自己得到的经验和教训。所以我开始用一系列短片来记录我打理厨房菜园的这一年，因为每当谈到食物和健康话题时，电视一向是我最有说服力的平台——现在更是如此，互联网给我们提供了一个全新的收视人群（其中大多数只是隐约记得曾经从他们父母那里听说过 20 世纪 70 年代的《腾飞美食》的故事）。渐渐地我想这一切都应该写成一本书。这本书不仅应该针对那些只说不干的园艺爱好者，而且应该成为那些有资金拿起一把铲子来挖掘他自己版本的南草坪——无论是郊外后院里的几平方英尺，城市阳台上的几个花盆，还是乡间的几公顷田地——的人的种植入门指南。

但是除了与读者分享我重归土地的经验之外（还有 60 余种可以在花园培育的水果和蔬菜的种植和烹调知识占据了本书的大部分内容），我还试图给读者提供其他几个重点以娱乐大家。此外，作为一个长期与食物和饮食文化打交道的研究者，我要告诉人们的不仅仅是怎么吃才健康，而且也应该告诉他们其中的道理，否则就是我的失职了。换句话说，我想要给你充足的理由来鼓励自己把每天摄取水果和蔬菜的量从 3.5 份提高到 9~11 份。

20 世纪 70 年代的《腾飞美食》节目

对于许多读者来说，或许只食用新鲜有机的食物对健康而言就足矣。但是对于读者中的美食家来说，我希望这些常见和不太常见的蔬菜种植知识以及附带的烹饪方法会促使你从头开始做饭，即便你还不想或者不能开垦一片菜地。对于其他的读者来说，我希望你们能够思考一下我们餐桌上的食物是怎么来的，想一想运输、储藏和加工食物给我们的环境造成了多么大的负面影响。

如果我在商店里买的"新鲜"食材是 7 天前采摘下来的，然后又经过 1000 英里的运输，才被分装上市销售，那该怎么办？离开土壤之后，食物给我的身体提供营养的能力每小时都在流失。一想到正在食用的东西可能已经失去了 151 小时的营养价值，我会有怎么感觉？

发达的运输手段把反季节食物从大陆的这一端运到那一端，甚至跨越了半个地球，为全球变暖做了不小的贡献，我又该作何感想？我买的反季节食物是不是增加了我的碳足迹呢？

答案是：我可以自己种菜，享受收获后不到 1 小时就能把食物送进嘴里的丰富营养。而且，我还能减少农业产业集团对石油的需求以及自己去菜市场的次数。

第二章

菜园与厨房的关系

2008 年在中国北京举办的奥运会上，美国男子和女子接力队都因中途掉棒而被取消了比赛资格。而在过去的两代人身上，大概从 20 世纪 70 年代早期开始出生的两代人，我们失落了另外两个接力棒：在家做饭和厨房菜园。

我不需要什么统计数字来支持这一观点，只要在我试图遵循和传授一种更为健康的饮食方式的时候，简单地观察一下我们大多数人的生活就行了。

50 多年来，我每天都在跟食物和公共传媒打交道，亲眼看着人们吃到的自己从零开始种的或者做的植物越来越少。

传递在家
做饭的接力棒

所以我毫不惊讶于我们的整体健康水平在下降！尽管医学方面有了长足的进步，但是我们采取适当预防行为的水平下降了，这一点显而易见。我们的体重在以惊人的速度增长，而超重是疾病——特别是冠状动脉疾病、II 型糖尿病和一些癌症的第一征兆。奇怪的是，我们从厨房和厨房菜园的撤退确实给一次综合协同作用下的转机提供了一个有趣的机会。

> 如果我只是在市场上挑拣一些食材，把它们做成了菜，在整个过程中我没有付出辛苦的劳作真的有那么重要吗？
>
> 回答：虽然自己种植食材让我多付出了一些辛劳，但是能够给家人和朋友提供最好的食物给了我极大的快乐和满足感。

在我的第一年园艺生涯里，我注意到自己家的饭菜和我对生活本身的看法都有了显著的提高。种植一棵蔬菜，在它旺盛的时候收获，在同一天把它做好并吃掉就是一种全新的享受食物的方法。

我原以为自己一向对吃都很在意，而且很重视每次吃饭的整体感受，但是我惊喜地发现自己越来越欣赏每一株植物，就因为我在它成长的过程中照料了它，而且烹饪的时候更加精心。它看上去更新鲜，尝起来更美味，甚至觉得它对我的身体都是一个更好的选择。

如今从种子到土壤到盘子,我都有了连续不断的体会,而且其中每一阶段我都不曾袖手旁观。当然,所有这一切都需要花费时间,而我的惊喜也因此演变成了心灵的震颤。

我一直感觉自己从来没有足够的时间去做自己曾经尝试过的每一件事。这种紧张感剥夺了我完成一项自以为干得很不错的工作之后本该拥有的喜悦心情。我从来就不喜欢偷工减料,即使旁人可能一点儿都看不出来。但是它们会在我的眼前晃来晃去,让我这个始作俑者必须更加努力地工作,而且还时常心生悔意。

> 如果我已经习惯了吃方便食品,在厨房里待的时间少之又少怎么办?会不会有一天连擦胡萝卜似乎都变成重体力劳动了呢?
>
> 回答:如果我自己种菜,收获、清洗和烹调就会成为一种完美的体验,所花费的时间也是快乐的和值得的。

我发现作为一名园丁真的无法偷懒。至少如果我想让这些植物尽可能自然生长的话,我是不可能偷懒的。它耗费时间,而且需要坚持不懈地努力。尽管要付出代价,但是当种子发了芽,新生命崭露头角,不断生长的时候——我发现这些时刻都很激动人心,你就会有丰厚的回报。但是这一过程非常的缓慢,需要我们的耐心和持之以恒。

不管是对自己还是对其他人,我都把这一过程描述成生命成长的速度。而且我已经调整了自己的日常习惯,以适应这一速度,在很多方面我都不再试图用竞争的动力来赢得这场比赛。我能够更加自信地看到这场比赛——或者说生活方式——选中了我就足够了,如果我能坚持不懈,耐心地跑下去,那么我即便拿不了第一或者根本就没想过要拿第一,或许我仍然会有一个圆满的结局!

对身体的好处

过去的38年里,我不停地在寻找。不是寻找青春之泉(我对生命的正常规律不抱任何幻想),但是,健康地活着以尽可能长久地赞美生命及其机遇似乎是合情合理的。

当水果蔬菜的摄取量降低时

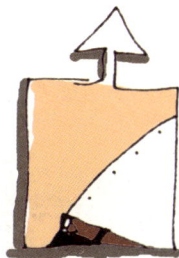

腰围就会上升

所以，我的寻找是为了我妻子特莉娜，她病了想要康复；也是为了身体健康不希望生病的我自己。我们结为合作伙伴是为了一个共同的目标：简单而适度的健康。

迄今为止我已经看过至少600份有关这一课题的研究报告，而且一直密切关注着相关的营养和行为学研究。我找到了其中的共同点，不是脂肪与卡路里的百分比之类似乎永远都在上下波动——尽管范围很小——的数字，而是最新鲜、最好的（最天然和最可持续的）蔬菜和水果的普遍好处。似乎是越多越好！

推推操操：意料之中的结果

我活了大半辈子，见识过政客们是如何仅仅通过逐渐提高他们建议我们每天应该摄取的水果和蔬菜份数来操控营养学的。而实际人口中只有不到1%的人知道他们说的1份到底是多少，所以你要么是那一小群人中的一个，要么就看看下面的解释加入其中吧。

1份＝100克

科学家用克数来计算是因为公制计量不太容易出错或造成误解。杯量的方法有多种变换方法，会造成口味、质地和营养上的重大差异。也许不久以后美国也会采用公制计量方法。不过现在还是让我把这100克换算成大多数读者都能理解的测量数据吧。

用量杯来装100克物质（3.5盎司）的话，差不多能装满半杯（通常为4盎司）。你看，消费者要跟科学家校准的话，就不得不做一些调整了——而且这些小小的调整还将随着时间的推移而逐渐增加。

对大多数读者来说，1份的量可以这么理解：

切成丁的硬质水果和蔬菜	1/2 杯
绿叶菜（压紧后）	1 杯
100%水果或蔬菜汁（6液盎司）	2/3 杯
整个的水果（中型大小）	4 盎司
水果干	1/4 杯

半杯

下面我们来看看如果把你一天摄取的量增加到 10~12 份的话，你平均每天要吃多少。

早餐

（加不加麦片都可以）

1 根香蕉	1 份
或 1/4 杯水果干	1 份
或 1/2 杯浆果	1 份
100% 果汁，3/4 杯	1 份

午餐

（汤或沙拉）

1 杯蔬菜汤	1~2 份
1 杯绿叶菜	1 份
1/2 杯硬质蔬菜（西红柿、甜菜根、芹菜、洋葱等）	1 份

晚餐

1/2 杯蔬菜	1 份
1/2 杯土豆	1 份

甜点

1/2 杯浆果（或其他水果）	1 份

硬质蔬菜
蔬菜汤
绿叶菜
整根香蕉
浆果

历史由来

1974年，美国政府开始在一份白皮书中对饮食——包括营养指导——的数量提出了建议。"一天5份"项目就是由此而来的（值得注意的是加拿大政府也在同一时期引入了一个呼吁每天食用9份水果蔬菜的项目）。现在已经快速增长到了 OmniHeart 研究报告最近提出的每天11份的水平。

所有这些不切实际的目标都应该被拿来跟现在估计的美国人实际每天食用3.5份，而且其中一份还是炸薯条的量来做一个对比。

经过研究，我觉得这件事借用《巨蟒剧团之飞翔马戏团》里那句著名的台词 "推推搡搡，眉来眼去……无须多言"来描述最合适。

最近奥巴马总统的一位幕后顾问跟别人合写了一本书，名叫《助推》。书中提出政府应该鼓励通过积极的小型立法议案（助推）所产生的轻微的力量，让预期结果这个大球朝既定的方向转动，从而发生改变。

因此，我们过去一天吃3份，然后一路被一天吃5份、9份或者11份的项目"推搡"着，却只达到了2010年的3.5份！

加拿大的项目在2008年取得了一天食用4.964份的成果，比1974年的4.277份有所增加——在同样时间里比美国的成绩多出近 $1\frac{2}{3}$ 份。

如果当初我们迎着科学界所谓的困难而上，从1974年就开始实施"一天9份"项目的话，不知道今天会有什么样的结果。现在看来，我们明显需要把每天的摄取量从3.5份提高到9~11份，至少是3倍的增长。这样的增长所带来的结果会很有意思。比如说：

我们基本上会变成半素食者。在我家，肉（及饱和脂肪水平）的摄取量会减少至少50%。

低密度脂蛋白（LDL）胆固醇水平会跟随甘油三酯降低，高密度脂蛋白（HDL）水平会提高，减少患心脏病的危险。

我们的体重很可能会减轻，从而降低患II型糖尿病的风险。

某些癌症的发病率可能也会降低。

一天5份　一天9份　一天11份

在美国加州的基督复临安息日会教友中间做的一项主要研究（基督复临派健康研究—2，1976—1988）很有启发性（该结果跟世界上其他的基督复临派团体的研究结果非常相似）。这些教友大多都是素食主义者。研究人员注意到这些素食者的寿命比加州人口的平均寿命要长。男性和女性的寿命分别增加了9.1年和6.1年。另一项研究表明，加州基督复临安息日会教友吃药、住院和动手术的次数都比较少。根据1992年的一次对比，他们是世界上有正式记录的寿命最长的人群。

既然我们国家想要减少医疗费用，显然采用这种生活方式，哪怕是略作修改，也能节省可观的费用。但是，我们能够生产出足够达到这个目标的植物吗？回答是：在一定条件下，可以。但是必须改变其他一些至关重要的方面，其中包括：

新鲜的、应季植物的大量增长（FABIS）——本地种植的、不破坏生态平衡的食物
把单一作物制改成多种作物制
扶植采用密集型农业技术和经营理念——如社区支持农业（CSA）的小型农场
城市环境项目（在17世纪，巴黎有6%都是厨房菜园）

这些变化将给千百万个宁愿放弃在高科技、高压力、污染严重、不断扩大的城市生活，选择更简单生活的人敞开小型农场的大门。这种改变还能减少碳排放，因为本地和小型农场主用的汽油更少。不过这样也会抬高卖给消费者的价格。随着价格的增长，发现自己种菜的好处的人数也会增加。而且这样一个运动将促使一系列的产业复活，从种子供应商到苗圃、温室、天然肥料和园艺工具等。

毫无疑问，这一多米诺效应将导致我们吃得更好，吃得更少。这样的话，我们就能活得更长，更健康，也更积极，而且大大降低了医疗费用。

空想？嗯，算是吧，不过那是不是也比那个"推推搡搡，眉来眼去……无须多言"的方法要更合适一些？那个拖拖拉拉的政治手段似乎没有对我们对方便食品和药物不断增长的嗜好产生任何的影响。

除了倾向于植物生活的转变之外，在我们老了以后，少吃东西的观念可能会被树立起来，而餐饮业也已经准备好进行巨大的改变了。

嘿，给我来一棵菜花，几个芜菁甘蓝和一些大黄叶柄

然而,有些专家却认为改变一种饮食习惯比戒掉毒瘾还要难——主要是因为我们必须要吃饭!

有一个随机因素可能对我们会有所帮助,虽然它现在才刚刚出现,不过肯定很快就会坐在你的面前:那些被人为降低价格的食物是受到了我们的经济状况和过高的油价的影响。等到油价高得离谱的时候,现在把千里之外的反季节农产品运送过来的公路运输系统将严重受挫,而本地生长的、可持续的应季农作物就会取而代之。

即使到了那时候,实际的农场间接费用成本也会高得令人头痛。这时厨房菜园就会成为最合理、最划算的出路。

我觉得,在2015—2017年期间,我们一定能看到家庭自己种植蔬菜潮流的回归,同时我们的生活质量也将随着这一变化的产生而大大提高。

在某种程度上来说,我现在就在这一改变之中,而且在各种意义上说,效果都不错。我这么做不是出于对未来的担心,而是由于我相信将来的社区一定能够更加独立地、可持续地供应自己所需的食材,所以我只是想知道该做些什么才能有助于这一趋势的发展。

十美元一加仑

第三章

种菜须知

我知道有几十本关于园艺的书都很不错。它们用大量的篇幅来阐述自己种菜这个有趣的话题，看起来似乎没有任何的纰漏，但是有一个问题——特别是对园艺新手来说——一直没有得到解决。

对我来说，所有这些信息都杀伤力太强。要我坐下来看一本至少有5万字（本书一共才5万字）的书来学习如何改良土壤，我一年也看不完。虽然我确实打算以后找个时间把它看完，但是在短期内我想要得到的是一些实用指南，能足以让我不惹麻烦，能带给我足够的回报，以激励我有长久的热情去了解更多，去继续耕作！

我把自己的种菜须知数量减少到了"面包师须知"的数量，只有十几条，我相信大多数园艺新手和不少有一定经验的园艺爱好者都会对它们感兴趣的：

1. **土壤**：取样、测试酸碱度、调节排水量

2. **除草**：配制和使用除草剂

3. **土壤改良**：肥料、无土混合料、粪肥、石子

4. **凸起种植床**：布局、通道、栽种计划、生物控制

5. **种植箱**：容器、操作方法、位置

6. **育种和发芽**：操作方法、护理

7. **移苗**：时间、方法

8. **浇水**：浇水量，多长时间一次

9. **施肥**：肥量、施肥时间

10. **病虫害防治**：有机农药、主要问题、证据

11. **堆肥**：用厨余残渣，为下一季做准备

12. **季节性补种**：第二次收获

13. **温室**：尺寸、位置、布局、做法

这些题目成了我的行动计划，而我那些了解局部知识的园丁们在实践中给我以指导。没有理论上的空谈，全都是通过身体力行从实践中总结出来的经验。

所以这本书就是我的工作记录，供你参考来开始你自己的探寻之旅。你甚至可以拿着我的问题清单去找你当地的厨房菜园种植者，因为他们对你所处地域的微气候环境更有经验。

1. 土壤

斯科特·泰特斯是我邻居中的土壤专家。早春3月，他拿着一个貌似巨型苹果去核器的东西来到我家，在湿软的草地上取不同地点把它插进土里，然后把取出来的土样放到一个塑料袋里面，寄出去做化验。

我家地里的土壤厚度只有不到10英尺，再往下就是石头了。土里面还有一些绿色的塑料网，是当初种草坪的人用来固定速生草坪用的，都放那儿8年了。

地里还有一些黏土和淤泥，所以地面潮湿，再加上倾斜的车道，所有的地表水都直接流到向阳的那块草地上去了。

我们的第一个任务就是要改变地表水流的方向，挖一道8英寸深的沟拦截住水流。沟里埋上了直径4英寸的带孔排水管，上面铺上半英寸厚的碎石块。据说这叫做法式排水沟，到现在我也没弄明白它为什么是法式的。每一个拥有英国背景的人通常都会对被称为"法式"的东西提出质疑！

经过化验，我家草坪的土壤酸碱度是5.77，很可能是由于雨水流经混凝土铺成的车道被过滤过了（关于酸碱度的问题请看"施肥"一节）。此时，我虽然希望尽自己所能建立一个可持续性的生态菜园，但是我也不想让本来就不太大的成功的希望由于追求纯有机而冒险，以致彻底破灭。

我最初考虑是不是该使用一些化学干预方法，以此来避免给我迄今尚未成功过的种植史再添上一次败笔。结果证明，用有机的方法并没有那么困难，而且还好处多多。健康的土壤才能培养出健康的植物。

我已经看了足够多的关于土壤的书，虽然知识有所增加，但相对来说还是毫无头绪。我所了解的知识，足以让我对大自然的复杂性肃然起敬，并且相信，要避免对自然界的干扰，我还需要做得更多！

我既没有那么多篇幅，也还没有足够的专业知识来指导你该如何调理你所拥有的那一片7英寸深的土层。包裹着这个地球的表层土本身就是生命构成的基础，因为没有了它，所有的生命都将不复存在。我能做的，只是与你分享那"想要了解更多"的激情，然后付出更大的努力来保护这片土地……保护它特有的功能。

像所有美好的、简单的词语一样，自然的这个词已经被过度滥用，我们几乎都不记得它的原意了。在我看来，自然的世界就是没有人为干预的世界。

我家附近有一个岛，名叫卡马诺岛。西北部的印第安人过去叫它浆果岛。他们会划着独木舟去岛上采摘没有受到一点点人类干预而得以幸存，甚至是生长旺盛的天然浆果。

从我们开垦这样的土地开始，哪怕是从仅仅拨开了表面土壤的那一刻开始，它就不再是自然的了。我们破坏了拥有丰富、旺盛和可持续生命的完整的生态系统的自然生长环境。

但我也是个现实主义者，知道日渐增多的人口需要有饭吃，有房子住，因此必须在某种程度上改变自然规律。我听说如果把现在仅占1%~2%的有机种植农产品作为标准产品的话，那么我们将需要近4000万人回到以土地为生的生活中去。

虽然这两种情况根本不可能发生，但是我们仍然可以朝着那个方向努力，因为我们确信，这么做是明智之举。

经过钻研，我相信自己能够找到所需的知识来干我必须要干的事，即把我那块小小的菜地尽可能地还原成适宜植物健康成长的、没必要比邻居家的菜长得或快或大的自然生长环境。

想必我们是可以夸奖彼此的菜园，而不必掀起又一轮被商业广告激发的互相攀比吧？

我现在所掌握的和在种菜的第二个年头里所应用的是很基础的知识，但是这些知识让我做了一次大胆的试验。我真的希望能拥有一个尽可能少被人为干预的、生命力旺盛的菜园。

从真正意义上说，我希望它能够效仿特莉娜和我服用药物的模式。有些药是特莉娜必须吃的(到现在为止我还不用处方药)，也就是说这是依个人情况而定的，同理，你家的土壤很可能跟我家的大不相同，甚至你家房子这边的土壤就跟那边的不一样！

尽管有这样那样的不同，但总有一些相似的地方，就像我和特莉娜都需要蛋白质、碳水化合物和脂肪一样，我们的土壤都需要氮、钾和磷。

此外，一些微量营养元素也跟人体所需的维生素、矿物质和抗氧化剂等一样重要，只是含量要少得多罢了。

在我们日益肥沃的土壤中生长出来的植物，会从这丰富的营养成分里吸取能量和健康，这些植物最终将变成我们的营养品。因此，一个用最佳做法建造的"深度"有机的菜园，无疑将成为我们日常饮食的最优选择。

所以，现在请允许我鼓励你去找出你的土壤都需要些什么元素，才能适合种植营养丰富的蔬菜！

> 如果我们普遍认为安全的(GRAS)的食物偶尔会被证实是不安全的，其中添加了5000多种化学成分的话，该怎么办？如果这些化学成分渐渐堆积在我们体内的某些组织里面该怎么办？这对我们享用美食会有什么影响？
>
> 回答：如果我们用最少的投入来自己种植，就像低投入可持续农业(LISA)那样，我们吃饭的时候是会面带笑容的。

2. 除草

准备建菜园的第一个挑战就是对付杂草，或者说是看上去像草坪的一片片蒲公英。一开始我用有机制剂来除草，但是没有什么明显的效果。斯科特建议我用Roundup牌的除草剂。到了这一步，做有机菜园的良好愿望好像要破灭了。我怎么能在厨房菜园里用那种东西呢？后来我才明白用除草剂并没有危险，因为Roundup里面的有效成分的半衰期相对较短，而且我在草坪周围没有种植其他可食用的植物。可笑的是，在使用除草剂之前我还必须得先给草坪施肥，让它们长得更茂盛一些，才能更加有效地把它们连根都除掉（身为一个苏格兰人，我发现自己难以接受买肥料的额外开支，不过我还是照做了）。

不到一个星期以后，我的草坪就死光光了。我成功地用一种非常不有机的方法杀死了地里的所有东西，完成了我的第一项任务。跟我当初想象的完全不一样！

在这里我需要补充一点，当时我还不知道我可以用大片的硬纸板——就是运送床垫时用来保护垫子的那种纸板——把整块地都遮起来，也能获得同样的效果。后来我试验过这种方法，一段时间之后确实有效。要有效地覆盖一片地需要花2~3个月的时间。纸板会腐烂、分解，再给土地添加一层有机物质。

等整片草地被确认死亡之后，下一步就是翻地了。

我家的土质是潮湿的黏土，上面一层又厚又黏，就像一个商店里打包的胡萝卜蛋糕，至少需要用8英寸长的铲子来翻。租赁店里的朋友给我推荐了一个9马力的旋转耕耘机，重达200磅！他们用一辆平板拖车把它运了过来。经过简单的示范之后，出租人鼓励我说："我老婆上个星期还用来着，她只有5英尺4英寸高。她觉得很容易。"然后他就走了。那个铁家伙就坐在那儿，我感觉它正在冲我咆哮。不过接着我又想起自己过去曾经跟机器有过不少的过节。

我想发动起这个"怪物"，挂上了向前的挡。随着耕机刀片的闪闪落下，我租来的这个家伙纵身向前，仿佛一头公牛在寻找斗牛士一样用蹄子刨着地面。这个任性的大家伙逐渐开足马力，开始加速，一头朝陡峭的坡地扎了过去，马上就要冲到山边了。我发了疯似的按下了熄火的按钮，这时候我的脚已经陷到被翻起来的湿滑的泥土里面，再有将近 1 英尺的距离我就回不来了。"怪物"在枯死的草丛里止步，我大口喘着气，它安静地冒着蒸汽。

显然我给这台机器添加的负担太重，它承受不了了。一向乐观的我——而且在我自己搞不定的时候永远都会去寻求本地专家的帮助——想起了我的邻居科特。这个虎背熊腰的大高个儿碰巧会开反铲挖土机。所以，我们俩驾驶着这个"野兽"一圈一圈地在草地上转。现在的草地看起来像是一战电影里的场景：以湿滑的灰色泥土为背景，其中点缀着枯死的草，配上鲜绿色的塑料网，只有偶尔被惊动了的虫子来打破这沉闷的画面。

我们终于开始准备土壤了！

独自面对这块土地，我不知道要怎样才能把这么湿的土晒干到哪怕看起来像是可以种植的程度。

"用塑料布把它遮起来。阳光会把大地照热，把湿气蒸发出去。"斯科特建议说。于是我把整块地盖起来，捡来一些木头压住塑料布。太阳却不见了——它在太平洋沿岸西北部连续消失了几个月——雨下得很大，然后刮起一阵大风。塑料布被吹走了，雨水把地面浇了个透。我好不容易把塑料布找了回来，用木桩把它固定住。

雨接连下了好几天，暗淡的日光下，土壤温度只有 15.5℃。至少法式排水系统把道路上的水流引走了。

后来我了解到应该在中午过后把塑料布掀开，让水汽散发掉，然后在日落之前再把塑料布盖上，这样土地可以干得快一些。

3. 土壤改良

我们订购了两立方米的牛粪和六袋子碎椰壳，把它们撒到地里，然后租了一台小型的耕地机，把土地翻了个遍，看起来就像是一锅放在炉子上太久的野生米炒饭！我们用一把六齿堆肥又把结成块的泥土弄松，去除里面的石块和绿色网子，慢慢地把土块弄成较粗的颗粒状。最后，我们用长长的木桩把塑料布又钉回去，祈祷阳光的来临。

其实这只是一种紧急措施，用来把草坪一下子改成适合种菜的土地。在"施肥"一节中将有更多的介绍。

4. 凸起种植床

第一次听到"凸起床"这个词的时候，我马上想到的是"二战"中运兵船里的上下铺，然后又想起用铁轨枕木或者甚至是风干砖坯垒成的种植床（在20世纪70年代的城市景观中很常见）。不过我的朋友斯科特·泰特斯对自己的选择毫不避讳。"我会在自家花园里用一块石头，也不用大块的木头。"他说，"尽可能地让它保持自然，用泥土建种植床，那样更易于管理。"

于是我们放弃了受《居家设计》的启发用砖或者铺路材料来建造通道的疯狂念头，决定种植床之间的2英尺宽的路将铺上2~3英寸厚的松树锯末。种植床的宽度为3英尺，正适合我的胳膊伸开的长度（相对于我略为僵硬的后背而言）。

我们的这块土地几乎一整天都能照得到太阳，只有一个小小的工具棚会投入些许的阴影——也许那里正适合种豌豆和生菜？

在斯卡吉特我们居住的这一带，人们通常在阵亡将士纪念日（5月下旬）前后开始种菜，而这也成为我们的目标。

我们拟好规划图（见下页图），在精心测量过的间隔上打下木桩，用绳子标出界线，然后开始把快要干透了的土堆成堆，初步呈现出凸起种植床的样子。

格雷汉姆和特莉娜初次尝试在凸起种植床上种菜

到了这一阶段我才真正理解了 1870 年查尔斯·杜德雷·华纳的那句名言："做园艺的人得要有铁打的脊梁，再加上一道铰链。"斯科特·泰特斯对挖土工作的定义就是这句名言的现代版："我干活之前得先吃上三片泰诺(止痛片)！"

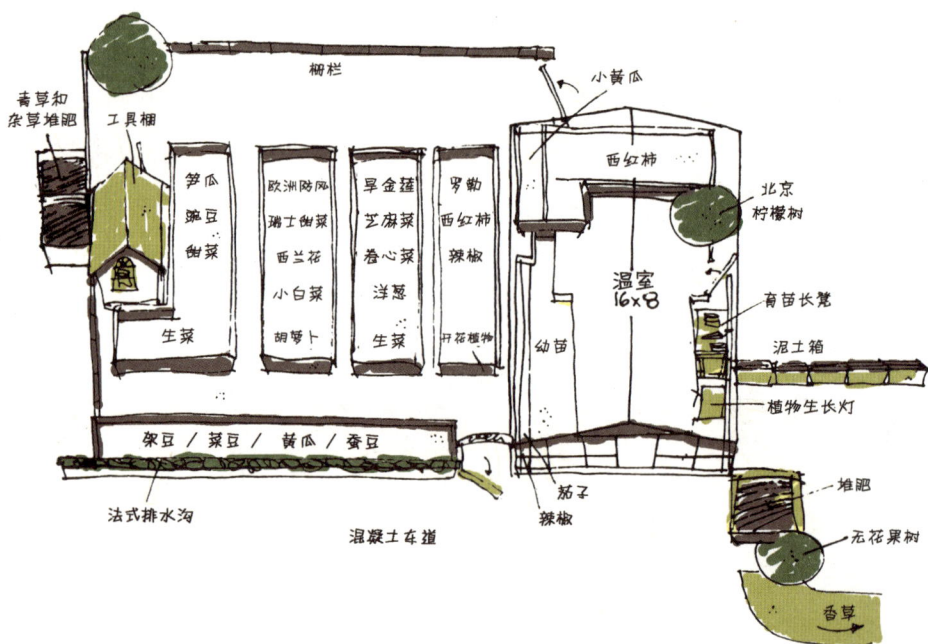

斯科特好像从来不知道累，整天忙着把乱七八糟的地方整理得像模像样。跟他比起来，我付出的努力根本不值得一提。过去这么多年里，我干过的最重的体力活就是拿起一支笔或者一个打蛋器。事实上，弯着腰挖土的时候我不禁在想，我是不是在自掘坟墓(后来，随着我的身体逐渐适应这种劳动强度，灵活性和力量都有所增加以后，就没那么费力了。这两点令我很是惊讶和欣喜！)。

等到所有的种植床都基本成型，我们又用塑料布把它们遮盖起来，以便去除混合土壤里面多余的湿气，因为在堆土的这些天里不停地在下雨。然后我们弄了 3 个立方米的松树锯末来铺通道。我觉得等它们干透了变成黄色的时候会很好看，不过现在也凑合了！接下来我们确定了种树的位置，用步子量好用来阻拦动物们进入的栅栏线。

下面该我的另一位新朋友理查德·马特斯上场了。他是当地驱赶鹿、兔子等野生动物的专家。这些可爱的生命习惯了在我们家地里自由穿梭。对它们来说，这里就像是一座没有界限的非洲野生动物园，它们可以啃掉特莉娜种的每一朵玫瑰花，在我们新栽的苹果树上蹭鹿角——在拿树上的苹果当点心之后。

挡住动物们的栅栏

我们在 12 英尺高的木桩之间拉起 8 英尺高的塑料网。"鹿的视力很差。"理查德解释说，"它们看到木桩就会以为网子也有那么高。"我们把网子埋到地下 12 英寸深的地方（以防止喜欢挖地洞的动物），装上了一扇结实的大门。

这下我们可以种菜了！

5.种植箱

我曾经在一个名叫 The Growing Connection 的联合国顾问委员会里工作过几年。这个委员会的工作重点是，给农村和村子里的学校提供能够用很少的水就可以种出很多粮食的设备。当然，非洲撒哈拉沙漠以南的地区是我们的关注重点，不过也包括世界上其他遭受干旱打击的地区。那种结实的塑料盒子（28 英寸×14 英寸×10 英寸）在下面的储水层上有一层打了孔的底板，还有注水口、溢水口和覆盖在上面的塑料膜。

供应美国市场的类似产品还配备了脚轮、泥土、肥料和非常简单、实用的说明书。短短几分钟时间，你就可以在一个非常有限的空间里种下一小把可以食用的植物了——只要那块地方在晴天的日照时间能达到 7 个小时就行。

我把这个想法列入了必需品清单，因为我突然想到，可能会有很多人像我一样萌生了想要种菜的欲望，却还没有准备好大规模操作，或者根本就没有那么大的地方。种植箱就是一个完美的解决办法。不大的种植量和极低的管理成本，能够很好地让你品尝到新鲜蔬菜所带来的不同滋味。

第一年，我用了两个种植箱，都放在温室里（虽然天气允许的时候也可以在户外使用）。一个箱子里装的是附带的土壤和肥料，另一个为了试验需要装碎椰壳和 Intrepid 牌有机肥料。两个箱子里各种了三棵同一品种的西红柿苗（我这么做是为了测试箱子附带的肥料和我自己花钱配的土相比效果怎么样。我希望能够不依赖生产商的特别附加产品而继续用那个箱子）。唯一的区别就是我把装有椰壳混合土的那个箱子放的离阳光近了一点。

我的试验结果非常有意思。我从椰壳土箱里收获的西红柿更多更早。用配套的土的箱子里长出来的西红柿个头很大，但数量较少。下一年我会把它们并排摆放，这样它们晒到太阳的时间就是一样的了。

我还在一个种植箱里面种了一批生菜，有红叶生菜、橡叶生菜、罗蔓生菜和裂叶苦苣，在另外两个箱子里种了紫苏和晚熟草莓。所有的品种都长得郁郁葱葱，在我看来，是大获成功。我还要补充一点，种植箱的说明书写得很清楚，但我还是没能完全照做。我在一个箱子里种的西红柿太多了。两棵正好，三棵就有点挤了。

两棵正好……

我有个朋友对种菜样样精通，但他以前从来没用过种植箱。于是他没有按照说明书上指示的在土里挖一道浅沟把肥料撒上，而是把肥料跟土全部混合了起来，结果叶子长得密密麻麻，却没结几个果子！所以请一定按照说明书去做。

我的第三个错误是去掉了两个西红柿箱子上面的塑料膜，结果造成水汽大量蒸发，给可恶的害虫提供了滋生地。其余的箱子都盖得好好的，浇水量要少得多，而且还没有多少虫害。

这看起来是那么简单——而且的确简单——所以不要因为图一时省事而错过了

这些种植箱可能带给你的惊喜。如果你生活在城市里，想要让你的孩子学习种植的话，这些种植箱将特别的适合。

格雷汉姆和他的种植箱

6. 育种和发芽

这是我尝试种菜的第一年，之前当然没有过成功育种的经验。所以，当我把注意力集中在寻找能长出一流的味道和质感的传世种子的时候，我那些更有经验的朋友们却更加关心形形色色的可持续性的问题。

比如说，西红柿必须能适应我们这个地方的短暂的生长季节，而且要能抵御一些跟我们一样热爱西北太平洋沿岸的疾病和害虫。意大利万岁西红柿能抵抗晚疫病（由夏末初秋时的阵雨引起的一种常见病），不过它们属于同时成熟的罗马品种（深红色），不像布兰迪品种——个大肉厚，味道甘甜——到收获季快结束的时候都还是绿的。

由于时间紧迫，我们采用了大家公认的能长好的种子，把对味道和质感的要求留待我有了更多经验的时候再说。所以，我挑选第二年的种子的工作，将在当地传世种子供应商的协助下，根据我们今年对微气候环境的了解进行。当然，一旦选好了种子，其他的操作方法基本上都是一样的了。

种子的包装盒上写着我们需要（或者应该）知道的信息。这里要再次提醒你，一定要按照说明来操作。举个例子，我买了红南特胡萝卜的种子，包装上说种子的发芽温度为16℃，发芽时间两周，68天后成熟。我在5月下旬阵亡将士纪念日之后播下了种子，到7月中旬它们就长成了（虽然还不是完全成熟）——正好60天！

按照说明书的要求，在我那3英尺宽的种植床里，间隔应为2~4英寸，所以我每隔3英寸播下一颗种子（永远都是中间路线！）等到叶面直径长到4英寸时，我开始间苗，给剩下的苗之间留下了2英寸的生长空间。

现在到了最难的地方。这些小胡萝卜苗都在茁壮成长，而我却要拔掉一些来给

它们的兄弟继续长大腾出地方。让我感到欣慰的是拔掉它们令我心疼，这就说明我对它们还是有感情的，而且我把所有间出来的苗都用到了我急速扩大的堆肥里面。

包装上还说我可以每隔2~3个星期就种一茬胡萝卜，一直种到7月中旬，这样可以连续不断地有收成，到了秋天和冬天也能吃上新鲜的胡萝卜。

其他植物种子的包装袋上可能写着各种各样的编码信息，说明它们是杂交的还是传世的，以及该品种能抵抗而不是彻底避免哪些病害。

对于此后将要度过的时光我满怀期待，因为我每年都会保留这些种子的包装袋，记录每一种植物的生长过程，直到我找到那种跟我家的微环境相匹配的、最让我满意的味道。

关于温室大棚、室内育种和移苗到户外的过程，我一向乐于接受别人的良好建议，虽然有时候接受的有点儿晚，我也会一点点地把这些建议传递给其他人。其实温室并不是必须的。从2月开始就可以在窗台上育种。我所有的笔记同样适用。

花盆：你可以重复使用旧的塑料花盆，但是必须用洗涤剂加一点漂白液把它们洗干净。你也可以用能够生物降解的纸杯（我觉得用陶土花盆来育种太贵了，而且不用的时候太占储藏空间）。

盆栽土：从你们那儿的园艺中心购买好一点儿的盆栽土。或者你可以把花园里的土消毒后使用。把3英寸厚的土铺在铝箔烤盘里，上面盖上铝箔，在95℃的温度下烘烤20分钟。这时候土里所有的病菌和种子都已被杀死，没有污染物、杂草或者其他你不想要的种子，土就可以用了。或者把花园里的土分成2磅左右一堆，装在塑料的烤箱袋里，不要扎口，然后把每袋土放在微波炉里加热3分钟。这样会散发出可怕的臭味，不过方法迅速有效。在种植之前要做一个透水性试验。先在一个小花盆里装上湿润的土壤，浇上水，水面与盆沿齐平，然后慢慢地数到5。如果水在数到3~4下的时候就全部渗透下去了，说明土壤的渗透性太强。如果数到7~8下才渗完，就说明土太紧了。这就是我喜欢用碎椰壳的一个原因：它的渗水性每一次都正好，而且它的密

实度更接近要把秧苗移进去
的凸起种植床里的土的密度。

播种深度：一般方法是
种子越小，埋得越浅。也就是
说播种的深度应该是种子自
身宽度的2~3倍。

浇水：播下的种子要用
喷雾而不是浇水来保持略微
湿润的状态。我有一个2升
左右的喷雾瓶，可以加很小的
压力，很适合给种子喷水。我
还安装了一套定时喷雾系统(见"浇水"一节)，后面我们会了解它是怎么起效的。经
常喷雾还能防止覆盖在种子表面的那层薄薄的土壤完全变干，否则土壤会夺走种子
发芽所需要的水分。

格雷汉姆
尝到了给植物
浇水过多的苦头

排水：我所有的花盆和盘子都有排水孔，能避免定期的喷雾(一天2次)聚积水分，
让种子可以呼吸。我发现自己难以理解这个概念：我们被埋在土里的时候肯定会被
闷死，里面怎么会有空气呢？不过我错了：上好土壤的关键就在于里面有充足的空气，
只要不是被浇透了水而无处可排就行。

温度：要给种子保持适宜的温度，你可以用一种特别设计的、完全防水的加热板
(千万别用你背痛的时候买的那种！)，接上一个温度感应设备，这样你就可以随时调
节土壤的温度了。对蔬菜种子来说，17℃~24℃之间的温度是最适合发芽的。你只需
要把刚播上种子的盘子直接放在防水加热板上，把陶瓷的温度感应器插到一个小花
盆里，当土壤温度达到21℃时，加热板就会自动断电。等温度略微下降之后，它又会
打开。

光照：有些种子，特别是像生菜之类特别
小的种子，需要一些光照来帮助它们发芽。没
有光照它们也能发芽，不过它们会朝着任何
有光线的地方疯长，细长而散乱，茎秆不够粗
壮。好的温室都会安装可靠而安全的植物生
长灯，在雨水比较多的地方这很重要！

施肥：在发芽的初期，种子拥有自己的生
命供养系统，在长出6片叶子之前不需要来自
外界的额外助力。而长出6片叶子之后就该
移苗了。

植物会寻找
有光的地方

7. 移苗

　　一旦有了温室或者一个阳光充足的室内窗台，我就可以安排育种的时间了，这个时间是从幼苗可以被移到外面的凸起种植床的大概日子倒着往回推算的。我之所以说大概日子是因为有太多因素取决于当地的环境状况，所以制定严格的时间表一般难以实现。以瑞士甜菜为例：

种到凸起种植床里：5 月 20~30 日
耐寒锻炼（稍后讨论）：5 月 13~17 日
早期生长（约 6 周）：4 月 15~20 日
育种：3 月初在室内、温室、加热的冷床或者向阳的窗台上

　　我的好朋友们都建议我一定要等到子叶掉落、前几片真叶长出来以后才能尝试进行移苗。"等什么？"我问道，好像这些子叶是一群在倾盆大雨中躲在蘑菇下面的小精灵，能起到益生菌的作用一样。

　　后来我才知道它们是最早萌发的、毫无私心的叶子，是刚刚发芽的植物的食物。在把自己的生命贡献给随后长出来的真叶之后，它们通常会变黄、掉落。

　　在刚刚够它们发育的 2 英寸见方的塑料花盆里，幼苗开始了 4~12 个星期的生长。有些大一点的品种可能需要第二个家——4 英寸见方的花盆。如果需要的话，把幼苗轻轻从湿润的土壤里面拽出来，要抓住幼苗的叶子，永远不要抓茎（茎一折断幼苗就死了；但叶子折断幼苗还可以再长）要很小心地把它的根须跟旁边幼苗的根须分开，然后挖一个大小合适的洞（大概是一支中型雪茄的粗细），把根须和附着的泥土都放进去。之后要再次轻轻地把土堆好，盖住根须，然后给新移植的幼苗喷水。

我们就是子叶

　　等到了把幼苗移到室外的时候，可能需要对它们先进行耐寒锻炼。这需要将近一个星期的时间。这些幼苗离开它们在温室里的家，暴露在阳光和寒风中，但是它们

应该避开阳光的直晒,而且要少浇水,千万不能浇多了!它们的根须需要氧气,浇水过多的话,幼苗就会因为缺氧而叶子变黄。

种子包装袋上标明了所需要的日照量以及播种的间距、深度等信息。这都很好,但是在我们这个以纳秒为计时单位的世界里,这些信息跟所有的东西一样都太简略了。

我想要更多的信息——真的,只要我能记得住就行!幸运的是,我找到了一个网站叫"从收获到餐桌"(www.harvesttotable.com)。那位令人敬佩的史蒂夫·阿尔伯特敢于独创先河:他在网站上列出来30多个须知项目,以给园艺新手和专家提供帮助。而我在购买他写的《家庭菜园种植指南》之前花了6星期来研究我要种的60种植物,才列出来我的那些须知条目。要是早找到这个网站的话,我能节省多少时间啊。不过能有这么一个地方来求证一些互相矛盾的数据也不错了!

在第一年里,我采用的是"一步到位"的方法,把种子直接播到了凸起种植床里。我把3英尺宽的种植床划分成间隔4英寸的垄,种下了胡萝卜、欧洲防风、瑞士甜菜和甜菜。它们长势很好,没有给杂草留下滋生的空间,但就是间苗太麻烦了!

我跟斯科特·泰特斯探讨了这个问题,我们决定改变方向,把东—西向的一垄改为南—北向一垄,增加每一垄的长度。这样间苗就会容易一些,因为沿着一长溜作业会更易于坚持。

8. 浇水

如果你听说过太平洋西北沿岸的年均降水量的话,你可能会问我,干吗还要提浇水的事。过去这一年真的值得我们庆祝——有好多好多的晴天。斯科特说"这是我见过的最适宜种菜的一年",而我还以为是我新学到的本事的功劳呢!

欢迎来到
太平洋西北岸

尽管我家的土地有天然蓄水的趋势，我也确实需要每个星期浇两次水。先前我家草坪上有一个定时喷水器，于是我又找了一位专家来做了调整，让喷水量能适合每个种植床上的不同品种的植物的需要。

虽然像甜菜等几种植物更喜欢水从上往下地喷，不过我种的大多数菜都是受益于地面灌溉。我们在做整体规划的时候就考虑过这个问题，决定采用滴灌系统，每个4英尺宽的种植床安装三排水管。

除了南瓜，其他菜用滴灌的效果都很好。喷水的量对南瓜来说就已经多了，再加上滴灌，大大的叶片上都长了一层粉状的霉斑（我没听别人的建议，把它们种在了半阴的地方，这也不对）。

我的心得是要听从那些真正有经验的人的建议，而且要舍得花钱。一旦弄好了——而且你也搞明白用的是什么和其中的原因——之后你每一年都可以根据需要灵活使用那些灌溉设备，不用再花钱了。

温室里的灌溉系统要复杂一些。我装了一个特殊的定时器，把浇水管改装成可以选择喷雾或滴灌模式的装置。虽然花了不少工夫，但总比我不在家的时候不得不请邻居来替我浇水要好。

在这里我需要重点强调一下，因为这事非常重要。

由于我随时可能出差，所以我一直没有考虑建菜园和温室，因为它们需要有人照料，特别是每天都要按时浇水。可是只要有一个好的定时器，再加上光线和温度感应器，这些植物就能得到基本的照顾，不过是机械的罢了（可能还更靠谱）。

格雷汉姆大声强调

你已经做了投资（特别是如果你有温室的话），那就再多花点钱装一套灌溉设备吧，不过一定要装对！但是你不能让自动设备完全接手，因为你种的植物需要你亲自来照顾。

最后需要浇水的部分是种植箱。我每天用手往箱子的蓄水管里面注水。箱子有自动溢水系统以防浇水过多，而且效果很好。但是如果家里没人的话，这些箱子也需要找人帮忙浇水，所以我把它们跟温室的灌溉系统连接起来，消除了潜在的麻烦。

9. 施肥

浇水的程序顺利之后，我就必须面对一个更加复杂的问题了：施肥。我的本地专家们跟我说园丁一般会犯两个大错误：施肥太多或者太少。我发现这话没什么用。"那么，"我问，"多少是黄金比例——正好的量呢？"

"这得看具体情况而定。"他们答道。

我不但没搞清楚，反而更加的不知所措。

我知道我的身体需要蛋白质、碳水化合物和脂肪，而且经过这么多年，我也学会了调节自己吃进去的各种物质的能量，但我不是通过计数来调节的。我已经学会用眼睛来判断食物的量，我知道一份绿叶菜应该是多少（轻轻压紧的一杯），1/4杯葡萄干或者一个中等大小的苹果能提供多少能量。我每天都称体重，所以我知道自己摄入的卡路里和消耗的能量是否平衡。

黄金比例

太多　　　　太少　　　　正好

那么，既然我对自己能这么做，为什么不能用同样的方法对待我的植物以避免混乱呢？

这里说的黄金比例，只有一个标准，那就是酸碱度，从0到14。0代表纯酸性，14代表纯碱性，而中间值自然是7。

如果所有的植物都喜欢生长在中性的土壤里该多好啊！可惜它们不是这样的。不过，我们依然可以找到一种合理的折中办法，因为大多数植物在酸碱度5.5~7.5之间时都能生长（只有土豆例外，它们要求的土壤酸碱度在4.8~6.5之间，但是由于地方不够，所以我没种土豆）。

最起码，你应该在一开始的时候测一下你的土壤酸碱度，然后在每年深秋收获之后再测一次。差不多半升的样土就足够了，要从菜园的几个地方取样，打6~8英寸深的洞，然后用铲子从洞壁上刮一些土。咨询当地的农业技术推广人员或者在黄页电话号码簿上找"土壤测试"一栏，看看该把土样送到哪里去检测。

有人告诉我说，要想提高土壤酸度就往里面添加泥煤苔或者上好的堆肥，要提高碱性的话，就加石灰石粉。不过说实话，在这里我应该好好感谢我的朋友们和他们的本地知识。很多教科书上都说，每1000平方英尺的土壤里加50~80磅的石灰就能提高1度酸碱值（比如说从pH5.5提高到pH6.5），可是我看到的却不是这样。因为我的凸起种植床大概只有400平方英尺的面积，所以我估计需要10磅的石灰。可是根据我近乎强迫症似的观察，斯科特只通过目测（像我吃东西一样）就说7磅更靠谱些。这又是本地知识高于一切的一个例证。任何的技术性预测都无法取代一位跟你住在同一地区的经验丰富的有机菜种植者，因为他们应对的土壤和气候与你相似。

斯科特用同样实用的目测来添加肥料，而且告诉我要注意观察叶子。"如果叶子变黄了，就给它们上点。"他递给我一包他自己生产的"彪悍"牌有机肥料，转身走了（如果你买不到他的肥料，我相信你能在你家附近的苗圃用品商店找到其他天然的替代品）。

在我寻找下一步（到底）该做什么的过程中，我碰巧看到了一大本满是漂亮工具的商品目录，里面保证说能够解决所有关于浇水和施肥的问题。你只要把各种尖头设备插进土里，瞧，它们就会告诉你该干什么。我的第一反应是松了一口气。至少我找到了一种解决方案！不过我也从过去的多次经历中学会了不要只看某种科技产品的表面（广告）价值就轻易地相信它。我决定在订购之前先好好考虑几天。

一周以后我想明白了，我宁可向几十亿农民学习，通过观察植物的生长情况和凭借多年的经验，靠直觉来决定该如何应对。如果我从一开始就依赖高科技的话，那我可能永远都不会知道"高触感"是什么样的感觉——而且机器设备会让我产生依赖性，从而减少我与那些植物直接接触的机会，而现在我是靠观察来了解它们的。于是我决定买下那个测试仪，双管齐下，同时做好记录。

在第一年里，我以甜菜、瑞士甜菜和辣椒的叶子为参照，施了两次肥——间隔5个星期。如果它们的叶子枯萎变黄了，我就施肥。我还给南瓜施了第三次肥。

我还试用过一种浓缩的用鱼做的液体（见第五章术语），只需要加上水，每几个星期浇一次就行。我拿着一根长长的像魔杖似的浇水管，一头接在一个增压罐上，把这种液体喷到植物根部。既然我的菜都长势喜人，我只能认为这玩意儿对它们有所帮助。

到目前为止，这种以科技为辅助手段的观察方法一直奏效，不过我仍然感觉有必要更加清晰地了解，在自然可持续的指导方针下该如何给我的植物更好地施肥。

那些了解本地知识的朋友们说我可能永远都搞不明白这一点，因为一株植物的健康可能受到天气、害虫和空气传播的疾病等多种因素的影响，而世界上最优质的土壤，虽然对此有所助益，却不能保证绝对会长出一棵健康的植物来。

于是我一边观察，一边测量，一边记录结果。我关心它们。我除去杂草，给它们施肥，在这个过程中，我发现自己为菜园的付出是非常值得的。

当然，我不是唯一一个虎视眈眈地盯着自家美丽菜园的人，外面还有一大帮长着细小的腿、毛茸茸的身子、蹦蹦跳跳的脚、颤动的翅膀和拖着闪闪发光的、黏糊糊的足迹的家伙。

由于附近有鹿和兔子出没，我们拦起来一道塑料网，支柱有 12 英尺高，网子有 8 英尺高。我前面说过，有人说鹿的视力不太好，只能看见 12 英尺高的支柱，看不见只有 8 英尺高的网子的上沿。我们还把网子埋到了 2 英尺深的地下，因为据说兔子打洞的深度不会超过 2 英尺。

等一下……

我们可以把最不喜欢的那个牌子的啤酒倒在纸杯里，放在鼻涕虫悠哉爬过的必经之路，就能把它们淹死（这种死法显然很环保）。更简单的办法是使用一种名叫 Sluggo 的有机杀虫剂。

有人建议我每天早晨去菜园里巡视一遍，翻看叶子的上面和下面有没有虫子。看到的话就用手把它们抓住，放到一个小桶里灭掉。碰巧我通常每天早上 8 点钟都要散步，再多花上 10 分钟检查一遍菜地就行了。

此外，还有人推荐我用有机的黏纸来捕捉蚜虫、粉虱等小飞虫。我还在温室里喷洒稀释了的印度楝树油，特别是在西红柿上面。这种喷剂很有效，不过也别指望它能解决一切的虫害问题。所有生物的彻底死亡意味着要使用能同时杀死益虫和害虫的化学制剂，而且它可能会累积在你身体内的脂肪细胞里面。推荐使用一个很好的家庭配方：把两根香烟放到一些啤酒里面煮开，过滤掉杂质，然后把剩下的液体喷到菜叶上。尼古丁是上好的杀虫剂！

植物长不好有多种原因，有的很明显（缺水或缺肥），有的很神秘（病虫害）没有什么办法能够真正取代仔细观察，每天查看一遍是最好的。

如果某一棵植物看起来跟它周围的邻居们不太一样，比如叶子枯萎，颜色变深，蔫头耷脑的，而且我又无法确定具体的原因的话，我就把它拔出来，装进塑料袋，马上送到当地的农业技术服务部门去查明原因。生病的植物就像一个人得了感冒可能会传染，必须拔掉，不过你可以搞明白它因为什么生的病，或许可以阻止这一灾难的蔓延。

11. 堆肥

每一个关注环保的读者都会发现这个话题至关重要：该怎么处理成堆废弃的菜叶、根茎、叶梗、做配菜用的蔬菜、咖啡和茶叶渣呢——这些在植物生长和烹饪中产生的副产品构成了我家不断增长的堆肥堆。坦白地说，我本来简单地以为如果我置之不理的话，任何的有机物都能够腐烂。可事实并非如此！

堆肥堆

起初，我更为关心的是堆肥的美观问题，因为我的第一堆肥堆积在菜园的一端，显得很乱。于是我去问理查德能否在我家温室后面的围栏外面帮我建两个堆肥箱，因为他帮我建的围栏和大门都很棒。他想办法找来一些废弃的桃花心木，用板条把它们钉起来，这可以保证空气的流通。结果这两个堆肥箱的造价比一些塑料的滚筒式堆肥桶要便宜多了。

一切就绪，我开始往里面堆垃圾了——不能有带种子的杂草、肉和脂肪。这算得上是一个纯素的肥堆了！

我知道肥堆需要空气和潮湿才能让细菌发挥作用。于是我每天早上给肥堆喷水，差不多每天都用铲子翻一翻。但是过了一段时间以后似乎没有任何腐烂的迹象。我开始紧张起来。

斯科特·泰特斯建议我往里面加点他那种神奇的肥料，但好像也不起作用。至少我需要看到它有变热的迹象。

是该反思一下我采用的把所有东西都堆到一块的程序对不对了，看来我必须找个办法把这些肥料跟土混合起来，而且还得把大块的东西弄碎。我最终找到了一家有小型碎木机的苗圃，然后弄来两立方码的优质沙土跟整堆肥掺在一起——这是多么壮观的一幕啊。

为了避免以后再去租用碎木机，我找出来一台旧的食物搅拌机，专门用来搅拌厨余垃圾、茶包之类的东西。等搅拌机的盒里差不多装满了，我就加上水，搅上几分钟，倒到肥堆上，然后用耙子把它们翻到肥堆里面。

堆肥堆最好分成三层。先挖一些土以便于各种微生物进入肥堆中，然后把厨余垃圾、杂草、落叶以及其他的菜园垃圾堆积到一加仑腐熟的粪肥上面。你可以照着下面这个配方来做：一加仑的厨余垃圾加大约12加仑的落叶和杂草碎屑，然后加上一杯生石灰，一杯骨粉和两铲子土。

诸如修剪下来的树枝等比较硬的有机物最好是切碎了用。你可以用旋转式割草机把一堆落叶（比如说）打碎，让机器把碎片打到一个直立的硬物表面或者是纸板上，这样便于收集。一定要记得戴上手套和护目镜，穿长裤。

制作堆肥的时候一定要给每一层都喷水，因为它需要完全湿透才行。书上说要有50%的湿润度，但我不知道除了让它保持潮湿之外还能怎么测量。

剩下的唯一要求就是空气了。我推荐使用堆肥杆，它有一对可折叠的叶片，可以轻松地伸到肥堆里面，退出来的时候叶片就会打开，让肥堆里面有空气流通。

12. 季节性补种

从一开始计划要种菜的时候我就渴望能够全年收获新鲜的食材，既能自己吃，也能跟亲友分享。虽然在美国大陆上的某些地方是可以一年四季都在户外种菜的，但在太平洋西北岸肯定不行。不过通过补种作物和使用温室还是可以延长种植季节的。

我在日记本上用大写字体标出了开始补种的日期：

现在开始种秋冬季作物
注意不要拖延……提前做好计划。

室外种植床里的豌豆和红花菜豆收获以后，我就补种了各种做沙拉用的绿叶菜，包括芝麻菜、什锦生菜和野苣，还有小白菜、芥菜、新西兰菠菜、花椰菜和皱叶甘蓝。早

期种的甜菜、胡萝卜和瑞士甜菜都收完了，所以我在空出来的地里种上了生菜和花椰菜的幼苗。

既然我有温室这个有利条件来把我的种植季节延长到全年，我打算从9月初开始在温室里播种，因为那时候我可以让温室里的温度保持在4℃以上。

我不想仅仅把温室用来育苗，所以就开始在里面建造凸起种植床，用结实的黄松木当侧板（我认真研究过可以在温室和菜园里使用的木材，极为惊讶地发现有些木材是非常有害的——它们会往种植床和植物里滤析砷和铬）。

我选择了种（各种颜色的）甜菜、花椰菜、甜瓜（在一个高架子上）、大蒜、生菜、青葱、（意大利）欧芹、新西兰菠菜（在架子上）、瑞士甜菜、水芹、野苣、小白菜和西洋菜薹。我还决定留一块地方种点香草，有罗勒、迷迭香、莳萝、香菜、马郁兰和薄荷。

我还特意种了一些花与各种蔬菜交相辉映，这也是为了诱使特莉娜在狂风呼啸的下午可以到温室里跟我一起喝杯茶。我知道她喜欢上了一些比较耐寒的花，比如三色紫罗兰、香豌豆花、旱金莲、金鱼草、金盏花、天竺葵、菊花、报春花和仙客来等。还有几种耐寒的球茎植物长得也不错，比如风信子、番红花和雪花莲。

结果，冬季作物的收成颇让人失望，不过我从中学到了很多经验。现在我为下一个冬季制订的种植计划就收敛了很多，只有西洋菜薹和野苣，再加上几种花，还有几种菜——包括花椰菜和瑞士甜菜——是要捐给救济食品发放中心的。我已经增加了两棵柑橘类的果树：泰国柠檬和北京柠檬。夏天会把它们种到外面去，秋天移到直径16英寸的盆里再搬进来。不过和特莉娜共享的下午茶是固定不变的了。

13. 温室

几年以前我们曾经花大价钱修了一个地上游泳池（带一个水泵），安在一大块水泥板上面。可我们就没用过。

幸好我们找到了一个买家，他可是从我们犯的这个错误里面大赚了一笔，留给我们一块水泥板（约16英尺×8英尺）、一套供水和供电设备以及一张数额虽然不大、但我们感激涕零地收下了的支票。

好运再次降临！那块水泥板正好适合一个温室的大小，而且所在的位置也很合适。我想，一个温室是能够帮助我充分利用短暂的种植季节的，而且是值得投资的项目。

我路过查理温室公司的时候拿了一本目录。一开始我只是想找一款适合我家那块地基的温室，但是可选的样子太多了，如果没有——呵呵，你一定猜到了——当地专家的指点根本无从下手！

查理和卡罗尔·姚夫妇做温室和相关设备的销售已经有32年了，拥有一批忠实的客户。这些热心的园艺爱好者都希望能赶在太平洋西北岸短暂的种植季来临之前开工,这样就能在漫长的冬季里收获鲜花和蔬菜了。

我跟查理讨论了我家的那块地方以及最符合我们需要的款式,我们决定建一个16英尺×8英尺的传统型温室。查理解释说几乎每个人最终都想要更多的空间,不过他觉得这种尺寸的温室足以满足我们自家餐桌的需要,而且还能够跟邻居分享并捐给救济食品发放中心一些。

我们住在斯卡吉特山谷上面500英尺的地方,远处有皮吉特湾和半岛山脉,右手边看得到圣胡安岛,景色很是壮观。我希望能透过平板玻璃眺望风景,虽然平板玻璃不是最好的隔热材料,价钱也不便宜,但是我坚持自己的想法,希望能在我们绿油油的冬季花园里,置身于温暖、青翠、香甜的气息中,悠闲地喝杯下午茶或者偶尔吃顿早餐。

特莉娜跟格雷汉姆一起喝茶

查理帮我们做好了规划，我们在温室里安装了3个木质的长条凳和几个架空的铁架子，找到了一个英式育苗盘，又根据当地专家的建议添置了以下这些设备：

● 悬挂式自动通风板（油缸里面的油遇热膨胀就会转动曲轴打开面板；空气变凉以后，面板就会合上）。这里我必须警告你，一定要装上同样能自动开关的弹簧门，以免像我家那样，遇到刮大风的时候把屋顶上本来挺牢固的东西都给吹了下来！

● 一个可以塞到育苗盘下面的防水型加热板，带有陶瓷的探针，可以手工测量土壤的温度，便于你调节温度以催发种子。

● 一摞摞带有孔穴的黑色育苗盘，有的能排水，有的不能（显然有些植物的幼苗更喜欢不能排水的育苗盘里较为湿润的环境，而且这种盘子没那么脏）。

● 黑金牌盆栽土和一两袋从斯科特·泰特斯那儿买来的碎椰壳和他的彪悍牌有机肥料。

"你打算自己盖吗？"查理问。"别开玩笑了！"我答道，然后跟他讲了上次我安装档案柜的惨状，而我是看到商品目录上信誓旦旦地说"只需简单组装"才买的。

3个工人来到现场，不到6小时，我的温室就建成了，可以种菜了。要是我自己盖的话，或许也能把它建起来……不过我可不确定那些主要部件——比如门的开关之类的——能起作用。

水泵

对于那些更有自信（和更多经验）的人来说，自己组装套件的价格大概是我这个用6个小时建成的温室的2/3（不过你可能还得花钱打地基，而我用的是游泳池留下来的地基）。

不过建造温室的套件只是投资的一部分。建造这么一个"人造的"天然环境还需要考虑加热和光照的问题。

虽然试图种植香蕉和菠萝等热带植物的野心曾一度涌上心头，但我很快就打消了这个念头，因为要把我这个中等规模的温室加热到热带气候花费实在是不菲。除非你种植香草来卖钱，否则根本就不值得投入这么大！

所以我们接受了不低于4℃的凉爽室温。

那种标准的低成本家用室内加热设备不是为这种环境设计的。查理有一种结实耐用的风扇型加热器，由恒温器控制，是专门为了在潮湿的温室里使用而设计的。

考虑到我要选用的电器设备的最低数量，我让电工安装了三个电源插座：一个在头顶上供照明用，两个齐腰高的用于长条凳上的操作，而且出于安全起见，四周都装了防漏电接地断路器。这下我就有地方用收音机和CD机、电水壶、烤面包机、一盏浪漫的蒂凡尼式吊灯……哦，对了，还有植物的排气口呢！

当然一般人会以为住在玻璃房子里就意味着有充足的光线，可是相对于育种、发芽和生长来说这些光线就不够了。

我很快就发现我的蔬菜需要约700~1000英尺烛光（一种照度单位，相当于每平方米一流明）的光线。这下可就没那么简单了！不管是挖土还是筛土，我都没遇到过如此复杂的事情——有那么多的选择和那么明显的成本差异。

对于商业种植园来说，照明可能非常的重要，但是，我问自己是否真的需要选择一个亮度灯泡、金属卤化灯或者最新的荧光灯……或是直接换上采用微波技术的新型中子灯？

又该请老朋友查理帮忙了，因为我知道自己是没法做出抉择的！

最后我们选定了一套带6个灯头的设备，长4英尺，宽18英寸。荧光灯管用的是T5日光灯（6400K），非常接近天然的日光（每个灯管5000流明，总共是30000流明）。其实我到现在也没搞懂这些术语，不过如果你照着抄下来，拿着它去找温室供应商，那儿的人一定会点点头，卖给你一模一样的东西。

如果菜园只是供我们自己用的话，我们会很轻松地期待着清空种植床，测试土壤，添加营养和肥料，做好其他的杂务，然后好好休息一段时间。可是，如果你已经向邻居们和救济食品发放中心承诺要分给他们一半的收成的话，那些人可是不会在植物生长放慢的季节里停止吃饭的。就是因为这个特殊的用途（从一开始我就有的想法），我做了一些详尽的功课研究怎样能让我的小温室发挥最大的作用——不仅仅是为了要比短暂的种植季领先一步，而且要学会如何把种植季节延长到整个秋季，甚至能进入冬季。

格雷汉姆意识到他给一些幼苗提供的
光照强度太过了

第四章

最大限度保留味道和营养的烹饪方法

多亏有了互联网，一毛钱能买一打食谱，可是能找到食谱并不代表你就能学会怎么做饭。因为烹饪讲究的是方法，而不是配料的称量。等你学会了如何烹饪，配料的选择就可以根据你个人的口味和当季的收成而定了。

当然，享用美食是一种感官上的愉悦。多年来我一直用TACT这个缩写来表述，它们分别代表味（taste）、香（aroma）、色（color）、质（texture）。所有的植物在其原始的状态都有各自的特性，它们的美味大都可以被原汁原味地保留下来，供食客享用。

烹饪的全部目的就是你要把生的食材加热，要么使它变干，比如烤；要么使它变湿，比如蒸。加热会释放出不同的味道和香味，改变食物的颜色和质地。在过去50年里，我一直把研究和对比这些或干或湿的烹饪方法当做我的事业，以从中挑选出那些能提供最为平衡的结果的方法。请注意我说的不是最有趣的方法。

不论是用不同的方法来烹饪还是使用调味品，做饭最大的挑战，就是我们该往生的食材里添加什么。可惜的是，有太多太多的结果都毁了我们想要尽量多保留食物的营养价值的努力。

人类的感官太容易受到添加调味料的诱惑了，比如盐、脂肪、糖、酒以及用精制淀粉做成的质地精美的卷皮等。其结果可能令人满意的上瘾。而如果我们经常过量食用这类食物的话，就会把一顿美餐变成最后的威胁。请注意"美餐"（treat）和"威胁"（threat）两个都是以"吃"（eat）为结尾的词是以h字母来区分的。对我来说，这个h就代表着多量和多次所造成的"危害"（harm）。

在处理自然成熟的食物时，失衡主要来自添加的黄油、奶酪、培根和用量较少的食用油里面的脂肪。这并不是说所有这些东西都应该被排除在外（除非你是纯素食主义者，不用任何的动物产品）。但是，这的确意味着，我们每个人都需要对添加这些食材的用量和时间有很清楚的了解。

在一定程度上添加的量取决于你个人的危险系数。不过几十年来已经有充分的证据证明我们每天从饱和脂肪里摄取的热量最好不要超过10%，或者说在平均每天2000卡路里的热量摄取中不要超过200卡路里。事实上，专家们已经建议把这个数字减少到7%（2010年年底发布的《美国饮食指南》中已经采纳）。

鉴于每克脂肪的热量是9卡路里，那么每天200卡路里的限制就相当于每天食用近20克（或者更少）的饱和脂肪。但并不是所有含有脂肪的食物都是纯脂肪（只有食用油是100%的脂肪），所以下面对这些经常被添加到蔬菜里面以提味的"富含脂肪的调味料"进行了比较。

从下表中你可以看出，这些脂肪来源累计起来很快就达到限额了。黄油在烹饪中用的很普遍，而仅仅3勺就超过了你每天最多能摄取的20克的量！奶油用的也很多，奶酪很能提味，而且有那么多种美味的选择，适当使用的话可以很好地利用你每天的饱和脂肪的限额。

脂肪来源	常用计量单位	饱和脂肪含量（克）
黄油	1汤匙（1/2盎司）	7.2
浓奶油	2汤匙（1盎司）	7
奶酪*	1盎司	4.15

*依奶酪品种而不同

资料来源：*Bowes & Church's Food Values of Portions Commonly Used*，第18版。版权所有：马里兰州巴尔的摩 Jean T.A. Pennington; Lippincott Williams & Wilkins，2005年。

有一种简单的方法可以给食物增加一点"类似"黄油的味道，那就是在把蔬菜端上桌前喷上一点 I Can't Believe It's Not Butter(植物黄油)。

在过去那些年里，我几乎是习惯性地往食物里添加过量的饱和脂肪以及糖、盐等其他有潜在不良作用的调味料，当然也是为了追求它们能带来的愉悦感。但是它们在一定程度上削减了成熟的食材给人体提供的好处。不过，当我们减少——不是取消——它们的用量时，它们就会在我们享用美食的过程中作出自己的贡献，就像一款上好的香水，只有适度地喷洒，才能增添你的魅力。

任何的调味料都是用来支持和提升食物本身的味道的，永远都不能过量。

现在……在介绍食谱之前，让我们先来熟悉一下各式烹饪方法。

焯（煮成半熟）

焯属于真正烹饪之前的准备工作，是为了减少用另一种方法来烹饪的时间。有些时候，这样有助于保持蔬菜的颜色，特别是四季豆和豌豆的翠绿色。

焯的过程很快，把蔬菜一次性全部浸到足量的沸水中，煮大约1分钟，然后直接把菜倒进冰水里。

焯虽然会减少食物里的水溶性和热敏性维生素，不过这点损失不至于造成任何严重的维生素不足。

在我看来，焯所带来的便利以及对蔬菜颜色和质地的提升有助于颠覆传统的食物搭配比例，增加蔬菜的供应量，使肉或蛋白质变成餐盘里的装饰菜。

煮

当食物经过沸水或滚开的汤的彻底浸泡之后，水溶性维生素肯定会有所流失，但是，在质感和口感以及操作的简易性上都有好处！

我对蒸格外钟情，因为蒸可以避免养分的流失，而且用的时间跟煮一样。蒸的效果似乎比煮更为均匀。但是有两个例外：新土豆和四季豆。新土豆可以先煮10分钟，然后倒掉水，盖上毛巾（裹住土豆），低温加热5分钟以排出多余的水分。这种方法可以避免直接煮出来的那种被水泡透了的质感。

我最喜欢的一道菜是把带荚的豌豆放在 1/4 杯水里煮熟，加上几片新鲜的薄荷叶和一点点糖。

除了味道上有明显的好处之外，还有煮过的水，里面包含了一些溶出的维生素。我总是把这水倒进无所不在的配菜汤里面，这样就不会浪费里面的营养了（见蔬菜汤配方）。

记得要在水里加足够的盐以免端上桌以后再加更多的盐。

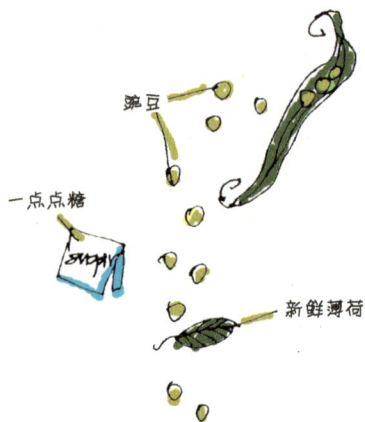

豌豆

一点点糖

新鲜薄荷

蒸

蒸的速度很快，而且能很好地保留食物的味道、颜色和营养成分，只要蒸的时间别太长就行。多出来的每一分钟都会大大降低这个方法的好处。所以我建议你蒸食物的时候一定要用计时器。

把蔬菜放在带眼儿的箅子上，悬空在沸水上面，然后把锅盖盖严，以防蒸气跑掉。最好用不锈钢锅。对一个小家庭来说最有用的是直径9英寸、深3英寸的锅。有时候我同时用两个箅子：一个箅子放根茎类蔬菜，放在下层，蒸20分钟；另一个箅子放菜叶，在计时到15分钟的时候放到锅的上层，只需要蒸5分钟就好了。

格雷汉姆发现有些
计时器更好用一些

蒸熟的蔬菜表面暗淡无光泽。在上面洒一点点橄榄油就能改善菜的颜色，或者撒上点新鲜的香草和一点点烟熏红辣椒粉，让食物看起来更加的诱人，而且给食物增加一点额外的味道。

在上锅蒸之前我会在菜上面撒一点海盐。虽然一些会溶解在菜的表面，一些会被蒸发掉,但事先控制好用量总比上桌之后再猛撒盐要好些。

煨

煨是人类已知的最为古老的烹饪方法之一,可以追溯到数千年前的中国。用一种有三根中空支架的陶罐架起一个碗,碗里面码上肉和蔬菜,加上水,水至少要填满三根支架腿。按照传统方法要把盖好的罐子放到炉火的煤灰里面。支架里面的水沸腾起来,将释放出的蒸气和间接热量传递到碗里面的食物上。你可以用一个大锅和一个古格霍夫(中空)蛋糕盘来重现这一古老的做法。

微波

关于用微波炉做饭会破坏食物纤维的争论已经很多了。有人说因为微波炉加热速度快,食物没有接触水和蒸气,所以这种方法最大限度地保留了营养成分。也有人反驳说,前一种说法也许没错,但是用微波炉同样会改变植物的结构。其实两种说法都没错。

微波炉的热量是由微波在纤维之间的振荡产生的,它是通过摩擦来把食物做熟的。对植物来说,在微波加热的过程中,整棵植物是同时被加热的。正是这个过程改变了植物的结构。因为在正常状态下,热量是逐渐渗透到食物里面的,所以表层会比较软,核心部分会比较硬。而微波炉的加热跟我们所了解的正常的加热有点不一样。

我常常用微波炉来半加工某些食物。比如说,拿一个大块的褐色土豆(8盎司),用高火加热7分钟,然后翻过来再加热1分钟,晾1分钟,然后把它切成两半块儿。然后在露出肉(还没熟透)的地方深切几刀,刷上橄榄油,撒上辣椒粉和海盐,放到烤箱里烤大约5分钟以上色。在15分钟时间里,我用一种迅速而便捷的方法做好了一个带皮烤的土豆,而通常需要烤1小时才能熟透。对南瓜我也用同样的方法来减轻切割的难度,然后去子、加作料、再烤。

用这种方法既节省时间又能获得更为自然的食物质感,而且直接用微波炉做的话,还会损失掉上色和吸收调味料的步骤。

在这里我必须补充一点,微波炉保证的是速度,在某种程度上说,它能够按时做好饭菜。但是如果以速度为中心目标的话,必将损失我们所讲的烹饪带来的大部分的感官愉悦,最终我们将把全部的食物供应交给那些愿意为我们做的人去做。当速度占上风的时候,它自然会给便利性让道,从而最终取代自己动手做的饭以及其中的新鲜食材。

焖烧

要焖烧的话，你绝对需要由膳魔师制造的一款设备。我有两套，我发现用它们来取代很容易把菜——特别是蔬菜——炖过头的电炖锅非常有效。因为我经常用这种方法，所以纯粹是出于爱好才把它加进来的，绝不是要推荐它为必不可少的烹饪方法。

焖烧锅是一个隔热性良好的保温容器，里面可以放两层容量为20杯的不锈钢深平底锅。把蔬菜放在略加调料的汤或水里面煮开（我喜欢把蔬菜切成2~3英寸的大块），锅盖很厚，密封性很好。然后你就可以去干别的了。等6~7小时以后，菜就全熟了（很软），但仍然保持原来的形状。锅里的液体是上好的清汤，而每一种蔬菜，不管是胡萝卜、欧洲防风、白萝卜、芜菁甘蓝还是卷心菜，都在各自的味道中加了些许其他伙伴的滋味，可爱极了。

再撒点橄榄油或者新鲜香草就可以把它们端上桌了。多余的菜都可以一起捣烂作为口感无比顺滑的糊状（不含奶油）配菜或者用来做一道美味的汤底料。

炖

这是一种湿热烹饪方法，要先把蔬菜放在油里面炒一下，然后加水，盖上盖，放在烤箱或者炉子上煮熟。如果加的是汤的话，就需再加上香料，其味道会混合起来，渗透到蔬菜里面，汤也会逐渐收浓。

我把菜切成1英寸大小的丁，略微炒一下（见后面介绍的"炒"），只放一点普通橄榄油以免粘锅。用不粘锅或者养好了的生铁平底煎锅，4人份的菜只需要大约2汤匙的油。等菜稍微变色以后，加入一到两瓣切碎的大蒜和一大汤匙姜丝，略微翻炒一下，然后加入蔬菜汤，没过菜的一半就行。再加上点盐和你喜欢的新鲜香草，比如比萨草什么的盖好锅盖，让蔬菜在中等热度（150℃）中半炖半蒸到刚刚变软的程度。根茎类蔬菜需要炖35分钟。这道菜的最后一步是用少量的葛根粉加凉水和成稀糊状，叫做勾芡。把热锅从火上端下来，淋上芡汁，搅拌均匀，直到菜的表面变得光滑闪亮。芡汁勾得太浓的话就惨了！

烤

到目前为止我最喜欢的干热方法就是用烤箱来烤根茎类蔬菜。还有一些绿叶菜，

比如抱子甘蓝，最好也用光波炉来烤。透明玻璃的耐热烤盘很好用，生铁盘也可以，不过瓷器皿就太贵了，而且太沉，拿起来费劲。

如果用湿热方法的话，即应该把根茎类蔬菜均匀地切成 1/2~1 英寸大小的丁（有些蔬菜，比如甜菜根，可以用铝箔包起来整根烤）。我会加点海盐和烟熏红辣椒粉（为了颜色和口味），还经常加上一些迷迭香粉。然后在表面撒上橄榄油，把盘子放到预热好的烤箱里，一般定在 190℃。依不同的蔬菜选择，你可以把烤的时间设定在 40 分钟，并且在 20 分钟后翻搅一下。

干热法（特别是使用光波炉时）会蒸发掉大量的水分，使味道更浓，而且植物里的糖分会略微变焦。不需要加任何的动植物油让菜发亮，不过新鲜的欧芹总是会让菜色更加的赏心悦目。

炒

炒听起来比煎要好得多，其实它们都差不多——只是炒要多翻动铲子罢了。在中等偏热的平底锅表面用少量的油来把食物做熟。

炒的关键在于锅的温度。要让平底锅达到 175℃ 需要足足 5 分钟的时间，而且我很怀疑大多数平底锅的表面都达不到这个温度。结果呢，食物在受热的过程中就会渗出水来，把炒变成了煮。而炒是可以阻止食物变色也可以阻止洋葱、大蒜、辣椒等蔬菜释放出挥发油的。

要想知道你的平底锅多长时间才能够热，最好是买一个通常在户外烤肉架上用的小型表面温度计。把它放在锅里，就能读出锅表面的温度，温度计是学习的好方法，过一段时间你就会知道锅什么时候足够热了。炒菜可以颠勺（学起来很有趣的），也可以偶尔小心地搅拌一下……让食物有时间变软、变熟。然后再放一点调料，加上新鲜的欧芹。不需要加任何动植物油。

煎

丹尼·凯伊在世的时候，在他位于贝弗利山的家里，我曾跟他一起用他家全尺寸

的专业煤气炉来做饭。我还记得他用的一口很大的炒菜锅——一个不锈钢的碗形平底锅，很适合煤气炉的旺火。由于我再也没见过其他人有类似的装置，所以我做了调整，用一个侧面有2~3英寸高的大平底锅来煎食物（有很多款式的炒菜锅既适合煤气炉也适合电炉，如果你愿意再买一件家电的话，甚至还有一种电炒菜锅）。

煎跟炒一样都要求锅很热才行，但不能过热！我喜欢用质量上乘的、密封性好的铸铝不粘锅，因为它的锅底比较厚。加热到175℃，4人份只要一汤匙橄榄油，把切成丁的食材根据不同质地按顺序下锅：先放胡萝卜，最后放豆芽。为了避免蒜、葱、姜等被煎煳了，要等锅里出来一点汤以后再放。

真的没有必要不停地翻搅，而且也没什么好处。其实最好是让所有的菜都变软，稍微有点变色以后再翻动。用两把木头铲子来翻动是最好的，中国人会用很长的筷子。金属的器具会破坏不粘涂层。

跟其他的烹饪方法一样，我会在煎食物之前放很少的一点海盐来调味，因为我喜欢用酱油等其他亚洲的调味料，里面含有的钠已经够多了。在我看来，味精和额外的油脂完全不需要放。

我总是在临出锅之前加上一小碗自己调的酱汁，用浓蔬菜汤与日本味噌和一点玉米淀粉或者葛根粉混合。但是加淀粉的时候一定要非常的小心——太多的话真的很可怕，不过多加点汤很快就能把它稀释开。

炸

之所以把炸也列出来是因为我必须解释一下，为什么没有给出一些烹调的准则。把一个食物放进热油里面，特别是外面裹上面糊或面包渣以后，在感官上是一种格外诱人的想法。全世界的人都很喜欢油炸食品，如果我不提的话就太愚蠢了。

说到这里，我发现在一个锅里放大量的油却指望偶尔用它一次的想法太天真了。只要有了它，就像电影《梦田》里的那个棒球场一样，你会发现，自己用到这一锅油的次数会比应该用的次数要多得多。当然这就意味着你会吃进去更多的脂肪。脂肪在加热的过程中会发生氧化，其中的自由基会大量增加，而自由基会抵消掉被炸的蔬菜里的营养。

噢——我们出去吃饭的时候，如果可以，我妻子特莉娜只点6根炸薯条。没什么不可以吃——但首要原则是要适量。

> 4.5.6.
> 好极了！

特莉娜的6根炸薯条

第五章

怎么种，怎么吃

第一个年头，我种了34种菜，而且计划第二年再增加26种。这一章包含了全部60种菜的种法和做法。鉴于许多条目都不是从我个人的体会中得出的经验或教训，我主要依靠的是其他人的智慧，比如我的本地专家团队以及史蒂夫·阿尔伯特等园艺作家——我一直都参考他的《厨房菜园种植指南》一书，你也应该买一本看看。有史蒂夫的百科全书在手边，加上我那帮种菜经验丰富的朋友——斯科特·泰特斯、查理·姚、德比·米歇尔等，我才能够给每一种植物总结出几条重要的种植特点。

我只是试图给你提供一些基本的信息，好让你开始动手种菜，并且激励你去寻找任何一种植物的种植信息。有很多的资源可以供你利用，但是有一点不容置疑，你必须找到能给你提供当地种植知识的人，他们对你来说将是无价之宝。

每一种蔬菜我都列出了它所含有的营养成分，让你一目了然食用到它的好处。我很喜欢把这种信息写出来，为这些植物而感到欣喜，因为他们不仅能给我们提供一系列无与伦比的滋味、气味、颜色和质感，而且这些特性说明了它们真正含有我们的健康所必需的营养组合。

噢，对了，还有一点你要知道，我把很多数字都四舍五入了，因为1克或2克的蛋白质看起来比1.36或1.95克要省事得多。

由于菜园供应的蔬菜无比新鲜，四季不同，而且通过观察它们以生命的速度生长，你会感觉到非同寻常的刺激，我的厨房呈现出一种全新的感觉。

因此，接下来我会介绍每一种植物从种子到收获的过程，以及一些精心挑选的食谱，既有简单的，也有复杂一些的，但都是为了尽可能把它们做成最美味可口的食物。

术语

这本书里用到的园艺或种植方面的术语在下面都有解释和说明，也包括每一种植物的插图旁边配的简短说明。

一年生植物：整个生命周期只有一年的植物。

两年生植物：生命周期为两年，在第二年结子的植物。

软化：把土或者覆盖物堆到叶子下面，使植物（通常是茎）不见阳光（适用于芹菜、大葱等植物）。

枯萎病：叶子突然萎缩；先出现黄色斑点，然后变灰、变黑，尽快去除这棵植物。

血粉：烘干的血；来自肉品加工厂（屠宰场），通常和上水使用，是一种含氮量很高的肥料。

抽薹：如果浇水太少，热度太高，或者土壤太贫瘠，植物就会出现抽薹的情况；快要开花或结子了。

保护罩:在种植季节开始时用来保护植物的玻璃或塑料的罩子;可以用塑料的牛奶瓶。

不适合混栽:相邻不会长好的植物。

适合混栽:种在一起有益于相互生长的植物。

堆肥:最好含有50%的氮,25%的磷和25%的钾,酸碱度为7。

堆肥液:冲淡了的堆肥。简单的混合方法是在一个水桶里放上一半腐熟的堆肥,加等量的水,放在太阳下静置一天,把上层的液体倒进土里(不是浇在植物上面)。同一批堆肥可以加水稀释三次使用。

冷季型植物:在15℃~18℃长势良好的植物,在温暖的夏季(24℃以上)就不行了。

棉子粕:一种缓释肥料,含有7%的氮,3%的磷酸和2%的碳酸钾。

深度:在某种程度上讲,根系浅的植物在根系深的植物旁边长的会比较好,因为它们不是从同一层土壤里吸收营养。

花序有限的植物:顶端开花了就不再长的植物;这些植物的果实通常在同一时期成熟。

施肥/肥料:用来给植物生长增加养分的有机物。

鱼精:用鱼类加工厂的副产品做的一种肥料;普遍认为可以在有机种植中使用,增加土壤里的微量元素。

防虫网:一种织得很密的网子,用钢丝圈挂起来,罩在植物外面,以防止飞虫和低温的侵害。

发芽期:从播种到第一次看到有发芽迹象的天数。

绿色肥料:由树叶构成,很快就能腐熟;用来丰富土壤的结构(含有有机成分)。

耐寒锻炼:在把室内生长的植物幼苗移到室外之前,连续7天每天把它们搬到室外放置2~4小时,以帮助它们适应外面的低温环境。

收获期:从播种(有时是移苗)到预计可以收获的天数。它能指导你安排随后的种植计划。

高度:植株较高的植物会遮挡住较矮的植物,所以如果矮的植物需要全日光照射的话,要小心安排它们的位置。另一方面,需要半日照的植物,在高个植物的旁边会长得很好。

腐殖质:腐烂的植物物质(堆肥),加到黏性土壤里有助于土壤的结合,加到沙土里有助于保持水分。

间作:把生长速度快的植物种在生长较慢的植物中间(例如,野苣和小胡萝卜跟辣椒和西红柿间作),也可以把根系深的植物与根系浅的植物间作。

生石灰:用来降低酸性过高(酸碱度在7以上)的土壤的酸度,是一种含钙的化合物。

肥土:中等质地的土壤,含有较丰富的有机物质,没有淤泥、黏土或者石头;能够保湿。

倒伏:长秆的植物(如洋葱或大蒜)朝地面弯曲;有助于球茎长得更大。

霉病：由各种真菌引起；症状为植物变白褪色。

护根物：一般是一层有机物质，覆盖在植物周围以控制杂草滋生、保湿、预防过热和虫害。

氮（N）：促进叶子和茎的生长；在血粉、鸟粪（鸟或蝙蝠的粪便）、蹄角粉、豆粕和棉子粕里都有。

有机物：从自然资源中获取的物质，没有使用人造化学制品培育出的土壤。

多年生植物：生存期超过3年的植物。

病虫害：只提到了几种。

酸碱度：土壤的酸性或碱性程度；植物有特定的酸碱度。

磷（P）：能促进细胞分裂和细胞组织的发育；主要来源于蘑菇堆肥、磷酸岩和骨粉。

播种：什么时间播种，种子应该埋多深；应该给每颗种子留多大的空间，这样在它发芽之后长到适当大小的时候不会太密。

授粉：把一棵植物的花粉弄到另一棵上面以便受精。

钾（K）：促进植物的新陈代谢；来源于草木灰、木屑、花岗岩屑、可可豆壳粉和鱼精。

根瘤菌：在豆科植物的根系里发现的一种细菌，能帮助固定空气中的游离氮，促进植物的生长。

轮作：一种通过定期轮换种植地来避免由某些科的植物所吸引的病虫害的聚积。而且，有些植物吸收土壤里的某些养分，有些植物给土壤提供某些养分，轮作能够改善整体的土壤质量。

秧苗：通常成捆出售，一般指洋葱的球茎。

侧施肥料：把肥料撒到植物的一边，浅埋于土壤表层；液体肥料可以喷洒在植物根茎周围（如鱼精和堆肥液）。

沃土：富含植物生长所需的营养，透水和透气性都很好。

间苗：小粒种子的植物（如生菜和胡萝卜）在幼苗时拔除一些，以给剩下的幼苗提供空间和营养。

熟耕土：土壤表面颗粒细小，容易弄碎，但又不是很干；很适合育苗。

喜温植物：至少需要24℃以上的温度才能生长的植物；土壤温度在18℃~27℃之间。

粉虱：一种很小的白色飞虫，成群隐藏在叶子背面，会导致绿叶变黄枯萎；可以用粘虫纸捕捉或者喷印度楝树油去除。

宽度：必须保持空气的流通；不要种得太密；要给植物留下足够的空间让其完全成熟。

枯黄病：阻碍植物的生长，使叶子变黄的一系列疾病。

适应区域：以当地第一次和最后一次预报霜降天气的日期为基点，划分出最适合植物的温度范围。

苹 果

拉丁语学名：*Malum*

传说在伊甸园里有一棵苹果树，而苹果就是所谓的禁果。虽然我不知道有谁能够证实或者反驳这一点（因为传说中从来没有描述过禁果到底长得是什么样子），但是在那个以最多可达 1000 个"休眠小时"为特色的气候环境中，赤裸着身体的亚当和夏娃是不太可能活下来的！

我很高兴地了解到我家的那块地竟然比较适合开辟成一个小小的果园，种珍贵的苹果。因此，在位于华盛顿州弗农山市的华盛顿州立大学推广服务中心园艺学分部专家的指导下，我种了 6 棵矮株的哈尼脆和 6 棵其他品种的苹果树。这些品种都已证实在该地区的长势良好，而且看起来可以种在一起。

我想要种几棵最高不超过 10 英尺的树，这样很容易够得到果实，而且结果量要多。我还希望它们不需要喷洒刺鼻的化学药剂就能安然度过结果期。所以我种了金乔纳、格拉凡斯坦、斯巴丹和茜 4 个品种，都是最高能长到 8~10 英尺的矮株品种。

苹果树可以抵抗最低零下 40℃ 的低温。事实上，每个品种都要求在每年冬天经历一定的休眠时间，也就是在 7℃ 以下的时间。休眠时间有的要多达 1000 多小时，有的仅有 400 小时。所以要选择适合你家的气候环境和冬季气温的苹果品种。

买来的树苗有的是裸根的，有的是用粗麻布包包好的，有的是装在花盆里的。裸根和用麻布包着的树在冬季和早春才有，那时的树正处于休眠期，没有树叶。在花盆里长大的树，在生长季节里任何时间都可以移栽。移的时候要小心去除外面的花盆，树根埋的深度要跟盆里一样深。

等到栽好，用一根直径 2 英寸的结实木桩支撑住，只要在春天给树的周围撒上好肥料，充分浇水就行了。请向当地专家咨询修剪枝条的时间和方法。

你需要种两棵树来互相授粉。本地的苗圃会帮助你做出完美的选择。

数据

每 100 克生苹果（3.5 盎司；一个中等大小）含有：52 卡路里，0 克脂肪，0 克饱和脂肪，14 克碳水化合物，0 克蛋白质，2 克膳食纤维，1 毫克钠

多年生植物

浇　水：新栽的树每周适量浇水；成年树不定期浇水，长期干旱期除外

光　照：全日照

虫　害：休眠期容易受到多种害虫的威胁，如果不喷洒防虫药的话很难控制。这些害虫包括介壳虫、苹果蛆、苹果小卷蛾、螟蛉虫和螨虫。许多害虫都可以用信息素诱捕器来控制住

病　害：容易受到多种真菌疾病的威胁，如果不喷洒预防药的话很难控制。要选择对你居住地区的真菌病有效的药物

土　壤：排水性好、肥沃的沙质土或黏土

施　肥：每年在树根周围施用熟透的堆肥

酸碱度：6.0~7.0

品　种：苹果有将近1万个品种，其中有7000多种可在北美洲种植。只有近1000种被商业或家庭种植。其中最常见的品种有：蛇果、金帅、澳洲青苹和旭苹果

适应区域：3~9

栽　种：春季，只要土壤一解冻就可以栽种裸根树苗

收获期：依品种不同，从开花到果实成熟需要95~180天。第二年就应该结果

间　距：15~30英尺，依品种不同而定

可食用部分：果肉

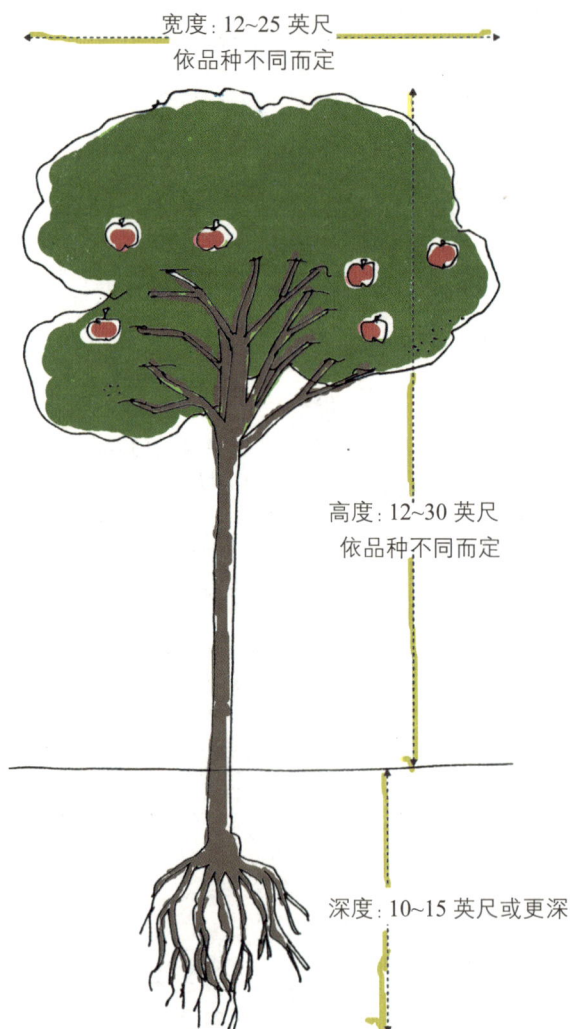

宽度：12~25 英尺 依品种不同而定

高度：12~30 英尺 依品种不同而定

深度：10~15 英尺或更深

烤苹果和梨干

可以减少每一份的量,因为这一甜点味道很浓,每人只需要一小份即可。

9人量

水果部分

3个煮熟吃的苹果(金乔纳、晚沙布、君袖或其他带酸味的苹果)

3个波士克梨

1/2杯金提子干

2杯脱醇果味白葡萄酒

1/8汤匙丁香粉

浇汁

1/2杯老式燕麦片

1/2杯低脂全麦饼干屑或者全麦面粉

3汤匙碎杏仁

1/2杯压紧的红糖

1汤匙肉桂粉

1/4汤匙豆蔻粉

3汤匙黄油

1/2杯低脂香草酸奶

烤箱预热到175℃。

苹果去皮去核,每个切8份。梨去皮去核,每个切4份。放进一个大锅,加上提子干、葡萄酒和丁香粉,上面盖上一张大小合适的蜡纸。大火煮,开锅以后转成小火,炖15分钟左右,直到苹果变软,但不能煮成糊状。取出沥干,要保留汤汁,把水果铺在12英寸见方的烤盘上。

把燕麦片、全麦饼干屑、杏仁、红糖、肉桂和豆蔻粉倒进碗里拌匀。把黄油切成小碎屑,撒在水果上面,放进烤箱烤30分钟,直到表面变黄变脆。

同时,把保留的汤汁倒回锅里,用大火煮开,直到浓缩成2汤匙。关火,倒入酸奶搅拌均匀。把水果干分成9份,浇上酸奶酱吃。

每份含有:226卡路里,6克脂肪,3克饱和脂肪(饱和脂肪提供4%的卡路里),41克

碳水化合物,2克蛋白质,4克膳食纤维,72毫克钠。相当于:1/2份脂肪,3份碳水化合物

烤苹果

给爱吃水果的人的甜点。调味料就像是一款香水，使苹果更加的美味可口。

4人量

4个中等大小煮熟吃的苹果(金乔纳、君袖、瑞光或者晚沙布)

1杯不加糖的苹果汁或水

1/2汤匙肉桂粉

1/4汤匙多香果粉

少量豆蔻粉

1/4杯压紧的红糖

1/4杯低脂香草酸奶

烤箱预热到175℃。

用勺子或者去核器去除苹果核，在距离顶端约1英寸的地方沿苹果浅浅地划开一圈，放到烤盘上，浇上苹果汁。上面铺一层铝箔，烤30~40分钟，直到苹果变软。

把苹果放到甜点盘上，把烤盘里的汤汁倒进一口小型深底锅里，加入肉桂、多香果粉、豆蔻粉和红糖，搅拌均匀。大火煮开，直到变成浓稠的糖浆。浇在苹果上面，加上一勺酸奶，就可以上桌了。

每份含有:186卡路里,1克脂肪,0克饱和脂肪,47克碳水化合物,1克蛋白质,4克膳食纤维,18毫克钠。相当于:2份水果,1份碳水化合物

法式苹果派

这是所有翻转水果甜点的前身。它看起来富丽堂皇，总会招人问："你是怎么做出来的？"

8人份

1/2个按食谱做的派皮(见"基础食谱")

$4\frac{1}{2}$个金乔纳或者其他较软的煮熟的苹果

1/4 杯水

1/3 杯糖

1/4 杯黄油

1 汤匙现磨碎的柠檬皮

干面粉

把做一个派皮的生面团擀成 9 英寸直径的圆饼,用布盖上,放到一边待用。苹果去皮、去核,切成两半块儿,摆到一个跟你要做派用的平底锅大小一样的盘子上面。一圈摆八块,中间一块,切掉多余的部分,放到一边待用。

烤箱预热到 220℃。

把水、糖和黄油倒入一口 8 英寸直径的平底炒锅里或者是可以在烤箱里用的厚底煎锅里(如果你的锅尺寸较大,那么派皮要比锅的直径大 1 英寸),煮开,搅拌,直到变成金褐色的液体。把锅端下来,把修整好的苹果倒进锅里,圆的那一面朝下。把柠檬皮屑撒在上面,改成中火,盖上锅盖。锅盖要比锅小一号,正好能盖在苹果上面。偶尔轻轻摇晃一下,煮大约 15 分钟,直到苹果变软。关火,冷却 10 分钟。

在准备好的派皮上面撒上少许干面粉,对折两次,平铺到苹果上面,再打开全部铺好。把派皮的边向下折,包住滚烫的苹果,用叉子在派皮上扎几下。烤 20~30 分钟,直到派皮变成褐色。放到烤架上晾大约 10 分钟,拿一个大盘子倒扣在派皮上面。两手拿一块布,巧妙地把煎锅和盘子翻个个儿。(你能做到,真的!)拿起煎锅把苹果派切开,热吃或凉吃都行。

每份含有:191 卡路里,10 克脂肪,0 克饱和脂肪,26 克碳水化合物,1 克蛋白质,1 克膳食纤维,100 毫克钠。相当于:2 份脂肪,$1\frac{1}{2}$ 份碳水化合物

洋蓟

拉丁语学名：*Cynara scolymus*

由于在第一年里我的菜园很小，我又没有经验，所以没有地方也没打算种洋蓟。这个东西块头很大，却又没多少可以吃的地方！

洋蓟来源于南欧，而且有证据证明它跟野生的刺菜蓟同出一脉。刺菜蓟是一种野生的像蓟的植物，在古希腊和罗马的菜肴之中很常见。

由于洋蓟喜凉，在有凉爽、潮湿的夏季和温暖冬季的地区才能茁壮成长，所以其质量根据生长地区的不同而大不相同。它还需要种植者有一定的耐心，因为大多数洋蓟在第二年才会开花结果。虽然它是一种多年生植物，最长能活15年（如果冬季覆盖保温的话），但其中只有4~5年能结果。

宽度：62~72英寸

高度：36~40英寸

深度：48英寸以上

考虑到它所占的空间和复杂性,这东西真的是商业种植园该种的,自己种有点浪费了。不过,从另一方面说,它属于那种在向阳的角落里生长的植物,十几棵就能让像我这样刚刚种好生菜和香芹的胆小鬼骤然心生仰慕之情!

我曾有过两次品尝洋蓟的机会,已经足矣。一次是很常见型的吃法,把煮熟的叶子拔下来,蘸着荷兰酸辣酱(黄油、柠檬和蛋黄)吃。另一次是把里面的丝状纤维(心)掏出来,填上鹅肝酱。这两顿美食大餐都是富含浓缩的饱和脂肪和高热量的食物,而且在我看来,配菜也盖过了洋蓟本身的味道。而我给出的食谱主要目的就是要在最大限度地保留这一植物的营养成分的同时,尽可能的突出它的天然风味。

数据
> 每100克煮熟的洋蓟(3.5盎司;一个大果)含有:53卡路里,0克脂肪,0克饱和脂肪,12克碳水化合物,3克蛋白质,9克膳食纤维,60毫克钠

多年生植物
浇　水:保持湿润
光　照:全日照(至少8小时)
混栽植物:
有利的:芦笋,甘蓝科
不利的:架豆、黄瓜、西红柿
虫　害:蚜虫、羽蛾、鼻涕虫、蜗牛
病　害:冠腐病
土　壤:定植前要加血粉和堆肥
施　肥:春秋两季每14天施1次Microbesoft生产的肥料(合成微生物)或者鱼精
酸碱度:6.0~6.8

品　种:绿球(第二季结果),帝王之星(第一年播种后180天结果)
适应区域:8~9
栽　种:最后一次霜降之前10周在室内播种,深度1/4英寸;6~8周时移植,垄宽6英寸,间距4英寸;夏季收获后修剪到12英寸高,以待秋天第二次收获
发芽期:10~14天
开花期:中秋(如果没有采收的话)
收获期:夏季;播种后150~180天,根蘖(长出旁枝或分枝)后50~100天
轮　作:不要种在向日葵之后
可食用部分:柔软的叶片部分和心

洋蓟

基本准备

应该要求记者和其他英语语言专业的学生必须学会描述洋蓟(球形品种)的准备和烹饪方法,以便从来没有见识过的厨师也能胜任这项工作。

我能找到的每一本烹饪方面的书都过于自以为是。它们说起刺、底座、花心和绒毛来头头是道,好像都显而易见似的。结果,这些部分的描述都被忽略了!

所以我试图在这里弥补一下。

球形洋蓟真的是个大块头，但它只是个花苞，还没有开花。它长在不能吃的茎上，有棒球那么大，外面一层层包裹着坚硬的绿色叶片，有的头上还带有刺。

竖着把它切开，你就会看见花苞与茎连接的地方围着一圈约有1/2英寸厚的深灰绿色根茎，这就是底座。底座上面那一堆纤细的纤维叫做绒毛，跟茎一样都不能食用，要去除掉。

环绕着绒毛的4片嫩叶和底座一起构成了洋蓟心。

一个中等大小的洋蓟大概重12~15盎司，其中的心最多也就有4~5盎司重。

准备洋蓟有两种基本方法：

整个：把下面的茎切掉，整个放进煮开的盐水里面煮，一品脱水里加一汤匙新榨的柠檬汁。盖上锅盖，煮20分钟。要看是否煮熟了，拽一片中间的叶子试试。如果很轻松就能拽下来，那就是熟了。从锅里拿出来，倒立着让它冷却。等洋蓟凉了以后，捏住顶端的几片叶子使劲拧，把叶片都拽下来，放在一旁待用。用茶匙把绒毛挖掉，但要保留底座。

把一汤匙的特莉娜油醋汁（见"芝麻菜"食谱）淋到球里面，这样把叶片拽下来的时候，尾部会有滋味。先前从顶端揪下来的叶子也可以蘸这个油醋汁吃。不过只有靠近底座部分多肉的叶片末端可以吃。

洋蓟心：用一把锋利的大刀把花球纵向切成4份，所有的部分在切面上都能很清楚地看到。要立即把每一块的底座放进新榨的柠檬汁里面，以免果肉变黑。把蒸锅放到炉子上，把水烧热。剥下外面所有的叶片，只留3~4片最里面的嫩叶，把洋蓟心放到蒸锅里蒸20分钟，盖好锅盖。放凉以后，去掉绒毛和茎，切除底座外面的部分。按照下面的食谱来做。

洋蓟煎蛋饼

洋蓟心的口感浓稠、顺滑，做出来的蛋卷是早午餐的一道美味。

6人份

一汤匙橄榄油

1捆（约6根）青葱

3瓣大蒜，切碎

1/2杯切碎的红甜椒

1杯切碎的绿皮西葫芦，1/2英寸的片

1杯撕碎的羽衣甘蓝叶子

8个希腊橄榄，去核，切碎

1 杯速冻或罐头装切开的洋蓟心(或者是备好的新鲜洋蓟心)

1/2 茶匙干牛至草

1/2 茶匙干罗勒叶

2 个罗马或意大利万岁品种的西红柿,去子,切碎

1/4 茶匙新磨的黑胡椒

1/8 茶匙盐

2 汤匙切碎的新鲜香芹

2 汤匙加 1 茶匙新擦碎的帕尔玛干酪

$1\frac{3}{4}$ 杯蛋替代品*或者 1 杯蛋替代品加 3 个整蛋以增加质感

*我喜欢用西南风味的蛋替代品。如果你为了增加质感而用全蛋的话,所含的饱和脂肪就会增加。

在烤箱里的厚底煎锅上倒入一茶匙的油,用中火加热。把青葱的葱白部分切片,葱叶部分剁碎。把葱白跟大蒜快炒约 1 分钟出香味后,加入红甜椒、西葫芦、羽衣甘蓝叶、橄榄、洋蓟心、牛至和罗勒,翻炒 8 分钟,直至蔬菜变脆,色泽鲜艳。

放入西红柿、黑胡椒、盐和各 1 茶匙的香芹和帕尔玛干酪,搅拌均匀。把蛋替代液倒在菜上面,晃动煎锅让蛋液均匀分布,在上面撒上 1 茶匙的帕尔玛干酪。用中火煎大约 6 分钟,直到底层的蔬菜变熟,而上面的蛋饼还呈液态。把锅放进烤箱烤 2 分钟,就做好了。把剩下的帕尔玛干酪和香芹撒在上面,再撒上一汤匙的葱花,淋上剩余的橄榄油。把蛋饼切成 4 份,就可以端上桌了。

> 每份含有:110 卡路里,5 克脂肪,1 克饱和脂肪,8 克碳水化合物,10 克蛋白质,3 克
> 膳食纤维,283 毫克钠。相当于:2 份精瘦肉,3 份蔬菜,1 份脂肪

龙蒿洋蓟、芦笋和豌豆

一道非常讲究的组合配菜,适于搭配海鲜或者家禽。

4 人份

1/2 杯低钠蔬菜汤(见"基本食谱")

8 盎司速冻或罐头装的洋蓟心或者 6 个新鲜的洋蓟心(备好的)

1 杯切碎的芦笋

1 杯新鲜或速冻的豌豆

1 茶匙干龙蒿

1/4 茶匙盐

1/4 茶匙新磨的黑胡椒

1/2 茶匙竹芋粉或玉米淀粉，加 1 汤匙汤搅匀（糊状芡粉）

2 汤匙新磨碎的帕尔玛干酪

把蔬菜汤倒入一口大锅里加热，放入洋蓟心慢慢炖 5 分钟，放入芦笋和豌豆再煮 3 分钟，直到全部蔬菜都变软。

放入龙蒿、盐和黑胡椒，勾芡，煮到汤变稠发亮为止。撒上帕尔玛干酪，端上桌。

每份含有：89 卡路里，1 克脂肪，1 克饱和脂肪（有 10% 的卡路里来自饱和脂肪），14 克碳水化合物，5 克蛋白质，6 克膳食纤维，306 毫克钠。相当于：1/2 份淀粉，2 份蔬菜

香草烤洋蓟

这道菜可以作为开胃菜，也可以当做主菜（配以蒸粗麦粉或糙米饭），不过额外增加的碳水化合物显然会增加热量和碳水化合物的含量。

4 人份

8 个新鲜的洋蓟心，预先煮好

1/4 茶匙干龙蒿或 1 茶匙切碎的鲜龙蒿

1/4 茶匙干罗勒或 1 茶匙切碎的鲜罗勒

1 汤匙切碎的新鲜香芹

1 汤匙切碎的新鲜细香葱

特级初榨橄榄油喷雾油

糙米饭或蒸粗麦粉（见"基本食谱"）

1/4 杯杧果酸辣酱*

*Major Grey 牌的很不错。

把烤箱预热。

把洋蓟心摆在烤盘上，铺成一层。在一个碗里把龙蒿、罗勒、香芹和细香葱拌匀。在洋蓟心上喷上一层喷雾油，上面撒上香草，再喷一次油。

放到烤箱里距离热源 4 英寸的地方，烤到菜色略微变成焦黄色为止。在一小铲糙米饭或蒸粗麦粉上面放两个洋蓟心，浇上一汤匙酸辣酱。

每份含有：111 卡路里，0 克脂肪，0 克饱和脂肪，26 克碳水化合物，3 克蛋白质，10

克膳食纤维,382毫克钠。相当于:2份蔬菜

意大利面加新鲜蔬菜

　　我总是用速冻的或者罐头装的洋蓟心来做这道出色的厨房菜园意大利面,而且总是用我试验性种出来的寥寥几棵洋蓟心,它们都被整个端上了桌。

　　4人份

8盎司短通心粉

1汤匙橄榄油

2大瓣蒜,拍烂、切碎

1包(8盎司)速冻洋蓟心,解冻

8个中等大小的蘑菇,去柄,切成两半块儿

3杯新鲜的或者1包(10盎司)速冻的切碎的菠菜,解冻并沥干水分

4个罗马西红柿,去皮、去子,切碎

1/4茶匙盐

1/4茶匙新磨的黑胡椒

1茶匙西北意大利混合香料(见"基本食谱")

1/4杯现磨的帕尔玛干酪

　　按照包装上的说明把意大利面煮好备用。

　　在较深的平底煎锅里倒上油,用中火加热。放入大蒜,炒半分钟。放入洋蓟心和蘑菇,炒大约3分钟,直到菜开始发黄。放入菠菜、西红柿、盐、黑胡椒、混合香料和意大利面,翻炒至彻底熟透。

　　盛到热盘子上,撒上帕尔玛干酪。

　　每份含有:318卡路里,6克脂肪,1克饱和脂肪(有6%的卡路里来自于饱和脂肪),54克碳水化合物,13克蛋白质,7克膳食纤维,151毫克钠。相当于:3份淀粉,2份蔬菜,1份脂肪

芝麻菜

拉丁语学名：*Eruca vesicaria sativa*（美国产）

　　我是吃西洋菜沙拉长大的，所以略带苦辣味的芝麻菜虽然无法与西洋菜相媲美，但我尚可以接受，直到我像《阿拉伯的劳伦斯》一样来到了阿卡巴（相信你一定还记得彼得·奥图尔扮演的劳伦斯骑在骆驼上朝他的军队大喊"去阿卡巴！"的一幕吧）。

　　阿卡巴是约旦的一个港口城市，坐落在阿卡巴湾旁边。我们是2月去的，却惊讶地发现那里盛产芝麻菜。我吃到了当地无比美味的羊肉，是用干茴香树枝烤的，盛在一个摆满了用山羊奶酪和酸奶酱拌焯过的芝麻菜的盘子里。好吃极了，从那以后，西洋菜就退居第二位了。

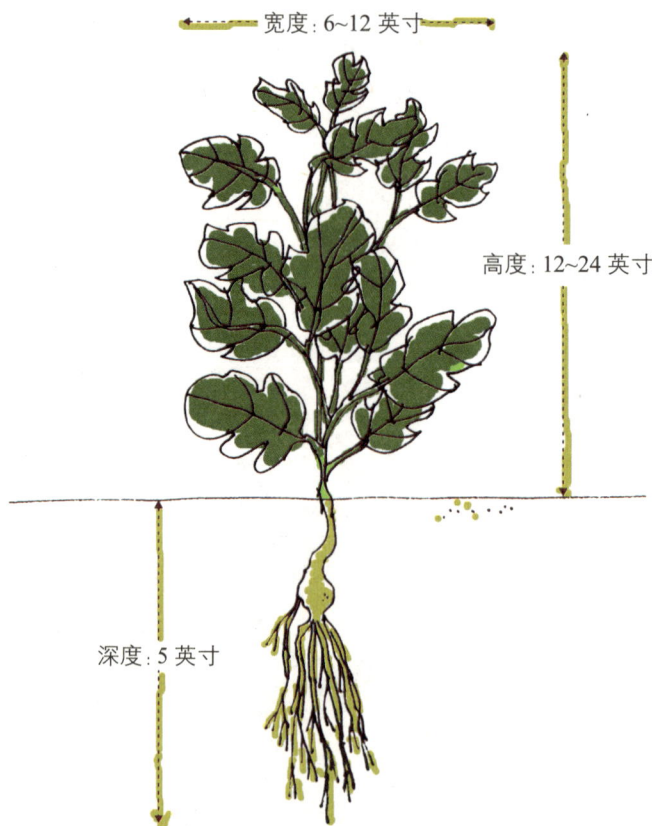

宽度：6~12 英寸

高度：12~24 英寸

深度：5 英寸

结果芝麻菜成了我的新菜园里第一批入住的植物之一，而且从它生长的速度来看，把古老的意大利语rochetta变成rocket(芝麻菜的常用名，另意"火箭")真是再贴切不过了！

土壤温度一达到12℃，我就在4英寸宽的一垄地里播下了芝麻菜的种子，大约每12英寸长要用60粒种子。这是要用来做沙拉的早茬菜(通常长到3英寸高就可以收了)。采摘完绿叶之后，可以留下几棵让它们长得再高一些，间距为4英寸。它们的叶子辣味更浓，可以用来做饰菜或者稍稍蒸一下吃。

如果你坚持要在什锦生菜沙拉里用少量芝麻菜的话，一定要小心芝麻菜里含有的草酸可能会给有肾结石病史的人带来麻烦(我只得过一次肾结石，还不能算有"病史"，所以并不妨碍我享用芝麻菜！)。

数据

每100克生芝麻菜(3.5盎司；一杯)含有：25卡路里，0.66克脂肪，0克饱和脂肪，3.7克碳水化合物，2.6克蛋白质，1.6克膳食纤维，27毫克钠

一年生植物

浇　水：少量

光　照：适度，半阴

混栽植物：

有利的：任何植物

不利的：没有

虫　害：跳甲

病　害：很少

土　壤：湿润的腐殖土；地表下3英寸施堆肥

施　肥：每个生长季只需施肥一次

酸碱度：6.0~7.0

品　种：火箭、意大利野生芝麻菜、阿斯特罗、Runway(早生)

适应区域：3~6

栽　种：早春，播种深度1/4英寸；苗长到3英寸高的时候间苗，间距6英寸

发芽期：5~7天

成熟期：40天

收获期：6~12月

轮　作：不要种在卷心菜之后

可食用部分：叶子和花

芝麻菜卷

很适合搭配口味重的墨西哥菜，比如豆泥。

4人份

特莉娜油醋汁用料

1瓣大蒜，拍松、切碎

2汤匙特级初榨橄榄油

1/4 杯米醋

1/2 茶匙干芥末

1 茶匙压紧的红糖

干辣椒(可选)

菜卷用料

4 个(直径 6 英寸)墨西哥玉米面饼

1 大把芝麻菜

把大蒜、橄榄油、醋、芥末、红糖和干辣椒用搅拌器打成略微黏稠状。

把玉米饼包在蜡纸里，用微波炉的高火加热 2 分钟，或者包在锡箔里，放进传统的烤箱，温度调到 175℃后烤 5 分钟。

用凉水把芝麻菜洗干净，甩干水分。每份 2~3 棵，蘸上油醋汁，铺在玉米饼上，卷好，搭配汤或者沙拉食用。

剩下的芝麻菜和油醋汁可以配上其他的绿叶菜来做一道爽口的沙拉。

> 每份含有：152 卡路里，8 克脂肪，1 克饱和脂肪(有 6%的卡路里来自饱和脂肪)，17 克碳水化合物，3 克蛋白质，2 克膳食纤维，50 毫克钠。相当于：1 份淀粉

酸奶山羊奶酪酱拌芝麻菜沙拉

做法特别简单。尝过一次，你就永远不需要再多加一种配料！（虽然加点松子也很好吃）

4 人份

4 杯摘洗干净的芝麻菜嫩叶

8 盎司低脂原味酸奶

1 盎司软山羊奶酪

一个沙拉盘子上放 1 杯芝麻菜。把酸奶和山羊奶酪搅拌均匀，分到 4 份沙拉上面。

每份含有:60卡路里,3克脂肪,2克饱和脂肪(有30%的卡路里来自饱和脂肪),5克碳水化合物,5克蛋白质,0克膳食纤维,71毫克钠。相当于:1/2份脂肪,1/2份碳水化合物

苦辣味叶菜配烤鱼

这道菜很好地利用了我今年丰收的绿叶菜,有助于阻止它们在难得的大晴天里抽薹!

4人份

4杯芝麻菜(菊苣、苦苣、阔叶菊苣、罗马生菜或者几种混合用)

4茶匙特莉娜油醋汁

4块(4盎司)大比目鱼鱼排(罗非鱼也行)

1/4茶匙盐

1/4茶匙现磨的黑胡椒

2汤匙现榨柠檬汁

把叶菜洗干净,沥干水分,撕成小片,拌上油醋汁,分盛到四个盘子里。

用盐和黑胡椒把鱼腌好。鱼皮那面朝上,用中火烤3~5分钟,翻过来再烤3~5分钟(你可以根据鱼排的厚度来估计时间,每英寸厚要烤8分钟)。

鱼排烤好以后,去掉鱼皮,摆在绿叶菜上面,洒上柠檬汁。用新收获下来的红皮小马铃薯打破这道菜的味觉,会很好吃的。

每份含有:147卡路里,2克脂肪,1克饱和脂肪(有60%的卡路里来自于饱和脂肪),2克碳水化合物,30克蛋白质,0克膳食纤维,238毫克钠。相当于:4份精瘦肉

芦笋

拉丁语学名：*Asparagus officinalis*

我打算把种菜当成一个热情不断的消遣活动，其中一个原因就是种芦笋没有一蹴而就的。事实上，头两年别指望有任何的结果！

在这本书里我一直强调新鲜和应季蔬菜的重要性，因为对于一个热爱美食的园丁来说，它具有重大意义。它凸显了每一种植物的黄金季节，而区域性的美食一般都会选用同时收获而且互为补益的植物，因此了解各个地方的应季蔬菜有助于你品尝到当地的美食。

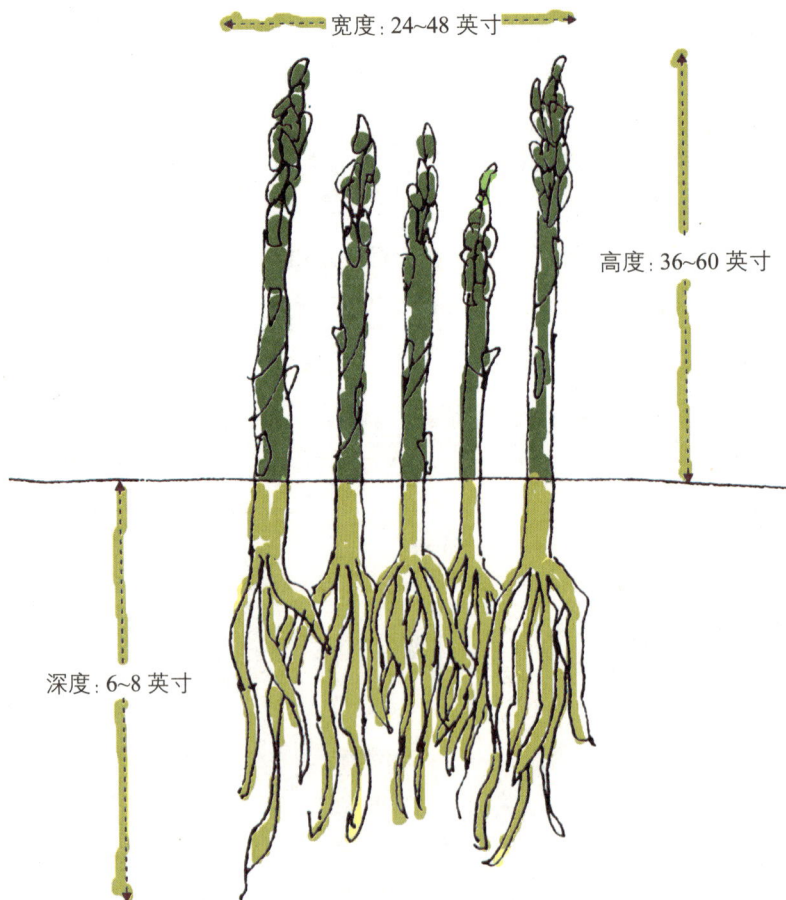

宽度：24~48 英寸

高度：36~60 英寸

深度：6~8 英寸

芦笋是早春时节的一道美味。事实上,一旦扎了根,它几乎变成了菜地里的排头兵。这种植物很需要耐心,因为即使是一株新买来的两年生芦笋根也得移植 3 年以后才能长出嫩芽来。

芦笋每天只需要 4 个多小时的光照时间,很适合种在半阴的菜园角落里——有点远离集体,或许旁边可以种上一片香芹?

一旦扎下根,而且养分充足的话,它就能连续生长至少 12 年。你需要做的,只是在它枯黄以后摘掉所有的老叶子(以及上面的甲虫),挖地施肥,用厚厚的稻草把它盖上,然后……就等着春天到来吧。

我喜欢很嫩的芦笋尖(我觉得像泽西巨人那种大个的芦笋已经失去了那种鲜美的味道)。我真的很不喜欢用荷兰式酸辣酱(黄油、鸡蛋和柠檬),因为它完全掩盖了芦笋的鲜美。最好是用一点盐和白胡椒粉,再喷上一点特级初榨橄榄油就好。

注:想要了解种植芦笋的信息,请参考史蒂夫·阿尔伯特写的《厨房菜园种植指南》。还有一本小册子名叫《种出最好的芦笋》,作者是迈克尔·希金斯,在 Territorial 种子公司有售。

数 据

芦笋含有一定量的嘌呤,很可能给痛风患者带来麻烦。但是它富含烟酸和铁。每 100 克蒸熟的芦笋(3.5 盎司)含有:20 卡路里,0.12 克脂肪,0 克饱和脂肪,4 克碳水化合物,2 克蛋白质,2 克膳食纤维,2 毫克钠

多年生植物

浇　　水:大量浇水,但不能积水

光　　照:每天最少 4 小时

混栽植物:

有利的:西红柿,香芹,罗勒

不利的:胡萝卜,洋葱,香葱,大蒜,葱,土豆

病虫害:蚜虫,石刁柏叶甲,鼻涕虫,蜗牛,红叶螨,芦笋锈病

土　　壤:在凸起种植床里要深种,需松软、排水性好、堆肥足的土壤

施　　肥:施肥量要大,鱼精

酸碱度:6.5~7.0

品　　种:泽西骑士(小型)、泽西巨人、格林威治、暖冬 UC157

适应区域:3~6

栽　　种:在最后一次霜降日之前三周播种,播种深度 1/4 英寸

发芽期:14~18 天

收获期:第二年早春

轮　　作:不要种在洋葱之后

可食用部分:嫩芽(芦笋尖)

冷吃蒸芦笋

这种基本的准备方法可以做成 3 种不同风味来食用。你随便选!

4人份

1磅（或以上）新鲜芦笋

浇汁

1汤匙现磨的帕尔玛干酪

或者

2茶匙鲜榨柠檬汁和少许新鲜的小茴香或龙蒿

或者

2汤匙特莉娜油醋汁或其他低脂沙拉酱

掰一下芦笋的后半段。在芦笋变老的地方会断开，这样就不会留下很粗的筋。把水烧开，上锅蒸3~5分钟，或者直到芦笋变得脆嫩，颜色仍是鲜绿色为止。

把碗放进冷水里，以阻断加热。沥干，放凉。

撒上帕尔玛干酪，整根食用；斜着切成2英寸长的段，拌上柠檬汁和新鲜香草吃；或者斜切成2英寸长的段，拌上油醋汁，摆在奶油生菜叶片上，点缀上几颗樱桃西红柿，作为配菜沙拉吃。

加帕尔玛干酪，每份含有：31卡路里，1克脂肪，0克饱和脂肪，4克碳水化合物，0.5克蛋白质，0克膳食纤维，35毫克钠。相当于：1份蔬菜

加柠檬汁和香草，每份含有：26卡路里，0克脂肪，0克饱和脂肪，5克碳水化合物，0克蛋白质，0克膳食纤维，12毫克钠。相当于：1份蔬菜

加油醋汁，每份含有：48卡路里，3克脂肪，0克饱和脂肪，5克碳水化合物，0克蛋白质，0克膳食纤维，60毫克钠。相当于：1份蔬菜，1/2份脂肪

芝麻烤芦笋

花很少的工夫你就能做出一道完全不一样的蔬菜。

4人份

32根新鲜芦笋

1汤匙低钠酱油

1汤匙米醋

1茶匙糖

1/2茶匙香油

碎干辣椒或上海海岸线混合香料（见"基本食谱"）

1 茶匙熟芝麻

把烤箱预热到205℃。

把芦笋洗干净,掰掉老的那头。

把酱油、醋、糖、香油和辣椒混合起来,把调味汁刷到芦笋上面,腌15分钟。然后放进烤箱,中间翻一次,直到烤熟(根据芦笋的大小,最多烤8分钟)。

撒上熟芝麻就可以上桌了。

每份含有:46卡路里,1克脂肪,0克饱和脂肪,5克碳水化合物,4克蛋白质,3克膳食纤维,350毫克钠。相当于:1份蔬菜

凉拌芦笋沙拉

很适合搭配冷吃水煮三文鱼。

4人份

2磅新鲜芦笋

1 茶匙特级初榨橄榄油

1 汤匙红酒醋

1/4 茶匙盐

1/4 茶匙现磨黑胡椒

2 汤匙切碎的新鲜小茴香

把芦笋洗干净,掰掉老的那头。斜着切成1英寸长的段,上锅蒸3~5分钟,直到变得脆嫩,浸入凉水中以免变老,沥干后摆在一个大浅盘上。

淋上橄榄油和醋,撒上盐、黑胡椒和小茴香。稍稍拌一下,放置半小时。在室温下或冷冻后食用。

每份含有:32卡路里,1克脂肪,0克饱和脂肪,4克碳水化合物,5克蛋白质,1克膳食纤维,150毫克钠。相当于:1份蔬菜

豆类

拉丁语学名：*Phaseolus* spp.

这是一种以拥有 1.3 万多个品种为荣的蔬菜。我们该怎么把它种在土里呢？首先，豆子分为两种类型：带豆荚的或者园艺豆，即带壳的。

带豆荚的指的是矮菜豆、豇豆、四季豆、法国菜豆、黄刀豆、油豆角和无筋菜豆。它们大都是绿色的，但也有黄色或紫色的，而且都是带着嫩豆荚一起吃的。

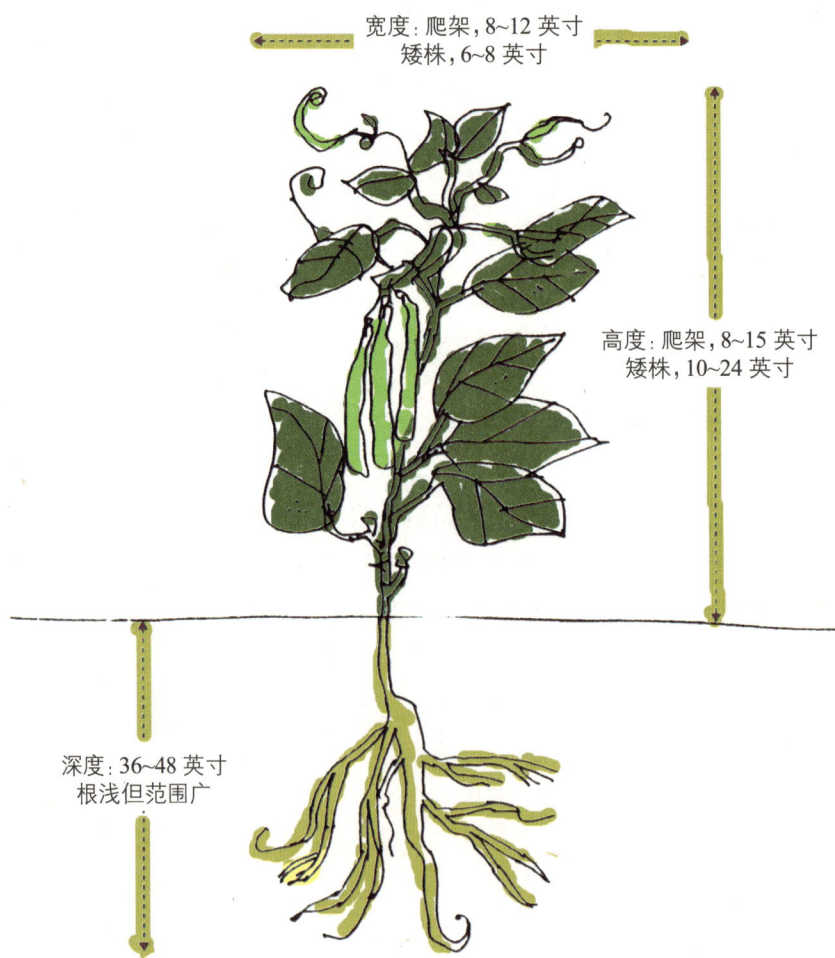

宽度：爬架，8~12 英寸
矮株，6~8 英寸

高度：爬架，8~15 英寸
矮株，10~24 英寸

深度：36~48 英寸
根浅但范围广

园艺豆包括笛豆、花芸豆和红莓豆，通常是等豆子干了以后吃的，但有些园艺豆，像蚕豆和利马豆，也可以直接吃豆荚里面的鲜豆子。这些豆子几乎都是从南墨西哥、中美洲和秘鲁等地区传过来的。那些国家种这些豆子的历史已经超过7000年了，可它们直到15世纪才出现在欧洲。

我两种豆子都种了：一种是带豆荚吃的攀缘豆，叫蓝湖；另一种是蚕豆。它们都长的很好，蚕豆马上就要收了。要是我早知道豆子可以早点收的话，我早就收了。我一直等到了仲夏时节，豆荚已经涨得鼓鼓的了，但是里面的豆子已经长出一层蓝灰色的软壳才收。不过可以把有斑点的那头切开，把豆子挤出来（挤出来的豆子就像一颗大号的利马豆）。这样做真的是太麻烦了，所以最好还是趁它们嫩的时候摘下来（参见后面的"蚕豆"部分）。

每隔10天种一茬，你就可以连续采收，而且也能在秋天种了冬天吃。非常薄的绿色带荚的豆子只需要蒸一下以使颜色更加的鲜艳（2~3分钟）。带壳的豆子如果不提前收的话，它们就会自己变黄、裂开口，露出里面饱满的白色豆子。可以把它们晒干，放在布袋里避光保存，而且要防潮，不能保存在玻璃或塑料容器里。我总是用水冲洗几遍，把裂开的、发霉的或者变色了的豆子挑出来扔掉，浸泡一夜，然后再做。

数据

每100克生的红芸豆（3.5盎司；1/2杯）含有：127卡路里，0.5克脂肪，0克饱和脂肪，23克碳水化合物，9克蛋白质，7克膳食纤维，1毫克钠

每100克生的绿荚豆（3.5盎司；1/2杯）含有：31卡路里，0克脂肪，0克饱和脂肪，7克碳水化合物，2克蛋白质，3克膳食纤维，6毫克钠

一年生植物

浇　水：少量；开花后适量增加，但要尽量保持叶子的干爽，以免生病

光　照：全日照

混栽植物：

有利的：矮菜豆或架豆、胡萝卜、芹菜以及瑞士甜菜

不利的：甜菜、卷心菜、洋葱

虫　害：蚜虫、豆叶甲、甘蓝银纹夜蛾、鼻涕虫、粉虱

病　害：炭疽病、凋萎病、霉病、茎腐病

土　壤：湿润、排水性好的腐殖土；新菜地要添加固氮菌

施　肥：低氮，磷、钾适量

酸碱度：6.0~6.8

品　种：

带荚的：蓝湖（矮株架豆）、风险（特别早熟的矮菜豆）

园艺豆/带壳的：花芸豆（红色/奶油的），大北豆，园中王（利马豆），蚕豆

适应区域：3~11

栽　种：春季，土壤温度在18℃以上时播种，深度1英寸，之后每10天播种一次；秋季也可以播种，冬季收获

发芽期：4~10天

开花期：夏季

收获期：矮株品种，45~60天；爬架品种，60~85天

轮　作：与瑞士甜菜等绿叶菜轮作；3年之后才能再种豆类植物

可食用部分：种子和一些品种的豆荚

辣味豆蘸酱

豆蘸酱在派对上总是大受欢迎的。这一款绝对能令人一震，关键就在你怎么衡量那 1/4 茶匙的辣椒上面。

4 人份

1 罐(15 盎司)低钠大北豆,洗净、沥干

1/4 杯低脂沙拉酱,品种随意

1/4 茶匙辣椒末或依口味而定

1 汤匙切碎的新鲜香芹

1 磅切成细条的胡萝卜或者削好皮的小胡萝卜或者其他切开的蔬菜

用食品搅拌机把豆子和沙拉酱打成奶油糊状,按照自己的口味加入辣椒末,或者分成微辣和热辣 2 份。撒上香芹,搭配胡萝卜或者其他切开的蔬菜蘸食。

每份含有:176 卡路里,2 克脂肪,0 克饱和脂肪,33 克碳水化合物,8 克蛋白质,7 克膳食纤维,172 毫克钠。相当于:$1\frac{1}{2}$ 份淀粉,2 份蔬菜

参议院豆汤

这就是著名的特供华盛顿特区参议院的一道汤,在寒冷的冬天格外受欢迎。它一般是用猪蹄髈做的(对你来说含肉量太高),不过这里介绍的配方却是纯素食的,以配合我们对于蔬菜的关注。这里面因为去掉了传统的蹄髈,所以用烟熏红辣椒粉来取代蹄髈的颜色和味道。

6 人份

6 杯水

1 片月桂叶

3 粒丁香

1 磅干海军豆,洗好,拣干净,泡一整夜

1/2 茶匙无香橄榄油

$1\frac{1}{2}$ 杯切碎的香葱

4 瓣大蒜，拍松、切碎

2 根胡萝卜，削皮，切成 1/4 英寸的丁（$1\frac{1}{2}$ 杯）

2 根芹菜，切成 1/4 英寸的丁（1 杯）

1 个中等大小的黄色土豆，削皮、切碎（$1\frac{1}{2}$ 杯）

1/2 茶匙磨碎的小茴香

1/4 茶匙晒干的夏香薄荷

2 汤匙切碎的新鲜香芹，多留一些做点缀用

1/2 茶匙盐

1/4 茶匙现磨胡椒粉

1 汤匙烟熏红辣椒粉或依口味而定

在一个中型深平底锅里倒入水，放入月桂叶和丁香，放上豆子，大火煮开，然后调成中小火，炖一个半小时，直到豆子都变软，但不是糊状（可以用高压锅煮，以缩短时间；需参考生产厂家的使用说明，也可以用罐头装的豆子）。

豆子煮好以后，用中高火把煎锅里的油加热，放入香葱炒 2 分钟，然后放入大蒜、胡萝卜、芹菜和土豆，炒 3 分钟，然后把汤和煮好的豆子一起倒进锅里。放上小茴香和夏香薄荷，搅匀，炖 20 分钟，直到蔬菜都变软为止。

把锅里 1/3 的混合物倒进食品搅拌机里打匀，然后再倒回锅里，放入香芹、盐和胡椒粉搅匀，撒上辣椒粉。盛盘时可以再撒一些切碎的香芹。

每份含有：344 卡路里，2 克脂肪，0 克饱和脂肪，64 克碳水化合物，16 克蛋白质，15 克膳食纤维，322 毫克钠。相当于：$3\frac{1}{2}$ 份淀粉，1 份精瘦肉，2 份蔬菜

四季豆或四棱豆沙拉

脂肪含量极低的一道沙拉，但味道十足。

4 人份

沙拉用料

1 磅四季豆或四棱豆，掐头去尾，切成两半

1/4 茶匙盐

1/4 茶匙现磨的黑胡椒

1/8 茶匙磨碎的多香果

4个新鲜的意大利红色西红柿，如罗马品种，纵向切成8份

1/4 杯切成大块的葱白

6片新鲜罗勒叶，切成细丝（1 汤匙）

2根葱，切成 1/4 英寸的段（1/4 杯）

浇汁用料

1/4 茶匙竹芋粉

1/2 茶匙水

1/4 杯意大利黑醋或红酒醋

把豆子放到一个大蒸锅里，撒上盐、黑胡椒和多香果粉，盖上锅盖，蒸6分钟。

把西红柿、橄榄、罗勒和葱放进一个大碗里搅拌均匀待用。

浇汁做法：竹芋粉加水打成芡汁。把醋倒进一个小锅里，倒入芡汁，用中火加热，慢慢搅拌，直到芡汁变得透明，略为黏稠。

把蒸熟的豆子放进装有西红柿的大碗里，浇上醋汁。

每份含有：49卡路里，1克脂肪，0克饱和脂肪，9克碳水化合物，1克蛋白质，4克膳食纤维，360毫克钠。相当于：2份蔬菜

甜菜头和甜菜叶

拉丁语学名：*Beta Vugaris esculenta*

甜菜头有着鲜艳的色彩和独特的味道，特别是在经典的波兰罗宋汤里，还有它惯有的丝滑的酸奶油味……其实这个理由就足够促使我种甜菜了，但是我还有另一个目的，那就是同样是美味的甜菜叶，它们的营养价值比甜菜头还要高。

我们把甜菜种在花园里半阴的地方，不过每天也有6~7小时的日照时间。它们长得很快。为了留下2英寸的生长空间，我已经间过几次苗了，我把间下来的苗连叶子（6英寸高）带根一起蒸熟，配上脱脂素食罐头装的烤豆子——好吃极了！

这种原产于北部非洲的野生植物最早是由埃及人种植的。一想到这一点我就感觉甜菜头给罗宋汤增添了几分波兰——不论那里的美食有多棒——无法赋予的异国风情。

关于甜菜头我最早的记忆都是围绕着配沙拉吃的腌菜条以及小时候祖母总是把甜菜头切成丁，拌到又松又软的土豆泥里，再撒上一把香芹的画面展开的。那时的我根本不需要奶油、牛奶或者黄油，腌甜菜头的甜酸味和它淡紫色的柔滑口感就足够了！

从早春到夏季，我还采摘小片的甜菜叶来做什锦沙拉。

后来我才发现基奥贾品种，不过第一年已经来不及种了。这是一种经典的传世甜菜，根茎里面是深浅相间的条纹图案，不会像深红色的那种流出血红色的液体。煮熟或蒸熟以后，红白色的条纹就会消失，但是如果包在锡箔里面烤的话，条纹会更加地突出。所以明年我打算种金黄甜菜头和这种奇特的带条纹的基奥贾。

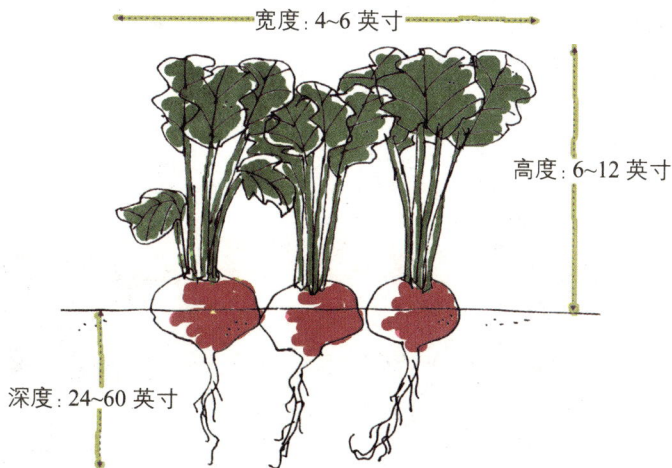

宽度：4~6 英寸

高度：6~12 英寸

深度：24~60 英寸

一年生/冷季植物

浇　水:定期在顶上浇水,以保持叶片脆嫩

光　照:半阴

混栽植物:

有利的:矮菜豆、卷心菜、葱、生菜、洋葱、小胡萝卜

不利的:芥菜、架豆

虫　害:甜菜叶蝉、结网毛虫、象鼻虫、跳甲

病　害:叶斑病、疮痂病

土　壤:轻质壤土、排水性好、没有石块

施　肥:地下 9 英寸施充足的腐熟肥料或堆肥;叶子长到 6 英寸高时施鱼精

酸碱度:6.5~7.5

品　种:红色王牌,基奥贾(条纹的),黄金(黄色的),克罗斯比埃及人

适应区域:5~10

栽　种:在最后一次霜降之前 2~4 星期播种,1/4~1/2 英寸深;间苗苗距 4~6 英寸宽

发芽期:4~10 天,然后每 2~3 星期种一茬,直到仲夏时分

开花期:第二年

收获期:49~91 天

轮　作:不要种在菠菜或瑞士甜菜之后

可食用部分:根茎和绿叶

甜菜

基本准备

把带叶子的甜菜头洗干净,把叶子切下来,留 1 英寸的茎。菜头整根备用。

把菜叶切成 1/4 英寸长,备用。

把菜头放进深平底锅里,倒入水,水没过菜即可,煮 30~45 分钟,直到菜头变软为止。倒掉热水,用冷水冲洗降温,然后削皮,切成 4 瓣或者切丝。

也可以把甜菜头包在锡箔里,用烤箱在 175℃ 下烤 40 分钟。

甜菜土豆泥

这道菜马上就让我回到了童年。小时候的我是多么喜欢吃这道菜啊!最近我往里面添加了新鲜的罗勒叶,使颜色更亮丽,而味道与土豆泥形成了鲜明的对比。

4 人份

2个中等大小的黄色土豆

3个中等大小的甜菜头,煮熟或烤熟,切丝

1/4茶匙盐

1/4茶匙现磨黑胡椒粉

8片新鲜的整片罗勒叶

土豆削皮,切成8瓣,在沸水里煮15分钟,放入切成丝的甜菜头,再煮大约5分钟,直到土豆变软。控干水分。

把土豆和甜菜头一起捣烂,放上盐和黑胡椒拌匀。我喜欢带块的土豆泥的质感,如果你喜欢完全顺滑的,可以把菜泥放进食品加工机里打烂。端上桌之前放上罗勒叶。

每份含有:75卡路里,0克脂肪,0克饱和脂肪,17克碳水化合物,3克蛋白质,2克膳食纤维,178毫克钠。相当于:1份淀粉

甜菜头沙拉

亲朋聚会时带上这样一道别具一格的沙拉一定会格外的抢眼!

6人份

1磅煮熟或烤熟的甜菜头,切成1/2英寸的丁

1/3杯苹果醋

1茶匙切碎的新鲜香葱

1/2杯酸奶奶酪(参见"基本食谱")

1汤匙切碎的新鲜香芹

一大把冷藏过的西洋菜或者整棵的芝麻菜叶

把甜菜头、醋和香葱放在一个大碗里拌匀,盖好,放在室温下腌制30分钟。然后过滤出来,把腌泡汁倒掉。把甜菜头倒回碗里,放上酸奶奶酪和香芹拌匀。把冷藏过的菜叶跟甜菜头拌匀就可以吃了。

每份含有:53卡路里,0克脂肪,0克饱和脂肪,11克碳水化合物,3克蛋白质,2克膳食纤维,83毫克钠

橙汁炖带叶甜菜头

对于爱吃甜菜头的人来说,这道菜用到了整棵甜菜,感觉很爽。橙汁的味道与甜

菜本身的甜味相得益彰。

4人份

1捆(4个大的或者8个小的)带叶子的甜菜头,煮熟或烤熟,切成4瓣

1/2杯鲜榨橙汁

1/4茶匙盐

把甜菜叶放到一口大锅里,倒上橙汁,盖好锅盖,煮开后转成小火,慢慢炖3~4分钟,直到菜叶快变软,加入切开的甜菜头,不盖锅盖,接着煮,直到菜都熟透,橙汁几乎收干了为止。撒上盐,盛盘上桌。

每份含有:72卡路里,0克脂肪,0克饱和脂肪,16克碳水化合物,2克蛋白质,4克膳食纤维,345毫克钠。相当于:3份蔬菜

烤基奥贾甜菜头

做之前要给甜菜头削皮,可能弄得很脏,所以要记得戴上围裙和一次性厨用手套。

4人份

4个中等的基奥贾甜菜头(直径约为2英寸)

2汤匙鲜榨的柠檬汁

1/4茶匙磨碎的豆蔻粉

1汤匙蜂蜜

1茶匙无香橄榄油

烤箱预热到205℃。

甜菜头削皮,切成1英寸厚的块。

把柠檬汁、豆蔻粉、蜂蜜和橄榄油倒进一个小碗里搅匀。把甜菜头摆到9英寸直径的烤盘里,浇上混合好的柠檬汁。

上面盖一张铝箔,烤30分钟。去掉铝箔再烤20分钟,直到甜菜头表面光亮,变软为止。

每份含有:82卡路里,1克脂肪,0克饱和脂肪,17克碳水化合物,2克蛋白质,4克膳食纤维,89毫克钠。相当于:2份蔬菜

小白菜

拉丁语学名：*Brassica rapa* var. *chinesis*

在我开始种菜以前，对于这种大叶片、白色叶茎的小白菜和它的那个叫做清江菜的微型变种只是认得而已（不过还是很有亲切感的）。

我知道小白菜跟大白菜有一定的渊源，而且还有一个近亲叫做油菜，是一种叶子只有甜点勺那么大的小型蔬菜。而且在整个生长季节里，这种深绿色的叶子可以一片一片地"割了再长"。

"割了再长"这个词常用于生菜、瑞士甜菜和芥菜等叶菜，指不必整棵拔出来就可以采收嫩叶吃。收割的位置一般在土层以上 2 英寸。我专门备了一把剪子，平时放在一个塑料盒里，还有几块消过毒的布来擦拭刀刃，以免传播病害。

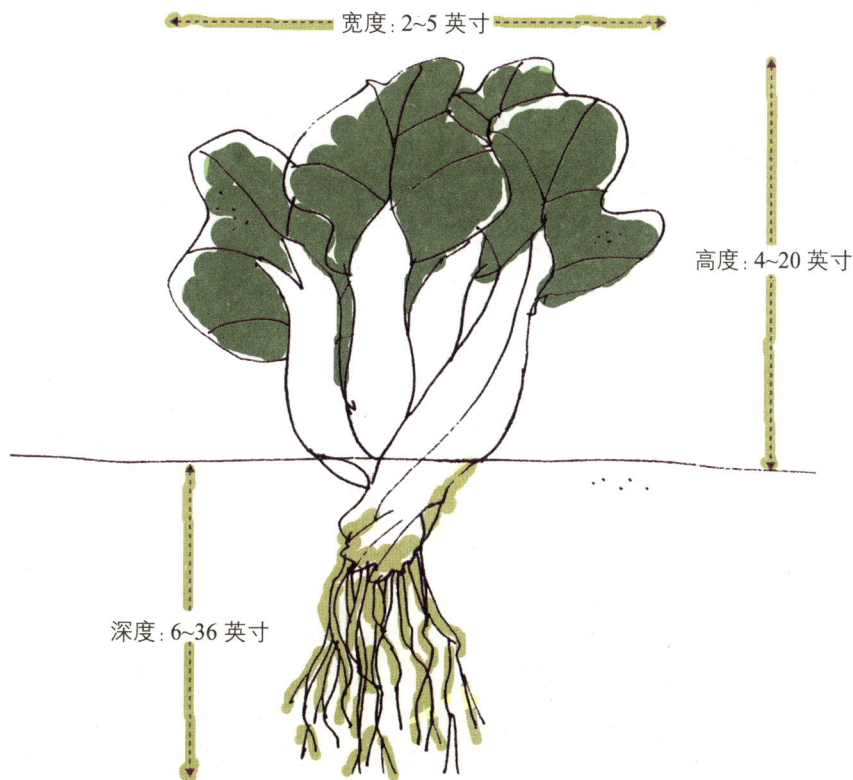

宽度：2~5 英寸

高度：4~20 英寸

深度：6~36 英寸

第五章　怎么种，怎么吃

81

当气温还比较凉的时候，小白菜和它的家庭成员们在我的凸起种植床里长得非常好。然后突然间天气就热了起来（我们大家都很惊讶），气温达到了30℃上下，而且还持续了将近一个星期，于是我所有的菜都迅速蹿了起来（所以要趁叶子还嫩、味道还好的时候收割外面几层菜叶，以免它们随着气温的升高而疯长）。

我看书上写过，说它们会在天气转凉的时候酝酿出最好的味道，但我的菜从来没有得到这个机会，因为我把它们种在了全日照的地方。下一次，我会等到秋天再种小白菜，然后祈祷有一个温暖的冬天。

我特别喜欢用品种大一点的白菜的白色嫩茎来做炒菜的主料，因为它能增添一丝略带甜味的新鲜滋味。而且还因为白菜熟的很快，只要在最后1分钟倒进锅里就行。

数据

小白菜含有葡萄糖异硫氰酸盐、维生素C和A，具有非同寻常的抗癌特性。

每100克生的小白菜（3.5盎司；1杯）含有：13卡路里，0克脂肪，0克饱和脂肪，2克碳水化合物，2克蛋白质，1克膳食纤维，65毫克钠

一年生/冷季植物

浇　水：经常适量浇水

光　照：半阴，每天6小时

混栽植物：

有利的：甜菜、生菜、小胡萝卜、菠菜

不利的：西红柿、土豆、辣椒

虫　害：蚜虫、鼻涕虫、菜青虫

病　害：枯黄病、黑腐病

土　壤：底肥足、排水性好、肥沃的黏壤土

施　肥：秋季施高质量的堆肥

酸碱度：6.5~7.5

品　种：小白菜（不抗寒）、青江菜（超小型的）、大白菜（见后述）

适应区域：3~6

栽　种：第一次霜降之前10~12天播种，1/4英寸深

发芽期：4~10天

收获期：播种后65~70天；定植后45~50天

轮　作：不要种在甘蓝类之后

可食用部分：叶和茎

蒸娃娃菜

这道菜的品相非常雅致。做小白菜所需要的只是喷上一点橄榄油和恰到好处的火候。

4人份

4棵嫩小白菜（最多5英寸长）
1/4茶匙盐

1/4 茶匙现磨黑胡椒

特级初榨橄榄油喷雾油

把小白菜纵向劈成两半,摆在大的蒸锅里,撒上盐和黑胡椒。盖上锅盖,蒸3分钟。喷上橄榄油,趁热端上桌。

> 每份含有:9卡路里,0克脂肪,0克饱和脂肪,1克碳水化合物,1克蛋白质,1克膳食纤维,106毫克钠。相当于:0份食物

蒸小白菜

有很多菜,包括瑞士甜菜,都跟小白菜一样,需要把茎跟叶子分开来做,因为把它们蒸熟所需的时间不同。

4人份

1大棵白菜

1/4 茶匙盐

1/4 茶匙现磨黑胡椒

1 汤匙鲜榨柠檬汁

把白菜根的部分切掉,以便把叶片分开。把白色的叶梗跟绿色的叶片切开,清洗干净。

把白色部分在蒸笼里蒸3分钟,撒上一半备好的盐和黑胡椒拌匀,再蒸3分钟。把菜分到4个热盘子里面,保温。

把菜叶放进蒸笼,撒上剩下的盐和黑胡椒,蒸2分钟,然后摆到盘子里,洒上柠檬汁。

> 每份含有:9卡路里,0克脂肪,0克饱和脂肪,1克碳水化合物,4克蛋白质,1克膳食纤维,106毫克钠。相当于:0份食物

炒小白菜

这道菜可以作为热吃沙拉或者给色彩鲜艳的主菜做配菜用。

4人份

1 棵成熟小白菜

1 茶匙无香橄榄油

2 瓣大蒜，压碎

1 汤匙切碎的姜

1 根葱，切碎

1 汤匙中式海鲜酱或者低钠酱油

把白菜靠近根部 2 英寸的地方切下来，扔掉。把叶片分开，仔细清洗干净，放在纸巾上晾干。把叶梗和叶片切开。把叶梗切成 1/4 英寸长的薄片，叶片切成 1/4 英寸长的条，分开放。

在一口大锅里倒上油，用中火加热，放入葱、姜、蒜，炒半分钟。放入白菜梗，快炒 3~5 分钟。放入白菜叶，再炒 1 分钟。倒上海鲜酱或者酱油，翻炒，给白菜上色。马上盛盘上桌。

每份含有：33 卡路里，2 克脂肪，0 克饱和脂肪，4 克碳水化合物，3 克蛋白质，2 克膳食纤维，235 毫克钠。相当于：1 份蔬菜

西蓝花

拉丁语学名：*Brassica oleracea* var. *italica*

我们很多人都还记得老布什总统承认自己不喜欢吃西蓝花时所引发的一场风波，其实这事只是证明了我们对政治的重要性的理解很可能是错误的。然而，我必须承认一点，我妻子特莉娜是站在总统那边的，（平生第一次）对我喜欢的东西持有反对意见。

这种不同寻常的植物是人类介入培育的一个早期例证。好几个消息来源都说，古罗马人拿意大利东海岸的一种野生卷心菜做试验，培育出了我们今天所认识的这种植物。

宽度：15 英寸

高度：18~24 英寸

深度：18~36 英寸

你会发现西蓝花的种子分为早期、中期和晚期三类。所以种两季是个不错的办法。首先在最后一次霜降的前8周在室内开始育种，然后等幼苗长到5英寸高的时候（大约播种5周以后）移到浅苗床里，间距2英寸。接下来，在1周左右的时间里要慢慢把它们放到室外做耐寒锻炼，然后才能把它们定植到凸起种植床里面。在夏末时期重复一次上述过程，冬天就有的吃了。气温高的时候幼苗长得很快，所以要把它们种在阴凉的地方，否则就得秋季采收了。

西蓝花的家族很小，还包括芜菁和花椰菜苗（西蓝花和芥蓝的杂交品种），都是细长的梗上面顶着小小的花头。我对它们全都喜爱有加。只需要蒸上个两三分钟，就可以吃了。它们几乎没有西蓝花那种熟悉的硫黄味，而且营养价值极高——很值得种，特别是由于这两个品种在超市卖的价格都有点贵。

数据

芜菁里面所含的萝卜硫素——一种关键的抗癌成分——比西蓝花里的含量要高30~50倍。它们还都含有另一种经证明充分有效的抗癌利器——芥蓝素。

每100克熟的西蓝花（3.5盎司；1/2杯）含有：35卡路里，0克脂肪，0克饱和脂肪，7克碳水化合物，2克蛋白质，3克膳食纤维，41毫克钠

一年生/耐寒/冷季植物

浇　水：只能地表灌溉水

光　照：半荫也可以，气温超过26℃时可能需要额外遮阴

混栽植物：

有利的：矮菜豆、甜菜、胡萝卜、芹菜、叶甜菜、黄瓜、生菜、西红柿

不利的：架豆、草莓

虫　害：蚜虫、甘蓝银纹夜蛾、切根虫、鼻涕虫、象鼻虫、粉虱

病　害：黑腐病、霉病、根瘤病

土　壤：底肥足、湿润、排水性好的沙壤土

施　肥：花苞出现后每2~3周施1次鱼精

酸碱度：6.0~7.0

品　种：Early Dividend（春季）以及绿慧（春季）、芜菁

适应区域：3~11

栽　种：春秋季播种，1/2英寸深；每年更换种植床；最后一次霜降前6~10周开始在室内育苗，长到5英寸高时移植，耐寒锻炼10天，然后定植，间距14~21英寸

发芽期：7~10天

收获期：78~98天

轮　作：不要种在甘蓝类之后

可食用部分：头和梗

西蓝花

基本准备

我很喜欢西蓝花，特别是当它被做得恰到好处的时候——梗刚刚变软，头部色泽翠绿。我会在最后一刻撒上新鲜的罗勒叶细丝做点缀，再喷上一层特级初榨橄榄油。

只要一点点海盐，我就心满意足了。小的花头只要蒸上 1~2 分钟，放凉，然后蘸着加了我自制的酸奶奶酪（见"基本食谱"）的鹰嘴豆泥吃，那可是绝对美妙的滋味！

清蒸西蓝花

根据我的经验，人讨厌某个东西通常是由于小时候的叛逆导致的，而随着我们的成熟，这种情绪很容易就能转变过来。不过在准备这道菜的时候，你一定要确保梗变软，哪怕是菜色有些发暗都行。罗勒和柠檬给西蓝花增添了别具一格的味道，一定会让那些不相信的人心服口服的。

4 人份

$1\frac{1}{2}$ 杯西蓝花

1/4 茶匙盐

1/2 茶匙干罗勒

1 茶匙鲜榨柠檬汁

把底部老的菜梗去掉。把花头切下来，菜梗削皮，斜着切成 1/4 英寸长的薄片，放进蒸笼里。如果你喜欢的话也可以留着清炒或者做汤用。

把花头切开，摆在菜梗上面。撒上盐，把罗勒撒在上面，浇上柠檬汁。蒸 5~7 分钟，然后立即端上桌。只蒸花头的话，5 分钟就足够了。

每份含有：35 卡路里，0 克脂肪，0 克饱和脂肪，7 克碳水化合物，3 克蛋白质，3 克膳食纤维，180 毫克钠。相当于：2 份蔬菜

绿色姜汁沙司配青蔬

这道菜是在非同寻常的姜汁沙司衬托下，由不同质感的绿色蔬菜组合而成的。

4 人份

绿色沙司用料

2 杯压紧的新鲜菠菜叶

1/2 杯低钠蔬菜清汤（见"基本食谱"）

1/4 茶匙低钠酱油

1/2 茶匙香油

2 茶匙米酒醋或白醋

2 茶匙姜末

蔬菜用料

2 杯切成片的四季豆（一口大小）

2 杯切开的西蓝花花头（一口大小）

超级初榨橄榄油喷雾油

用搅拌机把绿色沙司的配料打成泥，直到颜色鲜绿，非常顺滑为止。

把四季豆和西蓝花蒸 5 分钟，或者蒸到颜色鲜绿，口感清脆为止。

在餐盘上淋上一些绿色沙司，上面各放上 1/2 杯的热四季豆和热西蓝花。喷上橄榄油即可。

> 每份含有：54 卡路里，2 克脂肪，0 克饱和脂肪，8 克碳水化合物，3 克蛋白质，2 克膳食纤维，133 毫克钠。相当于：2 份蔬菜

西蓝花苦苣沙拉

这是一道典型的主菜式沙拉，里面的每一种配料都要精心摆放，而不是简单地拌在一起。

6 人份

1 磅西蓝花花头

3/4 杯低脂法式或意式沙拉酱，分成各 1/4 杯（或者特莉娜油醋汁）

1 磅比利时苦苣

2 个红色甜椒，切成细丝，或者 2 杯小番茄

1 汤匙烤熟的松子仁

把西蓝花倒进沸水里焯 1 分钟，倒到漏勺里，用冷水冲洗一下，以免菜变老。沥干水分，倒进碗里，拌上 1/4 杯的沙拉酱。

把苦苣根部的锥形菜心切掉，叶子自然就分开了。放进另一个碗里，拌上 1/4 杯的沙拉酱。

把沙拉摆到餐盘上。苦苣叶沿盘子边摆一圈，把红甜椒丝（或小番茄）放到苦苣叶子上面。把腌好的西蓝花放到中间，撒上松子仁。把剩下的 1/4 杯沙拉酱淋在全部材料上面。

> 每份含有：96 卡路里，3 克脂肪，0 克饱和脂肪，17 克碳水化合物，4 克蛋白质，5 克膳食纤维，272 毫克钠。相当于：2 份蔬菜，1/2 份脂肪，1/2 份碳水化合物

抱子甘蓝

拉丁语学名:*Brassica oleracea* var. *gemmifera*

抱子甘蓝是另外一种被很多人误解的蔬菜，常常跟豆腐和肝一起名列最不喜欢吃的食物之首！

这可能得怪盎格鲁—撒克逊人做菜做得太努力——或者说太不努力了。我记得小时候在寄宿学校里，这种菜总是被煮到死烂。它们躺在加了盐的水里面，水渍渍的，颜色苍白，散发出浓重的硫黄味。虽然抱子甘蓝可以蒸着吃(永远不要煮！)，我却发现小火慢烤既能让它变软，又能变得香甜，就连我们的一个小孙子都爱上了它的美味，现在甚至点名要求吃抱子甘蓝。

宽度:24 英寸

高度:36~48 英寸

深度:18~36 英寸

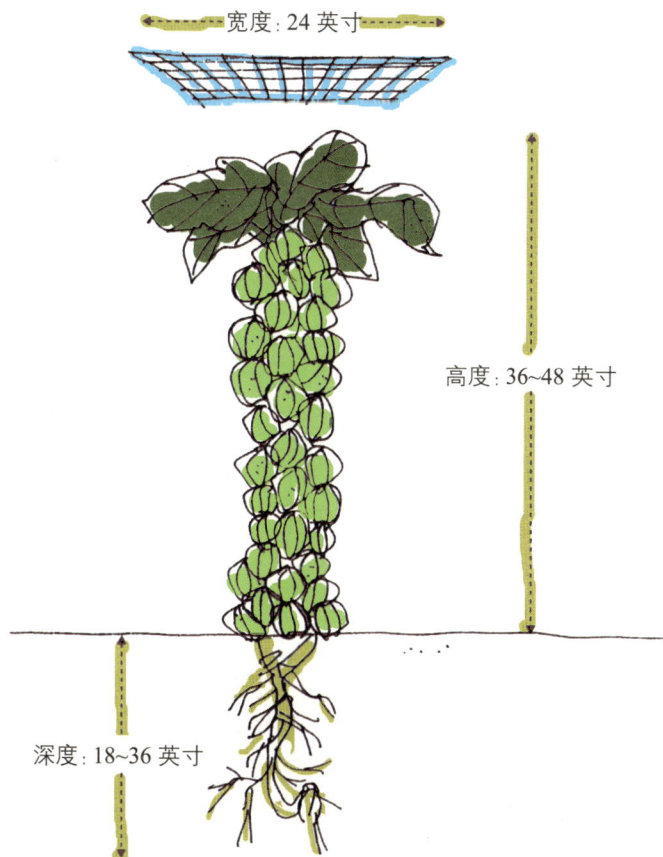

等它长到20英寸高的时候，一定要记得把尖掐掉。然后随着甘蓝的生长，要在茎周围培土（2~3英寸高）以提供支撑。它们会从地面开始往上逐渐成熟，甘蓝成型以后要先把叶子去掉。甘蓝长到直径约1/2英寸的时候是最甜的，要在这时候采收。抱子甘蓝的坏名声也可能是由于错误的采摘造成的。在一次轻霜之后，植物的能量才会进入到球芽里，它的味道才最淡，也最甜。霜打之后，潮湿的植物最容易感染疾病，要罩上防鸟网，不要触碰它们。

数据

抱子甘蓝里面还有大量的维生素 B_6、维生素 B_1 和钾，还有可以抗癌的葡萄糖异硫氰酸盐。

每100克熟的西蓝花（3.5盎司；3/4杯）含有：42卡路里，0克脂肪，0克饱和脂肪，8克碳水化合物，4克蛋白质，4克膳食纤维，15毫克钠

一年生/冷季植物

浇　水：定期，保持湿润
光　照：全日照
混栽植物：
有利的：洋蓟、甜菜、芹菜、豌豆、菠菜
不利的：茎蓝、架豆、草莓、西红柿
虫　害：蚜虫、甘蓝银纹夜蛾、蝴蝶、跳甲、鼻涕虫、粉虱。用网子避免小鸟来吃
病　害：黑腐病、霉病、枯黄病
土　壤：底肥足、湿润、肥沃的壤土；肥沃的沙壤土或粉沙壤土
施　肥：每2~3周施1次鱼精；避免氮肥过量，会造成叶子长速过快，不结球

酸碱度：5.5~6.8
品　种：Jade Cross 杂交种、Viliant（味道更甜，有坚果香味）、Catskill（小型，秋季采收）
适应区域：4~7
栽　种：初夏播种，1/4~1/2 英寸深
发芽期：3~10天
收获期：播种后100~110天；定植后80~90天
轮　作：不要种在甘蓝类之后。不要连续四年种在同一块地里——要轮换种植！
可食用部分：球芽

抱子甘蓝

基本准备

不管你选择什么烹饪方法，都要先把球芽外面一层叶子（通常会枯萎）剥掉，切除干瘪的叶梗，在球芽（特别是大个的）底部深深地划一个×。可以蒸8~10分钟，但永远不要把它们放在白水里面煮，因为它们很容易变得水渍渍的，淡而无味。

烤抱子甘蓝

慢烤会使甜味变浓。那些不相信的人只要尝过一次就会改变主意的。

4人份

32个小的抱子甘蓝

1汤匙橄榄油

2瓣大蒜,压碎

1/4茶匙盐

1/4茶匙现磨黑胡椒

2根3英寸长的迷迭香枝或者1/2茶匙切碎的干迷迭香

烤箱预热到175℃。

把抱子甘蓝上所有颜色发黄的叶子都剥掉,切掉梗。在底部划一个深深的×字。把油、大蒜、盐和黑胡椒混合起来,跟备好的抱子甘蓝拌匀,平铺在一个小型烤盘上。

把迷迭香枝放在上面(或者撒上干迷迭香),烤20分钟左右,直到甘蓝变软。中间拿出来快速晃一晃,有助于烤得更加均匀。

每份含有:55卡路里,2克脂肪,0克饱和脂肪,8克碳水化合物,2克蛋白质,3克膳食纤维,162毫克钠。相当于:2份蔬菜

迷迭香焖抱子甘蓝

这可以算得上是抱子甘蓝的终极食谱。如果你用这道菜都无法赢得他们的认同的话,那么你就别再费劲了,等某些人长大了再说吧!

4人份

1磅尽可能小的抱子甘蓝

1杯低钠蔬菜汤(见"基本食谱")

1茶匙干迷迭香或者1根4英寸长的新鲜迷迭香枝条

1/4茶匙盐

1茶匙竹芋粉或者玉米淀粉加1汤匙清汤或水(芡汁)

烤箱预热到200℃。

剥去抱子甘蓝外面一层的叶子。如果球芽很小的话，可以整个做。如果直径大于3/4英寸，就切成两半块儿做。

用中等大小的深平底锅把蔬菜汤烧开，放入迷迭香、盐和抱子甘蓝。大火烧开后再煮3分钟，然后把所有的东西倒进一个小号耐热的盘子里，焖10分钟，直到菜刚刚变软。

勾上芡，用中火加热，直到芡汁开始发亮，略微变稠。上桌前淋上一小勺芡汁，让菜色发亮。

每份含有：54卡路里，1克脂肪，0克饱和脂肪，12克碳水化合物，2克膳食纤维，187毫克钠。相当于：2份蔬菜

抱子甘蓝热沙拉

有些时候，比如说深秋时节，人们更喜欢吃热的沙拉。这道菜就是一款很好的热沙拉，不过要想做好它需要非常好（贵）的黑醋。

4人份

1包（12盎司）速冻的或者1磅新鲜的抱子甘蓝

1茶匙橄榄油

1/2茶匙干的或者2茶匙新鲜的百里香

1/4茶匙葛缕子子

2汤匙黑醋

1/4茶匙盐

1/4茶匙现磨黑胡椒

把抱子甘蓝剥净，对半切开。放到蒸锅里蒸大约5分钟。

中号煎锅里倒入油，用中火加热。放入百里香、葛缕子子和黑醋，把蒸好的抱子甘蓝倒进去，放上盐和黑胡椒，翻炒2分钟，让抱子甘蓝外面均匀地裹上酱汁，趁菜色还是鲜绿的时候盛盘上桌。

每份含有：61卡路里，2克脂肪，0克饱和脂肪，10克碳水化合物，2克膳食纤维，169毫克钠。相当于：2份蔬菜，1/2份脂肪

甘 蓝

拉丁语学名：*Brassica oleracea* var. *capitata*

有几道德国菜我特别的喜欢，而且我把那位伟大的巴伐利亚主厨卡尔·古根诺斯当成我最好的朋友之一。他可是世界上最大的厨师培训学校约翰逊和威尔士大学烹饪学院的主任。

古根诺斯大厨对紫甘蓝情有独钟，而我也一样。但是我发现我的热爱是有限的。我把新菜园里的整整一垄地都贡献给了紫甘蓝——一棵接着一棵……对了，偶尔会有一棵绿色的皱叶甘蓝！

更加麻烦的是，我那套不太听话的空中灌溉系统和一段特别热、阳光灿烂的日子让甘蓝头裂开了！

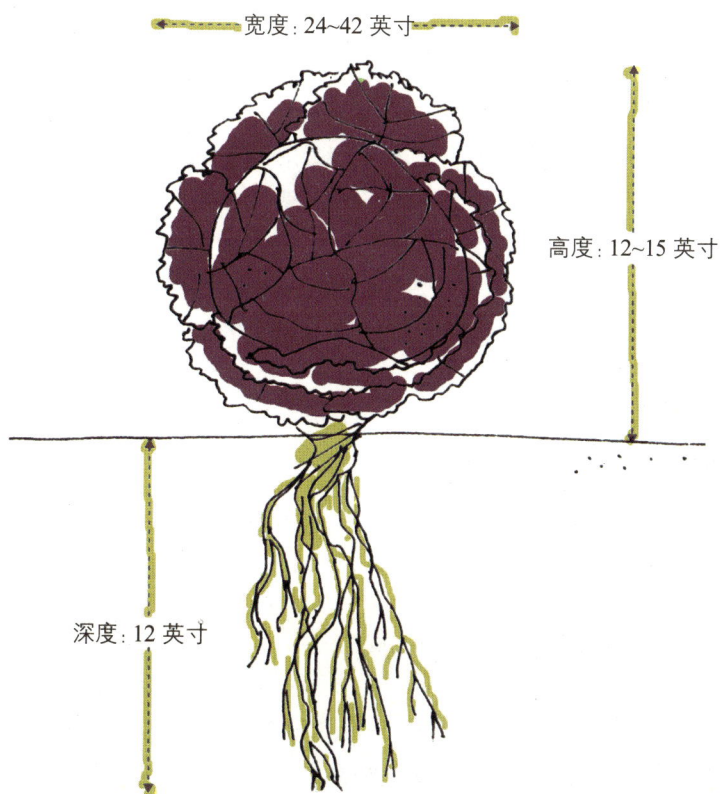

宽度：24~42 英寸

高度：12~15 英寸

深度：12 英寸

第五章　怎么种，怎么吃

如果你是一个经验丰富的菜农，此刻你一定会摇着头嘟囔着："你难道不知道吗？"答案当然是："对，我不知道。"那就是你在第一个年头里从失败中学到的教训！

显然是初夏时的快速生长（阳光加上水分）造成了菜头的开裂。水应该用畦灌法浇在根部。如果明年太阳还是这么毒的话，我就应该抓住甘蓝菜头，就像按摩师抓着我的脑袋一样，轻轻把它往左（或者往右）边转一下，让一些扎得浅的根脱离土壤，这样就能减缓它的生长速度。如果阳光持续过强，我就会给它们支上遮阳网。

不管是紫的、绿的，还是白的，我都喜欢它们的甜美多汁，特别是用橄榄油配上甜洋葱炒一下，再加上几颗小茴香或者芫荽子，就更美味了。

数据

每100克熟的甘蓝（3.5盎司；1杯）含有：23卡路里，0克脂肪，0克饱和脂肪，6克碳水化合物，1克蛋白质，2克膳食纤维，8毫克钠

一年生/冷季植物

浇　水：多浇水，菜头成形后要适量；滴灌，避免从上面浇水，特别是在很热的时候

光　照：全日照，太热时要遮阴

混栽植物：

有利的：甜菜、矮菜豆、胡萝卜、芹菜、菠菜、洋葱

不利的：架豆、草莓、西红柿

虫　害：蚜虫、跳甲、小鸟

病　害：枯黄病、霉病

土　壤：中度轻质、肥沃、排水性好的土；春播的在沙质壤土更好；秋播的在黏质壤土更好

施　肥：播种之前施足底肥；土壤中用氮、磷、钾含量高的肥料，出苗之后用含氮量高的肥料；每3~4周施1次鱼精

酸碱度：6.5~7.5

品　种：Savoy King 和 Savoy Chieftain 两个品种都比圆头品种的要甜，味道也更淡一些，Charmant 是较好的早播品种

适应区域：3~11

栽　种：第一次霜降之前10~12周播种，1/4英寸深，间距8~10英寸，秋季收割

发芽期：5~10天

收获期：播种后70~120天；定植后49~56天

轮　作：3年之内不要种在甘蓝类之后，以避免土壤里传播的病虫害

可食用部分：叶球

甘蓝菜卷

这是一道主菜。第一次尝试的时候可能很费时间，但它肯定会成为全家人都喜欢的菜，你所花的功夫是值得的。我曾努力使这本书里的菜谱保持全素，但是这道菜我实在是没办法了——我甚至试着用坚果和谷物来代替里面的肉，但都没有成功。我

期待你能给我提供一款不用肉的配方。

12 个

菜卷用料

1 棵大的绿色皱叶甘蓝（直径 9~10 英寸）

1 茶匙无香橄榄油

2 杯切碎的甜洋葱

4 瓣大蒜，拍松、切碎

6 盎司绞细的精瘦牛肉（9% 的脂肪）

6 盎司绞细的白色火鸡肉

1/4 杯生的长粒大米

2 汤匙西红柿酱

1/4 杯牛肉汤

1/4 茶匙干小茴香

1/4 茶匙盐

1/4 茶匙现磨黑胡椒

2 汤匙切碎的新鲜香芹

酱汁用料

$1\frac{1}{2}$ 杯西红柿酱

$1\frac{1}{2}$ 杯牛肉汤

1/4 杯压紧的红糖

1/2 杯苹果醋

1/4 茶匙现磨黑胡椒

1/4 茶匙干小茴香

1/4 茶匙葛缕子子

3 片月桂叶

2 汤匙竹芋粉加 2 汤匙水（芡汁）

烤箱预热到 175℃。9 英寸×13 英寸的烤盘上喷一层喷雾油。找一口大锅，加满水，盖上盖，煮开。

把甘蓝的菜心切掉，把菜头放进沸水里，盖上盖子煮 10 分钟。从沸水里取出后立即放到冷水里冷却。

平底锅里倒上油，用中火加热，放入洋葱炒 3 分钟，直到洋葱开始变成半透明色。

加入大蒜，再炒 1 分钟。关火，把一半倒进一个大碗里，锅里留着另一半做酱汁用。把牛肉、火鸡肉、大米、西红柿酱、牛肉汤、小茴香、盐、黑胡椒和香芹都放到碗里，跟炒过的洋葱拌匀。

把西红柿酱、牛肉汤、红糖、醋、黑胡椒、小茴香、葛缕子子和月桂叶都放到锅里，跟剩下的洋葱和大蒜一起用小火慢慢炖，大约要 15 分钟。我们用这段时间来做菜卷。

把甘蓝菜头沥干水分，剥下 12 片最大的叶子，不要撕开。把每片叶子中间的粗梗切掉，留下一个 V 字形空当。铺在一个干净的台面上。把馅料平均分到叶片上面（差不多是冒尖的一汤匙）。把切掉梗的两边叠在一起，把叶片两边往里面折，然后整个卷起来。

把菜卷并排摆在喷好油的烤盘上，淋上一半的酱汁，上面盖一张铝箔，烤 30 分钟。去掉铝箔再烤 30 分钟，直到菜卷里面的温度达到 65℃。

把菜卷分盛到 6 个热盘子里。把剩余的酱汁倒进一口深平底锅里，勾上芡，用中高火煮到汤汁变稠变亮，把酱汁浇到菜卷上面。

每 2 个菜卷含有：249 卡路里，7 克脂肪，2 克饱和脂肪（7% 的卡路里来自饱和脂肪），32 克碳水化合物，12 克蛋白质，6 克膳食纤维，291 毫克钠。相当于：1 份淀粉，1 份瘦肉，3 份蔬菜，1 份脂肪

葛缕子子炒甘蓝

这是特莉娜最喜欢的菜之一，不过她最近对葛缕子的热情有所减退，所以我们换成了小茴香和我的德国混合香料。

4 人份

1 茶匙无香橄榄油

1 大颗洋葱，切丝

1 磅（1 小颗）甘蓝，撕碎

1/4 茶匙盐

1/4 茶匙现磨黑胡椒

1 茶匙葛缕子子或者各 1/2 茶匙小茴香子和德国混合香料（见"基本食谱"）

在深平底锅里倒上油，用中火加热。放上洋葱，偶尔翻炒一下，大约 8 分钟后，洋葱变成金黄色，然后放上甘蓝、盐、黑胡椒和葛缕子子，炒大约 12 分钟，直到菜变软为止。配上一个烤熟的牛排番茄和几个煮熟的红色土豆，盛盘上桌。

每份含有:64卡路里,1克脂肪,0克饱和脂肪,12克碳水化合物,2克蛋白质,4克膳食纤维,168毫克钠。相当于:3份蔬菜

李子紫甘蓝沙拉

这是一道用水果和蔬菜混合而成的沙拉——而且,相当的可口。对了,这道菜确实用到了我种多了的紫甘蓝。

8人份

1颗小号紫甘蓝,切碎后大约是4杯

8颗黄色、紫色或绿色的甜李子,去核、切丝

1/4杯切碎的新鲜香芹

沙拉酱用料

1汤匙超级初榨橄榄油

3汤匙黑醋或米醋

1/4茶匙盐

1/4茶匙现磨黑胡椒

把切碎的甘蓝、李子和香芹放到一个大碗里。再找个小碗把沙拉酱的配料打匀,拌到备好的水果和蔬菜里面。

每份含有:49卡路里,2克脂肪,0克饱和脂肪,9克碳水化合物,1克蛋白质,1克膳食纤维,78毫克钠。相当于:1/2份水果,1/2份脂肪

胡萝卜

拉丁语学名：*Daucus carota* var. *sativus*

　　我在偶然间发现我们所熟悉的橙色胡萝卜原来并不是这个颜色的。它们是被引进到欧洲以后才变成现在这样的。很久以前，至少在公元前 300 年，当它还是伞形花序植物家族的一员时，它们主要是紫色和黑色的。所以，如果你最近在特产店里时兴的传世蔬菜中间看到了深颜色的胡萝卜的话，其实它们只是恢复了原状而已。

　　播种的时候要增加土里的含沙量，以提早隔开间距。间苗以后要培土护根，以保持湿润度，防止根部变绿。苗长到 4 英寸高的时候要间隔成 2 英寸的距离，而且在种子发芽期间要保持土壤表面的湿润。

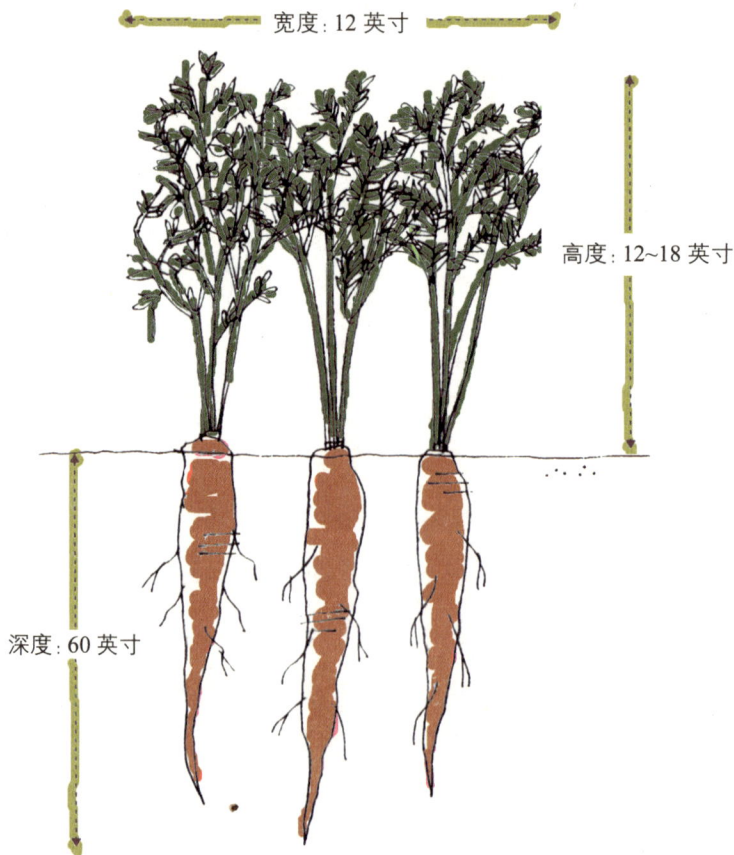

宽度：12 英寸

高度：12~18 英寸

深度：60 英寸

我种了一种法国南特的品种，说是会结出中等个头的圆筒形胡萝卜，而不是细长的锥形。间苗的时候我尝了尝拔出来的小胡萝卜，发现没有什么滋味。后来等它们略微成形以后才有了点甜味，从8月底开始这种甜味才越来越浓，而且一直延续到圣诞节我清理种植床的时候（那年秋天格外的暖和）。

我一直把胡萝卜当成衡量自己的成功和乐趣的标尺，它们真的比从商店里买来的要好多了，因为店里卖的看起来要么是还未成熟的小胡萝卜，被削了皮以后装进塑料袋里（证明了便利性高于一切或者说削胡萝卜已经被当成了一项重体力劳动！），要么是硬得像木头似的，老的已经裂开的巨型胡萝卜，或者是还带着绿叶，像时装模特一样瘦小的胡萝卜。根据我的经验，这些胡萝卜几乎都是淡而无味的。

数据

仅仅2根胡萝卜就可以提供将近4倍的建议日摄取维生素A的量。它们还含有大量的维生素K、生物素和纤维。

每100克生胡萝卜（3.5盎司；1/2杯）含有：41卡路里，0克脂肪，0克饱和脂肪，10克碳水化合物，1克蛋白质，3克膳食纤维，69毫克钠

一年生/冷季植物	酸碱度：5.5~6.8
浇　水：适量	品　种：南特（中等大小，圆筒形）、Chantenay（最适于较浅的黏性壤土）、Danvers Half Long（很甜，粗壮）
光　照：全日照	
混栽植物：	
有利的：豆类、抱子甘蓝、卷心菜、香葱、生菜、小胡萝卜	适应区域：3~12
不利的：芹菜、小茴香、欧洲防风	栽　种：早春或者最后一次霜降之前2周播种，1/4~1/2英寸深，间距2英寸
虫　害：蚜虫、线虫、毛虫、鼻涕虫、蜗牛、象鼻虫	发芽期：6天
	收获期：30~40天收嫩胡萝卜；50~80天收成熟的胡萝卜
病　害：凋萎病、软腐病、枯黄病	
土　壤：松软、轻质、深的沙壤土，不能有一点土块和石头；必须有良好的保湿性	轮　作：不要种在芹菜、小茴香、茴香、欧芹和欧洲防风之后
施　肥：不能用新腐熟的肥料或者含氮量高的肥料；种子发芽3周以后以及顶端长到6~8英寸时施用鱼精	可食用部分：根茎

胡萝卜

基本准备

新收的胡萝卜不需要削皮，只要洗干净外面的沙土就行。新鲜的胡萝卜可以整

根或者切成大块蒸14分钟就好。我会撒上一点肉豆蔻，再喷上橄榄油，就大功告成了！

胡萝卜欧洲防风泥

这是我们全家人都喜欢的一道菜，是秋天的一道美味，因为那时候的欧洲防风刚刚成熟，而胡萝卜也最甜。

4人份

1磅胡萝卜，削皮，切成薄片

1磅小个儿欧洲防风，削皮，切成薄片

1/4茶匙盐

1/4茶匙现磨黑胡椒

3汤匙芝麻

烤箱预热到175℃。

把胡萝卜和欧洲防风上锅蒸15分钟，蒸到非常软为止。捣成泥，加入盐和黑胡椒，搅拌均匀。

放到一个小号烤盘里，盘子上不抹油，撒上芝麻。烤20分钟，到芝麻变黄为止。

每份含有：168卡路里，3克脂肪，1克饱和脂肪（5%卡路里来自饱和脂肪），31克碳水化合物，4克蛋白质，8克膳食纤维，221毫克钠。相当于：$1\frac{1}{2}$份淀粉，1份蔬菜，1/2份脂肪

胡萝卜沙拉

色彩鲜艳，味道鲜美，这个沙拉是家常便饭或者野餐中一道很不错的配菜。

4人份

1磅胡萝卜，洗干净或者削皮，擦成丝

1个橙子，去皮去子，切碎

1/2杯葡萄干

1汤匙切碎的新鲜薄荷

2 汤匙鲜榨酸橙汁

1 个橙子皮,磨碎

把胡萝卜、橙子、葡萄干、薄荷、酸橙汁和橙皮末混合搅拌,冷冻 1~2 小时,让其入味。

每份含有:127 卡路里,0 克脂肪,0 克饱和脂肪,32 克碳水化合物,2 克蛋白质,6 克膳食纤维,71 毫克钠。相当于:2 份蔬菜,$1\frac{1}{2}$ 份水果

小茴香炒胡萝卜丝

肉豆蔻和小茴香的添加把这道简单的炒胡萝卜的香味提升到了一个新的高度。
4 人份

1 茶匙无香橄榄油

4 杯切好的胡萝卜丝

1 茶匙干小茴香

1/4 茶匙盐

1 汤匙切碎的新鲜小茴香(可选)

1 茶匙磨碎的肉豆蔻

深底平锅倒上油,用中高火加热。放入胡萝卜和干的小茴香,翻炒大约 6 分钟,直到菜变软。

放入盐、新鲜的小茴香和肉豆蔻,炒匀,盛盘上桌。

每份含有:58 卡路里,1 克脂肪,0 克饱和脂肪,11 克碳水化合物,1 克蛋白质,3 克膳食纤维,221 毫克钠。相当于:2 份蔬菜

花椰菜

拉丁语学名：*Brassica oleracea* var. *botrytis*

花椰菜这种有些娇嫩(对冷热都很敏感)的蔬菜是在公元前 600 年从亚洲传到土耳其的，并在那里待了将近两千年的时间，至今依然存在着。到了 16 世纪，北欧人才得以尝到或者说学会了种植这种蔬菜。

这种菜应该早点种植，以防受到过多烈日的照射，或者要搭遮阳网来保护。可以尝试在秋天种植，以避开夏季太阳的毒晒，因为温度一超过 20℃ 的话，菜花的质量就下降了。当单个的花头长到 2~3 英寸宽的时候，就要把周围的叶子折起来，遮住花球，让菜花保持白色；4~10 天之后就该收割了。这种方法叫做软化栽培。

花椰菜有几种不同颜色的品种，常见的白色花球可能变成绿色或者是很少见的紫色。但所有品种的种植方法都跟白色的一样。我认为选择种什么颜色的纯粹是出于美学上的考虑，因为纯白色的菜花虽然搭配深颜色的菜肴令人赏心悦目，但配上煮熟的土豆、通心粉和清蒸鱼之类的就显得过于苍白了。虽然如此，我试过用紫色的菜花搭配，看起来也很恶心！

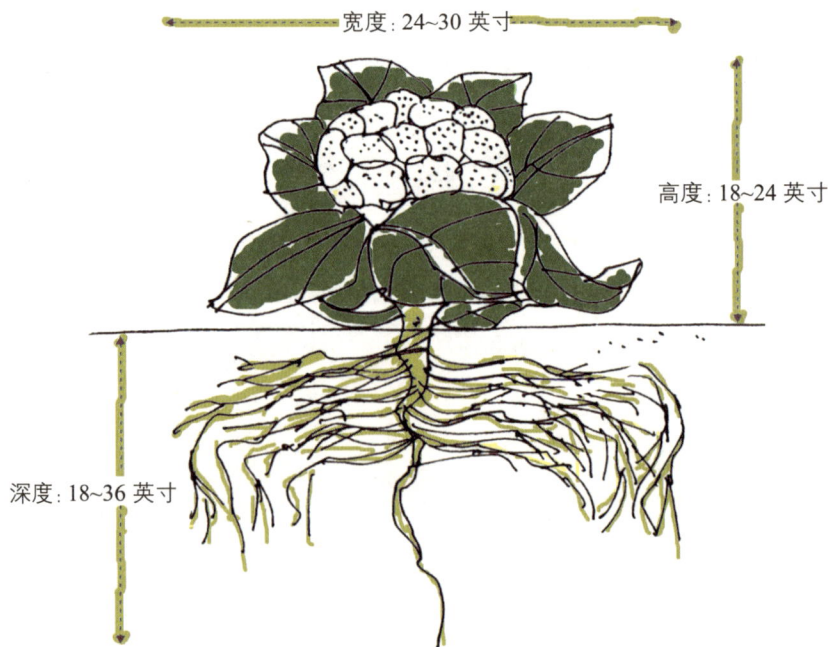

宽度：24~30 英寸

高度：18~24 英寸

深度：18~36 英寸

年轻的时候我常常把整个花球蒸熟,浇上很浓的车达奶酪酱,然后放进烤箱里,用很高的温度(230℃~260℃)把它烤成带有斑点的焦黄色,香气扑鼻。不过你也可以稍加上一点烟熏红辣椒粉,喷上橄榄油,烤上2~3分钟,就可以端上桌了。

数据

如果你的甲状腺不太正常,就得限制一下花椰菜的食用量,因为它含有致甲状腺肿因子,会造成甲状腺的肿大。

每100克生的花椰菜(3.5盎司;1/2杯)含有:25卡路里,0克脂肪,0克饱和脂肪,5克碳水化合物,2克蛋白质,3克膳食纤维,30毫克钠

一年生/冷季植物

浇　水:适量/甚至可以用滴灌

光　照:避开过热的地方;种在半阴处

混栽植物:

有利的:甜菜、胡萝卜、芹菜、生菜、菠菜

不利的:草莓、西红柿

虫　害:Cepheid、菜青虫、跳蚤、甲虫、切根虫

病　害:霜霉病、镰刀菌萎蔫病

土　壤:轻质、肥沃、湿润、保湿性好

施　肥:重肥;每3~4周施用1次鱼精堆肥液

酸碱度:6.4~7.4

品　种:雪球、弗利蒙特(自我软化)、沙度士(绿色花球)、紫色花球

适应区域:3~11

栽　种:在最后一次霜降到早春之间播种,1/4~1/2英寸深,间距15英寸

发芽期:4~10天

收获期:播种后70~120天;定植后55~80天,花球4~8英寸大时

轮　作:种在固氮植物之前;不要种在卷心菜类之后

可食用部分:白色(或彩色的)花球(花头)

花椰菜

基本准备

做花椰菜的时候,你必须小心看着时间:太长的话会变成一堆烂泥;太短会散发出刺鼻的硫黄味,而且嚼起来很费劲。它可以生着蘸酱吃。

我喜欢用鲜艳的胡萝卜来搭配纯白色的花椰菜。只是借茴香的味道来刺激人的食欲而已。

6人份

2个小花椰菜,掰开或者切成小花头(盛满6杯)

1茶匙茴香子

1/4茶匙盐

6根中等胡萝卜,削皮,切成对角为1/4英寸长的薄片(盛满2杯)

2汤匙切碎的新鲜欧芹

用双层蒸锅。把花椰菜放在下层蒸笼上，撒上茴香子和盐。把胡萝卜放在上层蒸笼上。把水烧开,放上蒸笼,盖好锅盖,蒸12分钟,菜会变得脆嫩,或者蒸18分钟让菜更软。

把花椰菜和胡萝卜混合起来,撒上欧芹。

*如果你没有双层的蒸锅,那就分2次蒸。花椰菜蒸好以后要保温,然后蒸胡萝卜。

每份含有:50卡路里,0克脂肪,0克饱和脂肪,11克碳水化合物,3克蛋白质,4克膳食纤维,169毫克钠。相当于:3份蔬菜

东印度风味花椰菜

如果你喜欢吃微辣的咖喱味,那你一定会爱上这盘金黄色的花椰菜的。

4人份

1小棵花椰菜

1茶匙无香橄榄油

1/2杯切碎的甜洋葱

1汤匙姜末

1汤匙微辣咖喱粉

1/2杯低钠鸡汤或蔬菜汤(见"基本食谱")

1/4茶匙盐

1茶匙玉米淀粉加1汤匙汤(芡汁)

2汤匙鲜榨柠檬汁

1汤匙切碎的新鲜欧芹

从底部把花椰菜切成小的花头,扔掉大块的茎,洗干净,放在漏勺里沥干水分。

在深平底锅里倒上油,用中高火加热,放入洋葱、姜末和咖喱粉,炒2分钟。倒上汤,放入花椰菜和盐。盖上锅盖,煮大约10分钟,到菜花头变软为止。

把花椰菜拨到一边,倒入芡汁,用中火加热,不断搅拌,直到芡汁变稠变亮。把花椰菜与酱汁混合。浇上柠檬汁,盛盘,撒上欧芹做点缀。

每份含有:66 卡路里,1 克脂肪,0 克饱和脂肪,10 克碳水化合物,3 克蛋白质,3 克膳食纤维,190 毫克钠。相当于:2 份蔬菜,1/2 份脂肪

胡萝卜"奶酪"酱烤花椰菜

这道菜谱看起来好像有点麻烦,但其结果绝对值得你一试。
4 人份

4 杯花椰菜头

3 根胡萝卜,削皮,切成 1/2 英寸厚的圆柱形(盛满 $1\frac{1}{2}$ 杯)

1/2 杯脱脂炼乳

1/4 杯水

1 茶匙法国芥末

1/2 茶匙伍斯特郡酱汁

1 汤匙鲜榨柠檬汁

1/4 茶匙盐

一撮红辣椒

一撮小茴香

1/4 杯现磨帕尔玛奶酪

少许烟熏微辣红辣椒粉

花椰菜上锅蒸 18 分钟,直到菜变软但不能烂糊。放置一旁待用。

取一口中等大小的深平底锅,倒上水和炼乳,放入胡萝卜,盖好锅盖,煮 10~15 分钟,直到胡萝卜变得非常软为止。连汤带胡萝卜一起倒进搅拌机里,加入芥末、伍斯特郡酱汁和柠檬汁,搅拌两三分钟,打成细腻而光滑的泥状。再加入盐、辣椒和小茴香,搅拌均匀。

把花椰菜摆在一个小号烤盘上面,用勺子把胡萝卜泥浇在上面,最上面撒上帕尔玛奶酪碎。把烤箱预热,然后把烤盘放在加热管下面 4 英寸的地方,烤到颜色发黄为止。撒上烟熏红辣椒粉,就可以吃了。

每份含有:92 卡路里,2 克脂肪,1 克饱和脂肪(9%卡路里来自饱和脂肪),13 克碳水化合物,6 克蛋白质,3 克膳食纤维,356 毫克钠。相当于:3 份蔬菜,1/2 份脂肪

芹 菜

拉丁语学名：*Apium graveolens* var. *dulce*

早在公元前900年的时候，芹菜还生活在它的家乡——南部欧洲的沼泽地里。事实上，直到16世纪意大利开始种植芹菜的时候，才终结了它深陷在泥巴里的日子。

我真的很喜欢芹菜在沙拉和炖菜里的味道。但我不喜欢吃纤维太粗太硬的芹菜，嚼起来又涩又糙。我从商店里买到过几次这样的芹菜，于是决定自己种，尽量避免那些令人失望的结果。这是一个为期两年的项目，因为我已经没有时间和地方了。

我的专家朋友们给了我许多的建议供我选择。

我先得决定是种自我软化的品种还是打算自己不辞辛苦给芹菜做软化工作。在园艺术语里，软化是指用纸或者板子把植物的茎遮起来，让它的颜色变浅，从而降低其纤维素的含量。既然我没有多少地方可以种芹菜，我决定为了得到最大的收益而多辛苦一些。

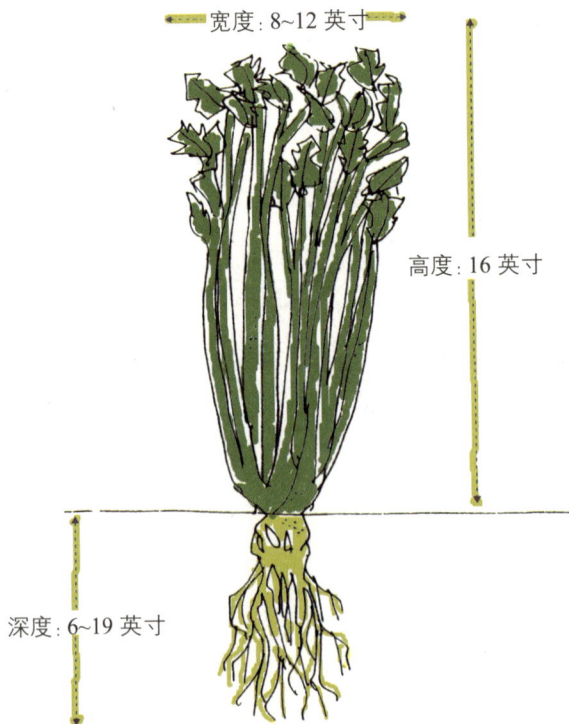

宽度：8~12英寸

高度：16英寸

深度：6~19英寸

这就导致了另一个选择题：是把芹菜种在深沟里，还是在每一棵上面罩上一个1公升装的塑料牛奶桶。我决定选择深沟种植。等菜长到旺季的时候，我会把芹菜的茎绑到一起，外面包上蜡纸，把土一直堆到叶子下面，这样无论菜长多高，下面部分都是埋在土里的。

虽然给你讲了些烦琐的人为干预的方法，但我仍然要告诉你一些好消息。自我软化的品种自己会流失叶绿素，不需要用纸包裹或者种在深沟里面，但是上面还是有筋的，因为自我软化的品种并不是一点纤维都没有的。

数 据

芹菜叶子的营养价值比菜梗要高，所以为了得到最高的营养，要把整棵菜都吃掉。
每100克生的芹菜（3.5盎司；1/2杯）含有：16卡路里，0.14克脂肪，0克饱和脂肪，4克碳水化合物，1克蛋白质，2克膳食纤维，87毫克钠

两年生/一年生植物

浇　水：大量

光　照：半阴，避免长时间直晒太阳。如果温度超过15.5℃并持续一周左右的时间就会疯长，不过遮阳网会有所帮助。

混栽植物：

有利的：菜豆、甘蓝、西红柿、生菜、豌豆

不利的：胡萝卜、南瓜

虫　害：蚜虫、甘蓝银纹夜蛾、粉虱、金黄线虫

病　害：凋萎病、叶斑病

土　壤：排水性好的腐殖质土

施　肥：栽种之前把堆肥埋到12英寸深的地方；每2~3周施用1次鱼精

酸碱度：5.8~6.8

品　种：金色自我软化西芹、嫩脆西芹

适应区域：5~10

栽　种：最后一次霜降之前10周开始在室内播种，第一次霜降之前19周在室外播种；1/8英寸深，间距6~8英寸

发芽期：10天

收获期：秋季第一次霜降之前120~180天

轮　作：不要种在生菜、卷心菜类之后

可食用部分：叶子、茎、种子、根（块根芹）

焖芹菜心

这道菜可以让你尽享芹菜心的美味，可以做任何主菜的配菜。

4人份

1茶匙橄榄油

2杯切碎的甜洋葱

3汤匙番茄酱

1/2茶匙干牛至

2 杯低钠蔬菜汤（见"基本食谱"）

1/4 茶匙盐

1/4 茶匙现磨黑胡椒

2 棵芹菜或者 4 个芹菜心

1 汤匙切碎的新鲜欧芹

烤箱预热到 175℃。

用中等深度的平底锅，倒上油，加热，把洋葱炒到呈金黄色，然后加入番茄酱，接着翻炒，直到番茄酱颜色变深。把锅端下来，加入牛至、蔬菜汤、盐和黑胡椒，再放到小火上慢慢炖，同时开始准备芹菜。

把每棵芹菜距离根部 6 英寸的部分切下来，纵向切成两份，去掉外面的菜梗，只用里面的嫩心。把上半部分菜留着做沙拉和蔬菜汤用。

把菜心平铺在一个不涂油的小号烤盘上，上面浇上番茄—洋葱酱汁，要没过一半的芹菜。把烤盘盖上盖，烤 35~40 分钟，直到菜变软。把整棵菜心分盛到 4 个热盘子里，浇上剩余的酱汁，撒上欧芹。

每份含有：93 卡路里，1 克脂肪，0 克饱和脂肪，20 克碳水化合物，3 克蛋白质，3 克膳食纤维，446 毫克钠。相当于：3 份蔬菜

芹菜根苹果沙拉

你也可以把芹菜根换成生的芹菜心儿，那样味道和口感都更加丰富，很值得一试。

4 人份

1 小棵块根芹（芹菜根），削皮、切成薄片（$1\frac{1}{2}$ 杯）

2 个小的（或 1 个大的）红苹果，去核、切碎（$1\frac{1}{2}$ 杯）

4 片奶油生菜

沙拉酱配料

2 汤匙米醋

1 汤匙无香橄榄油

1 茶匙法国芥末

1/2 茶匙干龙蒿叶或者 2 茶匙切碎的新鲜龙蒿叶

取一口中号的深平底锅,加水烧开,放入芹菜根,煮3分钟。倒出来,用凉水冲洗。然后切成丝,放在一个大碗里,加上苹果,拌匀。

把醋、橄榄油、芥末、龙蒿、盐和黑胡椒放在一个小碗里拌匀,浇在芹菜根和苹果上面,拌匀。

把生菜叶铺在浅盘上,用勺子把沙拉盛在上面。

每份含有:84卡路里,4克脂肪,0.5克饱和脂肪(5%卡路里来自饱和脂肪),13克碳水化合物,2克膳食纤维,234毫克钠。相当于:1份蔬菜,1/2份水果,1份脂肪

芹菜土豆泥

如果你喜欢芹菜的味道的话,这道菜可以算得上是豪华版的土豆泥了。

6人份

1小棵块根芹(芹菜根),带皮约1磅重

2个大个的黄色土豆

1/4茶匙盐

2杯水

1/4杯酸奶奶酪(见"基本食谱")

1/4茶匙白胡椒粉

3汤匙切得很碎的新鲜芹菜叶

用洗菜的刷子把块根芹刷干净,把两头切下来扔掉。用刀削去外皮,确保切掉所有深色的斑点和靠近中心木质的部分。切成大块,再改刀切成1英寸厚的片。

土豆削皮,切成1英寸厚的片。把芹菜根、土豆、盐和水都放到一口中型锅里,盖上盖儿,煮开,然后用中小火慢慢煮大约25分钟或者到非常烂为止。

滤掉水分,把锅里的菜捣烂。拌上酸奶奶酪、白胡椒粉和芹菜叶。可以立即端上桌,也可以盖好等待温度合适后再上桌。

每份含有:63卡路里,1克脂肪,0克饱和脂肪,12克碳水化合物,2克蛋白质,2克膳食纤维,173毫克钠。相当于:2份蔬菜

牛皮菜

拉丁语学名：*Beta vulgaris* var. *cicla*

每次做菠菜的时候，我似乎都会受到那一大把菜转眼间就不见了的影响而产生一种恐惧感。那么可爱的绿叶怎么就会变黑、不见了呢！虽然有些方法可以减缓菠菜如此迅速地收缩，但是如果换成牛皮菜——又叫瑞士甜菜——的话，就可以完全避免这种情况了。

你可以先在室内播下牛皮菜的种子（用纤维板做的装鸡蛋的盒子里面填满了育苗土，摆在有阳光的厨房窗台上正好）。在最后一次霜降之前一到两周播种，移栽到凸起种植床里，前后左右都要留有8~12英寸的间距。

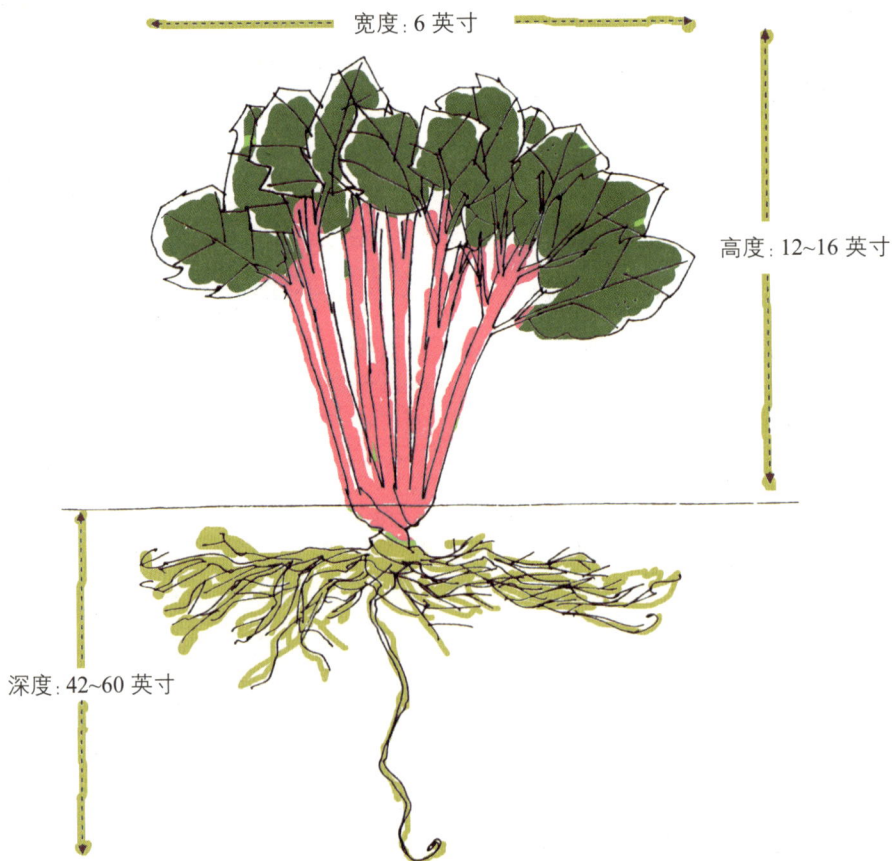

宽度：6英寸

高度：12~16英寸

深度：42~60英寸

菜长到 6 英寸高的时候就可以沿着条播的顺序把外面的叶子剪下来了。再往后还可以把整棵菜都剪掉,只留 2 英寸高,它还会再长出来,冬天也有的吃了。到夏天最热的时候(如果你没剪的话),它很快就会结子。

牛皮菜的叶子颜色深绿,质地厚实,边缘有褶皱,蒸了以后还是直挺挺的,快炒或者爆炒也行。还有,牛皮菜的梗可是很抢眼的,从白色到紫红色,真可谓是五颜六色。明灯品种(Bright Lights)有橙色和黄色的梗。

这些色彩给菜园增色不少,不过一旦做出来颜色就很淡了。叶梗必须切下来单做,因为它们费的时间是叶片的两倍。

我还喜欢把牛皮菜切得很碎用来给汤和炖菜做点缀。把几片去掉梗的叶子像卷雪茄一样卷起来,然后横着切成细丝,再竖着切成不超过 1 英寸——比如说 1/4 英寸或更短——的条。可以在汤或者炖菜即将出锅时或者是煎好的蛋卷上面撒上这一堆红、黄、白相间的生菜叶——味道好极了!

数据

牛皮菜富含维生素 K 和骨钙蛋白,有助于骨骼的生长。

每 100 克熟的牛皮菜(3.5 盎司)含有:19 卡路里,0 克脂肪,0 克饱和脂肪,4 克碳水化合物,2 克蛋白质,2 克膳食纤维,213 毫克钠

两年生/一年生/冷季植物

浇　水:适量

光　照:全日照

混栽植物:

有利的:卷心菜、大蒜、葱、洋葱、芥菜

不利的:甜菜、菠菜

虫　害:蚜虫、跳甲、金黄线虫

病　害:叶斑病、霉病

土　壤:排水性好,用覆盖料保持低温

施　肥:每 2~3 周施用 1 次低氮鱼精

酸碱度:6.0~6.8(+7.5)

品　种:斯嘉丽·夏洛特(红色)、明灯(彩色)、福德霍克巨人

适应区域:2~10

栽　种:最后一次霜降之后 2 周开始播种,1/2~3/4 英寸深,间距 1~2 英寸,然后间苗到 8~12 英寸

发芽期:7 天

收获期:45~55 天

轮　作:不要种在甜菜或菠菜之后;可以种在豆类后面

可食用部分:叶子、茎

牛皮菜

基本准备

把菜叶和菜梗仔细洗干净,因为带些皱褶的叶片容易藏土。然后用一把快刀,就像削铅笔一样把叶片跟菜梗切开。

我把菜梗放在冰箱里隔上一两天，等它们变软了，再剁碎，蒸8分钟。这种烹调方法有助于保留菜梗的颜色，但又能使它们变软。叶片也可以蒸了吃。

蒸牛皮菜

牛皮菜的味道十足，而且很养眼，彩虹般艳丽的菜梗还能添加一种很美妙的口感。它是替代菠菜的好东西，在做的过程中不会缩水太多。

4人份

2把（约14盎司）牛皮菜
1汤匙意大利黑醋或者鲜榨柠檬汁
1茶匙特级初榨橄榄油

用凉水清洗牛皮菜叶子。把菜梗切下来，斜着切成1/2英寸宽的片。把菜叶横着切成1/2英寸宽的条状。

把菜梗放进蒸锅里，盖上盖儿蒸8分钟，加上菜叶再蒸4分钟，蒸到菜刚刚变软为止。拌上黑醋和橄榄油。

每份含有：30卡路里，1克脂肪，0克饱和脂肪，4克碳水化合物，2克蛋白质，2克膳食纤维，157毫克钠。相当于：1份蔬菜

西南部牛皮菜豆汤

这是一道很棒的汤，有得克萨斯州和墨西哥菜的浓郁味道。适合搭配一片上好的玉米面包和大峡谷之梦。（《Dream of the Grand Canyon》，音乐CD，又译作"峡谷梦"，意指对美国大峡谷的憧憬）

4人份

1把（约7盎司）牛皮菜
1茶匙橄榄油
$1\frac{1}{2}$杯切碎的洋葱
2瓣大蒜，拍松切碎
1汤匙中辣红辣椒粉

1 茶匙磨碎的小茴香

3 杯低钠蔬菜汤(见"基本食谱")

1 罐(15 盎司)斑豆,洗干净、沥干水分;或者是刚从豆荚里剥出来的新鲜豆子

1 个中等大小的西红柿,去皮、切成丁

1/4 茶匙盐

把牛皮菜洗干净,把菜梗切下来,去掉变色的两端,切成 1/2 英寸宽的片。把叶片摞起来,斜着切成 1/2 英寸宽的条,然后对角切成 2 英寸长的段。

取一口深平底锅,倒上油,用中高火加热,放入洋葱翻炒 4~5 分钟,直到洋葱开始变软。加上大蒜、牛皮菜梗、辣椒粉和小茴香,再炒 1 分钟。

倒入蔬菜汤,放上豆子和西红柿,大火煮开后减小火,炖 5 分钟,直到菜梗和豆子变软。洒上盐,放入菜叶,煮透即可。

> 每份含有:160 卡路里,3 克脂肪,0 克饱和脂肪,26 克碳水化合物,7 克蛋白质,8 克膳食纤维,472 毫克钠。相当于:1 份淀粉,1 份蔬菜,1/2 份脂肪

凋萎的冬日沙拉

就在你以为吃沙拉的日子已经过去了的时候,这道晚季热沙拉,利用的是寒冬来袭之前采摘的最后一批菜叶。

4 人份

1 把牛皮菜

1 茶匙橄榄油

1/2 杯切成细丝的干红辣椒

1/2 杯一分为四的荸荠

2 汤匙意大利黑醋

把牛皮菜洗干净,菜梗切下来。把菜梗切成 1/2 英寸宽的片。把菜叶切成小片。用中高火加热油,放入菜梗炒 3 分钟,直到脆嫩为止。放入菜叶再炒 2~3 分钟,直到菜叶萎缩。

拌上红辣椒、荸荠和黑醋。趁热食用。

> 每份含有:54 卡路里,1 克脂肪,0 克饱和脂肪,11 克碳水化合物,2 克蛋白质,2 克膳食纤维,211 毫克钠。相当于:2 份蔬菜

鹰嘴豆

拉丁语学名：*Cicer arietinum*

鹰嘴豆，也叫埃及豆，是一种营养极为丰富的豆子。它最早出现在土耳其，在17世纪才途经印度来到了美国。从它的名字上就能看出它的头部有一点弯。

我之所以钟情于它是因为它顺滑的口感和浓郁的味道。当然，它是北非特产鹰嘴豆泥的主要原料，但是在当地的炖菜和砂锅里面也时常被用到。它富含优质蛋白质和纤维，能够减少人体对碳水化合物的直接吸收。

直到去年，我才听说除了传统的奶油色植物，还有另外一种颜色的鹰嘴豆，不过是黑色的，让人看了没有什么食欲。后来爱达荷州杰纳西的清水乡食品公司寄给我一些新鲜速冻的嫩豆子，是翠绿色的，而且做出来的绿色鹰嘴豆泥很不错。我还用它取代了以前用的利马豆（见"布伦瑞克炖菜"）。我有幸搞到了一些种子，但是第一年种已经晚了，于是我留出一小片地，想看看它们第二年会长成什么样。我选的那块地头一年种的是矮菜豆，应该对于鹰嘴豆的土壤固氮能力有所帮助。

邻里之间应该互相关照，大自然用它神奇的能力给我们做出了很好的榜样，这就是某些植物的固氮能力。假设你已经种了（有很多绿叶的）生菜或者卷心菜，这些都是需要大量施肥的植物，特别是氮肥，会促进茎叶的生长。它们会吸取土壤里的氮，造成土壤的含氮量大大减少。这时我们可以添加血粉、鱼肥、蹄角粉、豆粕、棉子粉和堆肥，都是天然的氮肥。

此外，还有一些好心的邻居植物：菜豆、豌豆和大豆。它们在生长过程中会与土壤里的细菌互相作用，汲取空气中的氮（大部分其他的植物都做不到这一点），这就叫固氮。豆类植物把氮以根瘤的方式储存在自己的根系里面，在最初发育的时候会用到这些氮。那种长在根系里面的细菌叫做根瘤菌，它们会大量地繁殖，吸收来的氮超过了植物的需要，就会把多余的氮用来充实土壤。

现在你该明白为什么要轮换种植床，在种过菜豆和豌豆的地里种绿叶菜了吧。

数据

鹰嘴豆富含钼元素。近期有报道说钼有助于人体自然排毒。有的人可能会出现过敏反应，要先少量食用试验一下。

每份含有：100卡路里，2克脂肪，0克饱和脂肪，16克碳水化合物，4克蛋白质，5克膳食纤维，25毫克钠

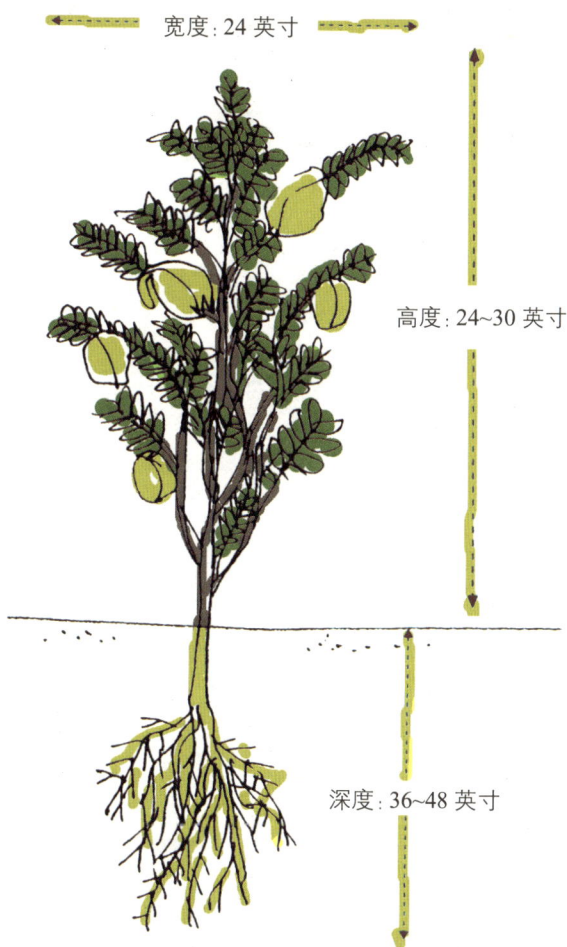

宽度:24 英寸

高度:24~30 英寸

深度:36~48 英寸

一年生/冷季植物

浇　水:在鹰嘴豆发芽之前保持土壤湿润即可;在开花和豆荚形成期间要定期浇水;不要当头浇水

光　照:全日照,也可以种在半阴处

混栽植物:

有利的:土豆、黄瓜、玉米、草莓、芹菜、夏香薄荷

不利的:大蒜

虫　害:蚜虫、瓢虫、跳甲、叶蝉、螨虫

病　害:凋萎病、花叶病、植物炭疽病

土　壤:松散、排水性好,富含有机物

施　肥:播种前在种植床里添加陈年堆肥,生长期内施钾肥和磷肥

酸碱度:6.0~6.8

品　种:埃及豆、格兰姆豆、黑卡布里、菜园绿豆

适应区域:3~11

栽　种:室内播种,在移栽到室外之前几周里种在泥炭或者纸钵里。室外播种,春季最后一次霜降之前2~3周播种,$1\frac{1}{2}$~2 英寸深,间距3~6英寸,然后间苗到12~24 英寸

发芽期:4~10 天

收获期:约 100 天

轮　作:鹰嘴豆和其他豆类植物轮作以增加土壤里的氮养分

可食用部分:嫩豆子

鹰嘴豆泥

我实在没办法省略掉做鹰嘴豆泥的基本配方。我已经用绿色的鹰嘴豆做过实验了，而且还在庆祝圣帕特里克节的大餐中用到了它。你也可以选用传统的奶油色鹰嘴豆。

4人份

1磅新鲜的绿色鹰嘴豆或者1罐(15.5盎司)低钠鹰嘴豆罐头，洗净、沥干水分

1汤匙中东芝麻酱

2汤匙鲜榨柠檬汁

2瓣大蒜，切碎

1/4茶匙盐

1/4~1/2杯水*

一撮辣椒

1/4杯切碎的新鲜欧芹

*不要超过1/2杯水，否则就太稀了。

如果选用的是新鲜的鹰嘴豆，就要先把它们蒸10分钟，直到变软为止。

把鹰嘴豆放到食品加工机或者搅拌机里面，加上芝麻酱、柠檬汁、大蒜、盐、水和辣椒，打成泥。倒在一个大碗里，拌上欧芹。可以用新鲜的蔬菜蘸着吃，或者抹在三明治里面吃。

每份含有：103卡路里，3克脂肪，0克饱和脂肪，14克碳水化合物，5克蛋白质，3克膳食纤维，404毫克钠。相当于：1份淀粉，1份脂肪

烤鹰嘴豆

这是一道既好看又好吃的小点心，特别是用绿色鹰嘴豆做出来的，不过你也可以用传统的奶油色鹰嘴豆来做。

4人份

2 茶匙橄榄油

一撮姜粉

一撮辣椒

1 汤匙鲜榨柠檬汁

1/2 茶匙小茴香子粉

1/4 茶匙盐

1 磅新鲜的绿色鹰嘴豆或者 1 罐（15.5 盎司）低钠鹰嘴豆罐头，洗净、沥干水分

把烤箱预热到 175℃。

把橄榄油、姜粉、辣椒、柠檬汁、小茴香和盐放进碗里搅匀，放入鹰嘴豆，拌匀。

把混合物平铺在烤盘上面，新鲜豆子烤 30 分钟，罐头装豆子烤 15 分钟，或者烤到鹰嘴豆略微松脆为止。放凉后即可食用。

每份含有：148 卡路里，4 克脂肪，0 克饱和脂肪，24 克碳水化合物，4 克蛋白质，5 克膳食纤维，456 毫克钠。相当于：$1\frac{1}{2}$ 份淀粉，1/2 份脂肪

翻转鹰嘴豆派

让我们假设你决定要吃一个季度的素食，而且马上就开始付诸实践。你想要尝试一种比较复杂的食物配方，只是为了看看会有什么样的结果，看看你的辛苦付出是否值得，那么你可以试试下面这道美食。

4 人份

1/16 茶匙番红花粉

1/4 杯水

1 杯长粒白米

1 茶匙无香橄榄油

1 个洋葱，细细地切碎（盛满 1 杯）

2 瓣大蒜，拍松、切碎

1 个小茄子（2~3 英寸长），削皮，切成 3/4 英寸厚的片

3/4 茶匙小茴香粉

1/2 茶匙多香果粉

1 茶匙小豆蔻粉

1/16 茶匙肉桂粉

1/16 茶匙丁香粉

3/4 茶匙盐

1/2 茶匙现磨黑胡椒粉

1/2 茶匙杏仁香精

1 磅新鲜鹰嘴豆

2 汤匙鲜榨柠檬汁

4 盎司烤杏仁

2 杯低钠蔬菜汤（见"基本食谱"）

1 汤匙切碎的新鲜欧芹

1 汤匙切碎的新鲜绿薄荷

把番红花粉溶在水里，放入大米，拌匀，放在一旁备用。

取一口深底平锅，用中高火加热 1/2 茶匙的橄榄油，放入洋葱炒 5 分钟，然后放入大蒜和茄子翻炒，加上小茴香、多香果、小豆蔻、肉桂、丁香、盐、黑胡椒和杏仁香精后，再炒 3 分钟，然后盛到盘子里保温。

不用洗锅，直接把剩下的橄榄油倒进去，加热。等油温够高以后，放入鹰嘴豆，翻炒 2 分钟。等豆子颜色变黄以后，把茄子倒回锅里，加上柠檬汁，再炒 5 分钟。放入烤杏仁，拌匀。

取一口直径 10 英寸的平底煎锅，在锅底涂上油，然后把炒好的菜均匀地铺在锅底，上面盖上大米，浇 $1\frac{1}{2}$ 杯蔬菜汤。大火煮开，然后转成小火，盖上锅盖，煮 10 分钟。打开锅盖，晃动一下，以免下面的蔬菜粘锅。把大米压到水面以下，如果需要可以再加点蔬菜汤。盖上锅盖，再煮 15 分钟，或者到菜汤被收干，米饭变软为止。

取一个大餐盘扣在煎锅上面，轻轻把锅翻转过来。派应该顺利扣到盘子上面。把欧芹和薄荷混合均匀，撒在派上面。切成 4 份，盛在热盘子上。

每份含有：397 卡路里，4 克脂肪，1 克饱和脂肪（3%卡路里来自饱和脂肪），78 克碳水化合物，15 克蛋白质，13 克膳食纤维，449 毫克钠。相当于：$3\frac{1}{2}$ 份淀粉，2 份蔬菜，1 份脂肪

红辣椒

拉丁语学名：*Capsicumfrutescens*

我妻子特莉娜是出了名的能吃辣，她跟那位已故的挪威国王一样，喜欢吃超级辣的印度咖喱。而且那位国王也跟我们一样经常光顾位于伦敦皮卡迪利广场旁边的燕子街上的 Veeraswamy 印度餐厅。

我的口味清淡，而她的口味浓重。正是由于这一差别，我才格外感激维尔波·史高维尔这个老好人。他招募了一批勇敢的志愿者，把切碎的辣椒抹在他们的嘴唇里面，用数字来代表辣味的不同级别，而用语言描述的话就只有一个词"疼痛"。

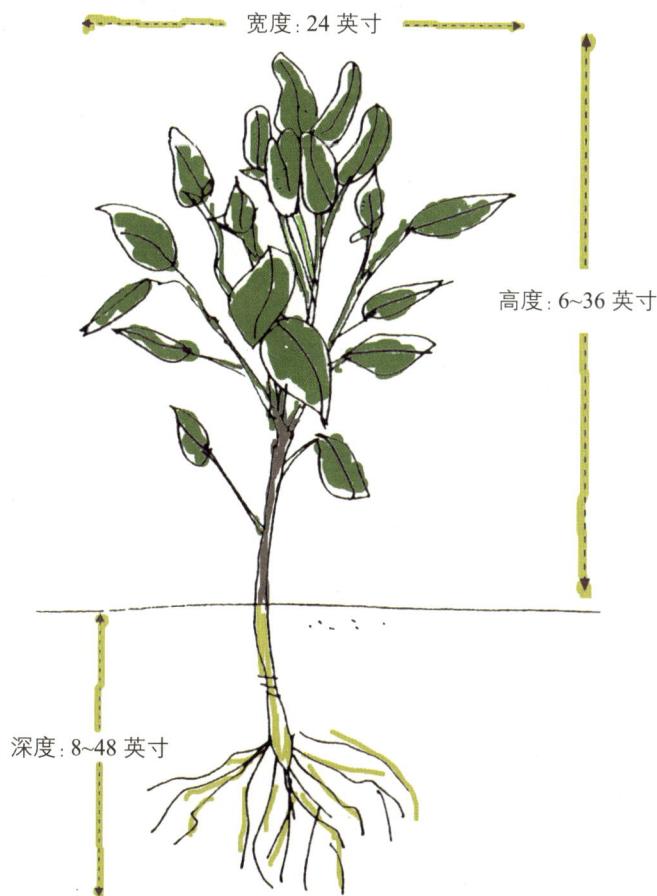

宽度：24 英寸

高度：6~36 英寸

深度：8~48 英寸

最近有研究称人类的神经末梢会逐渐适应这种疼痛，而随着神经末梢的麻痹——或许应该说是死亡，吃辣的人的口味会越来越重。

奇怪的是，辣椒给人体带来的好处却比伤害要多。它似乎能帮助改善某些人的消化能力，但不是所有的人都能受益。如果你有意借助辣椒来促进消化的话，最好先咨询一下专家！

辣椒需要先在室内育苗，通常在最后一次霜降前的 2 个月开始。把纤维板做的鸡蛋箱放在一个浅盘子上面，底下保持足够的湿润度，它们就会长得很好。

重要的是要把幼苗移栽到 2 英寸见方的花盆里面，让它们的根有足够的空间发育。我的辣椒苗是在室内长到 5 英寸高才移到外面去的，种在了西红柿旁边一块 15 英寸见方的空地上。辣椒喜欢镁元素，只要在每一棵的周围撒一茶匙泻盐就够了。还有，在采收之前要停止浇水，因为干旱有助于辣味的提升。

移栽之前土壤的温度一定要高于 15.5℃。花几块钱买一个园艺用探针型温度计是个不错的主意，这样就能确保你不会过早的把辣椒移到室外去。

当白天的气温超过 21℃，夜间气温超过 15℃时，你会发现辣椒的长势迅猛。如果气温较低的话，你就得用轻质面料的小拱棚罩在上面，因为寒冷的天气会使花朵凋落。没有花当然就结不出辣椒来！

采收的时候要记得戴一次性手套，免得把辣椒素弄到眼睛里，那可是很痛苦的事！

数据

每 100 克生辣椒(3.5 盎司，1/2 杯)含有：40 卡路里，0 克脂肪，0 克饱和脂肪，9 克碳水化合物，2 克蛋白质，2 克膳食纤维，7 毫克钠

一年生/多年生植物(在热带气候条件下)

浇　水：适量浇水，结果后要少浇水；控制浇水量可以增加辣味

光　照：全日照

混栽植物：

有利的：罗勒、茄子、洋葱、西红柿

不利的：茴香、球茎甘蓝

虫　害：蚜虫、蜗牛、鼻涕虫、象鼻虫

病　害：腐烂、霉病、叶斑病

土　壤：轻质、排水性好

施　肥：需要镁元素(在每株辣椒根部周围撒一茶匙泻盐)；中度到重度施肥；开花期要施用鱼精，整个生长过程中要施用 2~3 次鱼精

酸碱度：5.5~6.8

品　种：阿纳海姆(绿色到红色，辣味很淡)、卡宴辣椒、卡宴甜椒、Jimmy Nardello(辣度为 1 万史高维尔单位)、奇特品、皮奎辣椒(很辣，5 万以上史高维尔单位)、哈拉贝纽、Much Nacho(绿色到红色，5000~10000 史高维尔单位)、哈瓦那、牙买加热巧克力(极辣，10 万~50 万史高维尔单位)

栽　种：最后一次霜降之前 8 周室内播种，1/4~1/2 英寸深；土壤温度达到 10℃以后移栽到室外，间距 15 英寸

发芽期：7~10 天

收获期：播种后 60~90 天

轮　作：不要种在茄子、西红柿或土豆后面

可食用部分：辣椒荚和种子

带馅微辣辣椒

很不寻常的一道开胃菜。这些辣椒恰好能激起你的食欲，打开你的话匣子。如果它们在盘子里显得有些单调的话，可以配上一些新鲜的芝麻菜。

4 人份

2 个微辣辣椒,如阿纳海姆辣椒

1/2 茶匙橄榄油

1/2 杯切碎的洋葱

1/4 茶匙小茴香粉

1 瓣大蒜,切碎

1/2 杯新鲜的或者速冻的玉米粒

2 杯切碎的瑞士甜菜或者菠菜

1/2 杯低钠墨西哥莎莎酱

1/3 杯磨碎的低脂蒙特里杰克干酪

1 汤匙现磨的帕尔玛奶酪

2 汤匙面包糠,新鲜的或者是日本面包屑

1 茶匙烟熏红辣椒粉

1 把芝麻菜(可选配菜)

把烤箱预热到 190℃。把一个小号烤盘涂上油。

把辣椒纵向切成两份,去掉里面的子和筋。

取一口中号煎锅,倒上油,加热,放入洋葱和小茴香粉,炒 5 分钟,直到洋葱变成半透明色,但不发黄。放入大蒜,再炒 1 分钟。倒入玉米、瑞士甜菜和莎莎酱,翻炒均匀。关火,放入蒙特里杰克干酪,搅拌均匀。

把帕尔玛奶酪和面包糠放在一个小碗里面混合均匀。

把炒好的菜馅分别放在切开的辣椒里面,撒上帕尔玛奶酪和面包糠,上面再撒一点烟熏红辣椒粉。把辣椒放在涂好油的烤盘上,烤 20 分钟,直到蔬菜变软,表面呈金黄色为止。如果喜欢的话,可以配上芝麻菜吃。

每份(半个辣椒)含有:136 卡路里,3 克脂肪,2 克饱和脂肪(13%卡路里来自饱和脂肪),21 克碳水化合物,7 克蛋白质,2 克膳食纤维,340 毫克钠。相当于:1/2 份淀粉,1 份瘦肉,$1\frac{1}{2}$ 份蔬菜

墨西哥辣玉米饼

这道菜能让你一次享用到所有从菜园里收获的蔬菜。要注意的是：这道菜的碳水化合物含量比较高，如果你有特殊需要，只要把玉米薄饼的用量减半就可以了，多余的酱可以留着下一次吃。

为了增加辣味，我使用了罐头装的红辣椒（烟熏哈拉贝纽），不过你可以选用新鲜的安纳海姆辣椒，它的辣味比较柔和，口感更加爽脆。

4人份

10个(8英寸直径)玉米薄饼

1罐(28盎司)带汁的番茄丁

2磅罗马番茄，去皮，去子，切成丁

2罐红辣椒，洗干净，去子（如果你喜欢吃辣的话，可以保留里面的子）

1/2茶匙无香橄榄油

1大个儿甜洋葱，切成1/4英寸的丁

3瓣大蒜，拍松、切碎

2杯低钠蔬菜汤（见"基本食谱"）

1/4茶匙盐

配料

1/2杯低脂原味酸奶

$1\frac{1}{2}$杯熟鸡肉丝

1/4杯现磨帕尔玛干酪

1/2杯切碎的新鲜芫荽

制作玉米饼片，需要先把烤箱预热到175℃，把两个烤盘喷上烹调用喷雾油。

把玉米饼摞起来，切成8份，在烤盘上铺成一层，喷上少许油，烤15~20分钟，放在一旁待用。

把番茄沥干，汤汁留作他用。把所有的番茄和红辣椒都放到食物搅拌机里，打成泥。

取一口大锅，放上油，中火加热。倒入一半的洋葱，翻炒7分钟，直到洋葱保持金黄色。放入大蒜，再炒1分钟。改成中高火，倒入番茄泥，煮5分钟，不时搅拌，直到汤汁收浓,开始溅出来。把保留的番茄汁倒进量杯,加蔬菜汤,共 $2\frac{1}{2}$ 杯。倒进锅里,放上盐,煮开。这时锅里的酱汁应该有 $4\frac{1}{2}$ 杯。倒入玉米饼片,搅拌均匀,让每一片都裹上酱汁。再次煮开,然后关火。盖上锅盖,焖5分钟——不要超时!

分盛到4个热盘子里,上面撒上剩下的洋葱、酸奶、鸡肉、帕尔玛干酪和芫荽。也可以直接把锅端上桌,撒上那些诱人的配料即可。

每份含有:432卡路里,9克脂肪,3克饱和脂肪(7%卡路里来自饱和脂肪),64克碳水化合物,28克蛋白质,9克膳食纤维,933毫克钠。相当于:3份淀粉,2份瘦肉,2份蔬菜,1/2份脂肪

羽衣甘蓝

拉丁语学名：*Brassica oleracea* var. *acephala*

当罗宾汉在舍伍德森林里风餐露宿时，当地村民给他和他的弟兄们提供的食物里面就有自己种植的海甘蓝。

海甘蓝其实就是羽衣甘蓝，或者该反过来说？它们同样都是大叶片的甘蓝——深绿色的叶子，不结球。

羽衣甘蓝跟甘蓝很像，都是在土壤温度达到15℃以后在户外播种。要留意的是，种子一定要浅播。你可以把种子跟沙子混合起来，这样更容易播撒。幼苗长出来以后，要不断地间苗。最后留下来的最粗壮的苗需要有18英寸见方的生长空间。而且要不断地采收外层的叶片，不要让叶子的长度超过20英寸，用剪子剪下来，小心不要碰到中间的嫩芽。你也可以在秋天播种，冬天收获，因为它们喜欢轻度霜降的天气，但是如果天气太冷的话，就要用拱棚罩上。

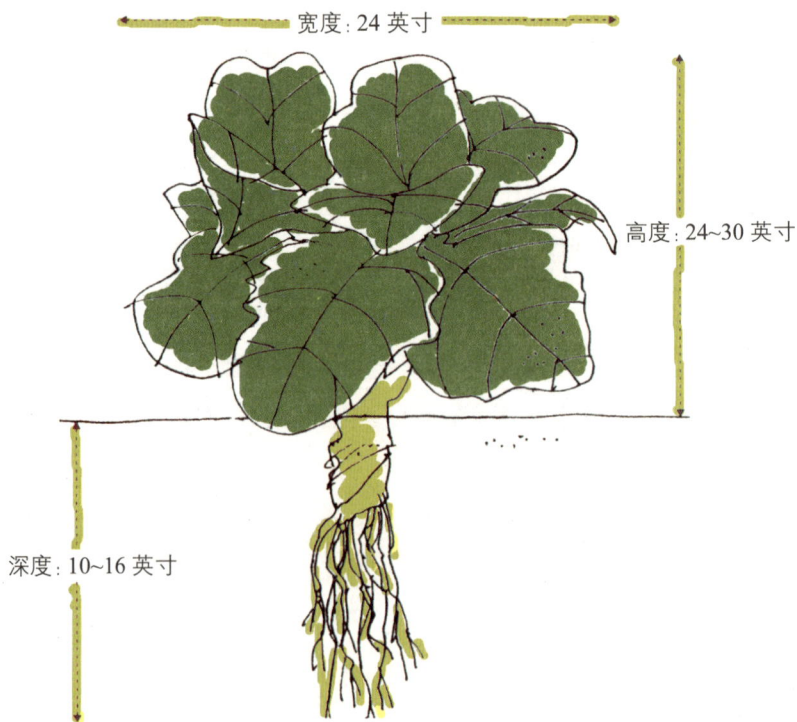

宽度：24英寸

高度：24~30英寸

深度：10~16英寸

从明天起种菜、烹调，做一个幸福的人

可惜的是，多年以来这些绿叶在南方一直被过度烹饪，用来搭配黑眼豆和"跳跃约翰"等空前绝后的伟大菜肴。

我估计这种做法的最初用意是为了把（成熟的羽衣甘蓝）很硬的叶梗煮软，可是等到叶梗熟了的时候，叶片已经变成了一种多汁、味浓、多纤维的糊状，看起来好像是一队水兵在锅里把他们的作战服洗掉了颜色一样。

我喜欢先去掉叶梗，再把叶片丢进锅里，那样的口感和味道都很棒。而且缩短烹调时间，会保留叶片鲜艳的绿色。

南方人往菜里添加柠檬汁和卡宴辣椒的习惯是个好办法，会使你的这一次大胆尝试大获成功。

数据

羽衣甘蓝的草酸盐含量较高，可能会引起肾结石；还有较高的甲状腺肿原，对甲状腺会有影响。通过烹调可以减少这两种物质的浓度。

每100克生的羽衣甘蓝（3.5盎司，1/2杯）含有：30卡路里，0克脂肪，0克饱和脂肪，6克碳水化合物，2克蛋白质，4克膳食纤维，20毫克钠

两年生/一年生/耐寒/冷季植物

浇　　水：适量

光　　照：全日照

混栽植物：

有利的：西红柿、辣椒

不利的：芹菜、土豆、球茎甘蓝

虫　　害：蚜虫、尺蠖、蠕虫、跳甲

病　　害：轮换种植床以避免常见病害

土　　壤：中轻质土壤，播种前要彻底松土

施　　肥：堆肥；每3~4周施用1次鱼精

酸碱度：5.5~6.8

品　　种：冠军、Vates

适应区域：3区以上

栽　　种：最后一次霜降之前4周播种，1/4~1/2英寸深，间距2英寸，随着生长逐渐间苗到16英寸间距

发芽期：10天

收获期：60~90天

轮　　作：不要种在甘蓝后面，因为病害很容易附带

可食用部分：叶子

清蒸羽衣甘蓝

因为怕你忘了，我必须得重复一下：一定要把叶片从坚硬的叶梗上撕下来。你可以把叶梗放在冰箱里冷藏三四天，让它们变软，然后再蒸了吃。

4人份

1 磅羽衣甘蓝

1/4 茶匙干罗勒

1/4 茶匙现磨黑胡椒或者 1/4 茶匙红辣椒末

1 汤匙鲜榨柠檬汁

1/4 茶匙盐

把羽衣甘蓝洗干净，去掉叶梗。把几张叶片叠起来，卷成筒，再切成条。

把叶片放进蒸锅里，撒上罗勒、黑胡椒、柠檬汁和盐。蒸 4~6 分钟，让叶片蒸熟，但仍然保持绿色。

每份含有：28 卡路里，0 克脂肪，0 克饱和脂肪，6 克碳水化合物，3 克蛋白质，4 克膳食纤维，161 毫克钠。相当于：1 份蔬菜

辣味羽衣甘蓝卷

羽衣甘蓝是南方菜中的主料，不过这道菜的烹饪时间比传统的做法要短一些，以保留更多的菜色。

4 人份

1 磅羽衣甘蓝绿叶

1/2 茶匙无香橄榄油

2 盎司加拿大培根，切碎（可选）*

1/2 茶匙干百里香

一撮辣椒末

1 茶匙鲜榨柠檬汁

*如果不加培根的话，可以加一些烟熏红辣椒末提味。

把羽衣甘蓝洗干净，去掉叶梗。取 1/3 的叶子一片片摞起来，卷成雪茄状，切成 1/4 英寸长的段。其余的叶子都同样处理。

取一口大锅，用中高火加热油，放入培根炒制。当培根开始变色时，放入羽衣甘蓝、百里香和辣椒，翻炒均匀。盖上锅盖焖，不时翻动一下，7 分钟后关火，这时叶子变软，但颜色仍然是绿的。洒上柠檬汁，端上桌。

每份含有：49 卡路里，1 克脂肪，0 克饱和脂肪，6 克碳水化合物，5 克蛋白质，4 克膳食纤维，207 毫克钠。相当于：1 份精瘦肉，1 份蔬菜

红薯日本南方味噌汤

如果你从来没有试过做味噌汤，那么尝试一下这道菜，你一定会成功的。它闻起来香气扑鼻，而且羽衣甘蓝明亮的绿色让它看起来也很养眼。

味噌是在制作日式酱油的发酵过程中产生的一种黄豆酱。它大多是金黄色的，在健康食品店和大型超市的冷藏食品部都能找得到。它味道鲜美，很多蔬菜汤或者炖菜里面都可以用到，既美味又营养。

4人份

8盎司日本荞麦面条或者全麦意大利面

6杯低钠蔬菜汤（见"基本食谱"）

3个干香菇，梗去掉

6棵葱，把葱白部分斜着切成1/2英寸宽的段，葱叶部分切成1/4英寸宽的圈

2个胡萝卜，斜着切成1/2英寸宽的条

1个中型红薯，切成1/2英寸厚的片（$1\frac{1}{2}$杯）

1个中型萝卜，切成1/2英寸×1英寸的段

1/4杯白色味噌酱

1/4茶匙红辣椒末

1磅羽衣甘蓝叶子，去掉叶梗，切成1/8英寸宽的条

把面条放进沸水里煮10分钟，直到面条变软，但还不是很烂的程度。沥干，过凉水，然后把漏勺放在一锅热水上面再加热。

蒸面条的同时，取一口大锅把蔬菜汤煮开，放入香菇，关火，焖10分钟。捞出香菇，切成细丝待用。

用中火慢慢炖蔬菜汤，放入葱白和胡萝卜，煮5分钟，然后放入红薯、萝卜和香菇丝，再煮10分钟，直到汤里的菜都变软，但不烂。

盛出来一点热汤，把味噌酱化开，加上辣椒末，然后再倒回汤锅里。把羽衣甘蓝叶撒在汤里，搅拌均匀再煮3分钟。

把面条分到4个热碗里，浇上味噌汤，撒上葱叶。要趁热端上桌，因为四溢的香气本身就是一道美味。

每份含有：195卡路里，0克脂肪，0克饱和脂肪，40克碳水化合物，5克蛋白质，3克膳食纤维，943毫克钠。相当于：2份淀粉，1份蔬菜，1/2份脂肪

玉 米

拉丁语学名：*Zea mays* var. *rugosa*

这一次育种师们又得逞了，我年轻时的金黄色玉米如今变成了红色、蓝色、黑色、白色等五颜六色的品种。

但它们都有一个共同点，那就是很甜，而且在采摘当天吃的话会更加的美味。但是，甜美的味道必然伴随着碳水化合物所带来的高热量。不过整根煮着吃的话，单是视觉上的大小就有助于限制它们在那些有糖尿病的人身上的效果。玉米的纤维含量很高，所以在碳水化合物的总量中可以减去 1 克纤维的量。

宽度：18~48 英寸

高度：3~12 英尺

深度：18~36 英寸

我一向很喜欢在酱汁、汤和炖菜里面使用玉米粒，还有油炸馅饼、薄煎饼。甚至华夫饼里都能用得到！除了香甜的味道之外，它们还能带来小小的阳光色泽，而且与顺滑、清淡的底料搭配，会带来非同一般的口感，比如我的玉米杂烩羹。

做玉米时使用黄油显然是一种文化偏好，有时候很可能用得太多，以至于把那么美味的调味品变成了一种潜在的健康威胁。我建议用橘黄色(或者姜黄色)的酱汁来代替黄油的颜色。当然它吃起来一点都不像黄油，但是也是很好吃的。

我真的没有地方来种玉米，而且我家旁边就有全世界最棒的玉米产区！

虽然这么说，但我还是很想看看玉米会长成什么样。朋友们建议我在我的小菜园里种金色矮人玉米，因为它只有36英寸高。土壤温度一定要达到20℃。玉米在开花之前只需要适量浇水，然后就要大量地浇水。在抽穗之前，土壤必须保持湿润，但不能积水，因为玉米的根系很浅。抽穗以后，水要渗透到深处，直到长出玉米须来。这时候雄花开始释放花粉，花粉会掉到雌性的花须上。轻轻地晃动有助于授粉成功。

你可以掐一颗玉米粒看看，成熟的玉米粒应该有乳白色的汁液。

数据

整根玉米的重量差别太大，无法衡量，所以这里采用的是便于测量的玉米粒。

每100克玉米粒(3.5盎司，1/2杯)含有：108卡路里，1克脂肪，0克饱和脂肪，25克碳水化合物，3克蛋白质，3克膳食纤维，0毫克钠

一年生/温季/暖季植物

浇　　水：适量到大量

光　　照：全日照

混栽植物：

有利的：矮菜豆、甜菜、甘蓝、南瓜

不利的：西红柿、架豆

虫　　害：蚜虫、黏虫、甲虫、蜈蚣、鸟、浣熊

病　　害：凋萎病、锈病、玉米黑粉病

土　　壤：早收品种用沙质壤土，晚收品种用黏土或泥炭

施　　肥：重肥；施用2次鱼精，一次在播种时，一次在抽穗时

酸碱度：6.0~7.0

品　　种：朝霞、印第安夏日、SH2(很甜)、金色矮人(茎高3英尺)

适应区域：3~11

栽　　种：最后一次霜降之后2周播种，1英寸深(室外)

发芽期：4~10天

收获期：60~100天

轮　　作：播种前要种矮菜豆之类的固氮作物

可食用部分：玉米粒

带皮整根玉米

热度会加速糖转化成淀粉的过程，这样做熟的玉米就没那么甜。玉米应该放到

冰箱里储存，但也不能超过一天。最好是当天摘，当天吃。

4人份

4穗带皮玉米

1/2杯低钠蔬菜汤

$1\frac{1}{2}$茶匙竹芋或玉米淀粉

少许番红花粉（可选）

轻轻把玉米外面的皮剥开，但不撕掉，去除玉米须，再把玉米皮包好。如果你要烤着吃的话，要用线绳把玉米头扎紧。

取一口大蒸锅，把玉米平铺在笼屉上，隔水蒸15分钟；微波炉用高火加热9~12分钟（数量少的话可以缩短时间），或者用烧烤架烤。

要放在炭火上烤的话，先在凉水里浸泡15分钟然后再烤，中间翻一次——小穗玉米烤15分钟，大个的最多烤30分钟。

放凉，然后剥去外皮。最好用凉水冲一下每个玉米，这样外皮就不至于烫手。

在蔬菜汤里加入竹芋粉或者玉米淀粉（可以放点番红花粉让颜色更像黄油），然后加热，直到汤色变得透明、浓稠。用汤代替黄油刷到每个玉米上面，然后端上桌。如果你实在离不开黄油的话，那就只好用上了！

> 每份含有：94卡路里，3克脂肪，0克饱和脂肪，19克碳水化合物，4克蛋白质，2克膳食纤维，68毫克钠。相当于：2份淀粉

玉米杂烩羹

大多数杂烩羹最诱人的地方在于由黄油、浓奶油和淀粉营造出的滑腻口感。我在尽量保持原有口感的同时，去掉了过多的脂肪可能带来的危害。搭配上好的面包和爽口的沙拉，这顿午餐可谓是玉米丰收季节的绝配了。

6人份

杂烩羹用料

1/2茶匙淡橄榄油

2杯切碎的洋葱

6穗玉米，剥下来玉米粒（$3\frac{1}{2}$杯）

1/2 茶匙干百里香

1 茶匙切成丁的欧芹梗

1/4 茶匙盐

1/8 茶匙现磨黑胡椒

1 罐(12 盎司)浓缩脱脂牛奶

2 杯豆浆

2 汤匙玉米淀粉

4 汤匙干白葡萄酒(我喜欢用脱醇夏东尼)

配菜用料

1/2 茶匙罐头装红辣椒(烟熏哈拉贝纽)或者 1/4 茶匙干辣椒末

1/3 杯切成丁的红甜椒

1 汤匙切碎的新鲜欧芹

杂烩做法:取一口大锅,用中高火加热油。放入洋葱和 1/2 杯玉米粒,炒 12~15 分钟,直到菜变得很烂。不时翻炒一下,以免洋葱变黄。再放入百里香、欧芹梗、盐和黑胡椒。

把炒好的洋葱混合物倒进搅拌机里,加上 1/2 杯浓缩牛奶。搅打 2 分钟,加上剩余的牛奶,再打 3 分钟,打成非常顺滑的糊状。倒回炒锅里,放上剩余的玉米。

把豆浆倒进搅拌机,把里面的残留物冲干净,然后倒进锅里。大火煮开,然后转成小火,慢慢炖 10 分钟。

把玉米淀粉跟葡萄酒混合成芡汁,把锅端下来,勾芡。如果你不打算马上喝汤的话,把锅放在一旁晾凉。端上桌之前再把汤热一下即可。

配菜做法:取一口小号煎锅,用中高火加热,放入辣椒、甜椒和欧芹,炒 3 分钟。关火,放在一旁待用。

把杂烩羹盛到热碗里,上面放一满勺配菜。

每份含有:213 卡路里,3 克脂肪,0 克饱和脂肪,40 克碳水化合物,16 克蛋白质,3 克膳食纤维,9 毫克钠。相当于:$1\frac{1}{2}$ 份淀粉,1 份蔬菜,1 份脱脂牛奶

黄 瓜

拉丁语学名：*Cucumis sativus*

　　我第一次种黄瓜的经历一点都不好玩。由于大家都知道黄瓜喜热，所以我种了整整一垄，想让它们爬过我家由混凝土和小石子铺成的车道。我本来以为它们会四下蔓延，可是它们紧紧贴着栅栏，不往外面长。虽然有点拥挤，但还是开了很多花。

　　我犯了一个典型的错误，采收得太晚了。头一天它们还都是翠绿的，大约5~6英寸长，第二天就有一些变成了淡绿色，然后——突然间，都变黄了！而且发苦！还胀大起来！

　　在这次失败的种植期间，朋友送给我的一棵小小的蔓生植物沿着我们新建的温室向阳的那面墙猛长起来。据说这是那种做腌菜用的小黄瓜（Diamant品种）。最后结了不少 $1\frac{1}{2}$ 英寸长的小果子。

宽度：12~15英寸

高度：3~10英寸
（在棚架上）

深度：12英寸

我计划明年用英式方法种黄瓜——我保证自己绝没有任何的偏见！我会给黄瓜搭棚架，看看它们在小黄瓜腾出的空地上是否能长好。

棚架有个好处，那就是空气流通性好，我想那一定比热烘烘的车道要好！

数据

如果你正在减肥的话，任何品种的黄瓜都很有益。它们还属于含钠量最低的食物之一。由于含硅量较高，黄瓜有促进筋腱组织愈合的作用。

每100克生黄瓜(3.5盎司，1/2杯)含有：13卡路里，0克脂肪，0克饱和脂肪，3克碳水化合物，1克蛋白质，1克膳食纤维，0毫克钠

一年生植物

浇　水：适量到大量(看叶片是否发黄以判断所需的水量)

光　照：全日照(最少每天3小时)

混栽植物：

有利的：矮菜豆、甘蓝属、生菜、南瓜

不利的：西红柿、香草

虫　害：蚜虫、黄瓜叶甲、跳甲、螨虫

病　害：炭疽病、霉病

土　壤：排水性好的沙质壤土

施　肥：堆肥；每月施用1~2次鱼精；多施磷肥和钾肥，适量氮肥

酸碱度：6.5~7.5

品　种：李将军、北方腌黄瓜(小型)、亚美尼亚(温室英式棚架)或Diamant(早熟小黄瓜)

适应区域：4~7

栽　种：土壤温度达到20℃以后，在室外播种，3/4~1英寸深，间距12英寸

发芽期：5~7天

收获期：55~65天，全部都为绿色、个头较小时(5~6英寸)；不要让它们变黄

轮　作：不要种在其他黄瓜类植物后面

可食用部分：果实

黄瓜酸奶沙拉

这是搭配咖喱的一道经典凉菜。

4人份

1根英格兰黄瓜或者嫩的切片黄瓜

3棵葱，细细地切碎

1汤匙切碎的新鲜芫荽

1汤匙切碎的荷兰薄荷

1/2杯低脂原味酸奶

1汤匙鲜榨柠檬汁

1/2茶匙小茴香子粉

1/2 茶匙芫荽子粉

1/4 茶匙盐

1/4 茶匙现磨黑胡椒

把黄瓜洗干净，纵向间隔削皮，让绿色的皮跟白色的果肉相间。然后纵向切成长长的薄皮，再改刀切成细丝。把葱花、芫荽和薄荷放在一个大碗里拌匀。

把酸奶、柠檬汁、小茴香子、芫荽子、盐和黑胡椒调和成沙拉酱，与蔬菜拌匀，搁置10分钟让其入味。可以搭配任意辣味菜肴以减轻火辣辣的口感！

每份含有：27卡路里，0克脂肪，0克饱和脂肪，6克碳水化合物，2克蛋白质，1克膳食纤维，166毫克钠。相当于：1份蔬菜

黄瓜西红柿沙拉

这是一道无与伦比的开胃菜，几乎能让你的味蕾立刻精神起来，渴求一顿美餐！有时候我喜欢削去一部分黄瓜的外皮，白绿相间的黄瓜既丰富了色彩又增添了别样的质感。

4人份

2 杯黄瓜丁，部分去皮

1 杯去子西红柿丁

1/4 杯切碎的甜洋葱

2 茶匙切碎的新鲜莳萝或者1/2茶匙干莳萝

1/2 杯特莉娜油醋汁

把黄瓜、西红柿、洋葱、莳萝和油醋汁混合均匀，放到冰箱里冷藏1小时。

每份含有：43卡路里，2克脂肪，0克饱和脂肪，11克碳水化合物，1克蛋白质，1克膳食纤维，372毫克钠。相当于：1份蔬菜，1份脂肪

鲑鱼配黄瓜酱

在斯卡吉特谷，这道菜可以算得上是对应季新鲜美食的完美诠释。

4 人份

2 杯黄瓜丁,削皮、去子

1 汤匙切碎的新鲜莳萝

1 茶匙切碎的新鲜薄荷

1/8 茶匙现磨白胡椒

1/8 茶匙海盐

1/杯脱醇白葡萄酒

1 汤匙玉米淀粉混合 2 汤匙脱醇白葡萄酒(芡汁)

1 杯酸奶奶酪(见"基本食谱")

鲑鱼用料

2 块(12 盎司)去皮、去骨的帝王鲑鱼鱼排

1 茶匙淡橄榄油

少许香油

1/8 茶匙现磨白胡椒

1/8 茶匙盐

取一口中号炖锅,把黄瓜、莳萝、薄荷、白胡椒和盐放进去,用小火翻炒 10 分钟,倒上葡萄酒和芡汁,搅拌大约 30 秒,让酱汁变稠。关火,放凉,然后轻轻拌上酸奶奶酪。

鲑鱼做法:烤箱预热,在烤盘上放一个烤架,盖上铝箔。

把油倒在一个盘子里,撒上白胡椒粉和盐。把鱼排的两面都蘸上油,放在烤架上,距离热源 3~4 英寸,每面烤 5 分钟。烤好后把鱼排放到菜板上。

把鱼排对半切开。用勺子把黄瓜酱铺在餐盘上,中间摆上一块鱼排,然后在鱼排中间淋上一溜酱汁。

每份含有:375 卡路里,19 克脂肪,6 克饱和脂肪(14%卡路里来自饱和脂肪),9 克碳水化合物,39 克蛋白质,0 克膳食纤维,272 毫克钠

四川风味黄瓜沙拉

4 人份

1 磅黄瓜，去皮、去子，切成 2 英寸长的条

3 棵葱，切成丝

1 茶匙切碎的大蒜

$1\frac{1}{2}$ 汤匙低钠酱油

1/2 茶匙香油

1 茶匙米醋

1/4 茶匙白糖

1/8 茶匙多香果粉

1/4 茶匙干红辣椒末

把黄瓜、葱和大蒜放在一个玻璃碗里混合均匀。

把酱油、香油、醋、糖、多香果和辣椒末拌匀。

把酱汁倒在蔬菜上，拌匀，搁置 10 分钟。

　　每份含有:28 卡路里,1 克脂肪,0 克饱和脂肪,5 克碳水化合物,2 克蛋白质,1 克膳食纤维,227 毫克钠。相当于:1 份蔬菜

茄 子

拉丁语学名:*Solanum melongena*

对某些人来说,比如我妻子特莉娜,他们最初并不喜欢吃茄子,后来才慢慢爱上了它,这很可能跟茄子的口感有关系。不过我们还是有办法减少茄子的苦味,在一定程度上改变它滑溜溜的口感的。

我种的太晚了,没能结果。有个良好的开始真的是要付出代价的,应该在土壤温度一达到21℃时就种下茄子。如果夜里的温度降到12℃以下,就需要用小拱棚罩上保温,可能还需要用黑色的塑料布覆盖在土上面,以保持土壤的温度。

要想结出个头更大的茄子,你就得从每一棵上面剪掉2~3根分枝。白天气温高的地方结得茄子就大,像我家那边比较凉爽的地区更适合小型茄子的生长。

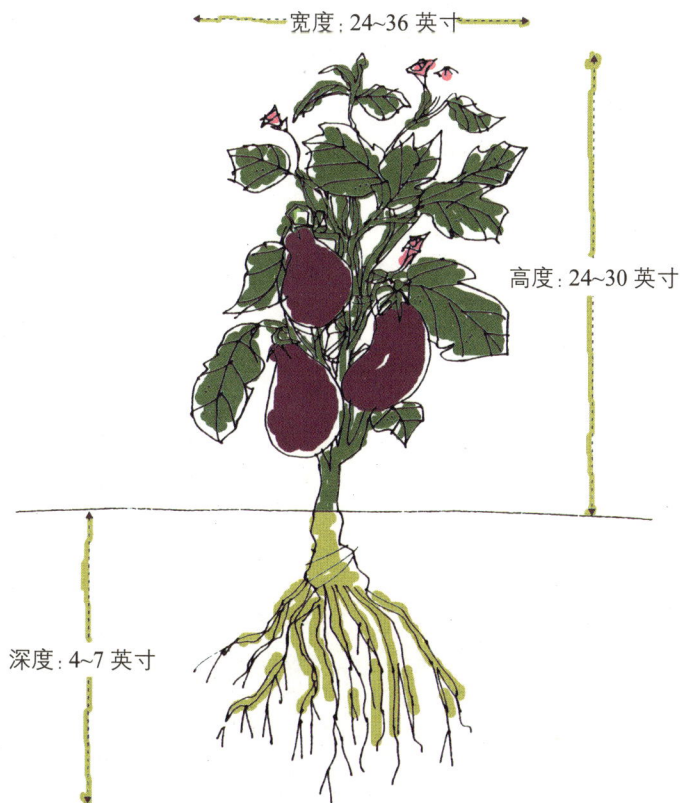

宽度:24~36 英寸

高度:24~30 英寸

深度:4~7 英寸

每当我打算从以肉食为主的菜转换到素食（或者说没有肉的菜更确切）的时候，就常常会用到茄子。茄子被压紧以后就从滑溜溜的松软质地变成了更有嚼劲的口感——几乎有点像一片肉的感觉了，而且由于茄子能很好地吸收所添加的调味料的味道，比如大蒜、香草和西红柿等，我才得以摆脱特莉娜对吃茄子的反对。

数据

由于茄子属于茄科植物，可能在很少见的情况下会给关节炎患者带来麻烦，不过这一点还没有经过科学证明。我仍然喜欢利用茄子的坚韧质地来满足那些肉食者的需求，哄骗他们跨越1份肉2份菜的界线，加入每餐食用3份以上蔬菜的行列。

每100克熟茄子(3.5盎司，1/2杯)含有：35卡路里，0克脂肪，0克饱和脂肪，9克碳水化合物，1克蛋白质，2.5克膳食纤维，1毫克钠

多年生(在10区)/一年生植物(在其他区)

浇　水：大量，滴灌

光　照：全日照，气温高于37℃时需要遮阴

混栽植物：

有利的：豌豆、菜豆、菜椒

不利的：玉米、茴香、西红柿

虫　害：网蟥、蚜虫、夜蛾、粉虱

病　害：根腐病、炭疽病

土　壤：在温暖位置的排水性好的土壤，最好是在凸起种植床里；轻质、沙质壤土

施　肥：每3~4周施用1次鱼精

酸碱度：5.5~6.8

品　种：黑美人(深紫色)、Ichiban(长茄子，在较热天气下容易生长)

特殊护理：长到6英尺高的时候要打尖；每枝留一个果实会长得更大

适应区域：5~12(在第10区可过冬，长年生长)

栽　种：在最后一次霜降前4~6周在室内播种，1/4~1/2英寸深；土壤温度达到21℃以后，移栽到室外，间距3~5英寸，然后间苗到18~24英寸

发芽期：10~15天

收获期：播种后100~140天；移栽后50~765天

轮　作：尽可能种在菜豆或者豌豆后面

可食用部分：果实

茄子

基本准备

为了克服特莉娜对这种蔬菜的厌恶，我把茄子横着切成1/2英寸厚的片，撒上盐（大约每片用1/4茶匙的盐，之后可以洗掉）。然后我把茄子片放在两个盘子中间，用两三磅的重物压上，放置1个小时。盐会浸出一部分苦涩的汁液。然后用水冲洗干净，拿纸巾擦干茄子片。如果要烤或者煎的话，先沾上一点面粉和烟熏红辣椒的混合物，再喷上一层橄榄油以提味。

地中海式烤茄子

这是一道很棒的主菜,可以代替肉类成为一餐的主角。当配菜也很不错(只要把每份的量分成2份就好了)。

4人份

2个小茄子,直径约为4英寸

1杯低钠比萨酱

1/4杯低脂原味酸奶

1瓣大蒜,细细切碎

把烤箱预热到175℃,在一个12英寸的烤盘上喷上橄榄油。

去掉茄子蒂,把茄子切成3/4英寸厚的片,在烤盘上平铺一层。每一片上面放一勺比萨酱,烤30分钟。

把酸奶和大蒜搅拌均匀,薄薄地淋在每一片茄子上面(把酱汁装在带喷嘴的塑料瓶里会更容易一些),然后端上桌。

每份含有:95卡路里,2克脂肪,0克饱和脂肪,18克碳水化合物,4克蛋白质,9克膳食纤维,275毫克钠。相当于:3份蔬菜

蔬菜杂烩

这是在电影开演前把西葫芦和茄子端上桌的经典方法!是我们向来钟爱的夏季蔬菜大杂烩,更为难得的是里面的主要原料都是直接采摘于自家的菜园!

6人份

2个中型(1磅)茄子,切成2英寸的小方块

3茶匙橄榄油,分开盛放

1个甜洋葱,切成1英寸厚的块

4瓣大蒜,拍松、切碎

1个红甜椒,去子,切成1/2英寸的段

1个绿菜椒,去子,切成1/2英寸的段

3 个中等大小的西葫芦,切成 1 英寸厚的块

3 杯西红柿丁,去皮、去子

1 汤匙切碎的新鲜牛至

1/4 茶匙盐

1/4 茶匙现磨黑胡椒

1/4 杯切碎的新鲜欧芹

1/4 杯切碎的新鲜罗勒

烤箱预热到 205℃。

把茄子块摆到烤盘上,喷上少许橄榄油喷雾油,烤 20 分钟,直到茄子变软。放到一旁待用。

取一口深底锅,倒入 1 茶匙橄榄油,用中高火加热。放入洋葱炒 2 分钟,加上大蒜,再炒 1 分钟。放入菜椒和西葫芦,炒 10 分钟,直到菜变蔫。加上西红柿、牛至、盐和黑胡椒,炒 10 分钟。

倒入茄子,焖 10 分钟,直到所有的菜都变软。加入剩下的 2 茶匙橄榄油、欧芹和罗勒,搅拌均匀。

做配菜用的话,可以趁热或者放凉到室温吃。做主菜的话,用勺子盛到烤好的意大利面包、玉米粥、意大利面或者米粉上面。

每份含有:127 卡路里,3 克脂肪,0 克饱和脂肪,24 克碳水化合物,1 克蛋白质,3 克膳食纤维,332 毫克钠。相当于:5 份蔬菜

烤茄子和红甜椒三明治

这是我一向喜爱的三明治,但是特莉娜很讨厌它,所以我只能趁她出门拜访朋友的时候偶尔让自己享受一下,算是对她不在家的一种补偿。

如果你家有 Panini 型三明治烤炉,那么最好用它来烤馅料和面包。

4 人份

8 小片法式或意大利面包,烤好

特级初榨橄榄油喷雾油

2 瓣大蒜,各切成两份

1 个中等大小的茄子,切成 1/2 英寸厚的片

1/4 茶匙盐

1/4 茶匙现磨黑胡椒

1 杯烤好的红甜椒片

把烤炉预热。把面包放在烤炉的盘子上，喷上少许橄榄油，两面都略微烤一下。每一面上都用大蒜抹一下，放置一旁待用。

把烤箱预热到230℃，在烤盘上涂油。

把茄子片平铺在烤盘上，喷上少许橄榄油，撒上盐和黑胡椒。烤20分钟，直到茄子变软，呈焦黄色。

把烤好的茄子放在烤好的面包片上，上面摆上烤好的红甜椒片，然后喷上一点点橄榄油。

每份含有：250卡路里，2克脂肪，0克饱和脂肪，49克碳水化合物，10克蛋白质，8克膳食纤维，779毫克钠。相当于：2份淀粉，1份蔬菜

蚕 豆

拉丁语学名：*Vicia faba*

　　自己种蚕豆的经历让我对蚕豆的看法上升到了一个新的高度。在英国，人们称之为"大宽豆"，它们确实不小！自己种比去商店里买要划算得多，因为豆荚很大，又不能吃，所以剥出来的豆子其实价钱挺贵的。

　　在英国，我们会把嫩豆子煮在一种白色的酱汁里面吃——豆粒外层的皮还很嫩，真的很好吃。

　　但是蚕豆最出名的地方是在希腊，吃蚕豆是当地早春时节的一个传统仪式。每个家庭都会端上一盘蚕豆，配以大蒜、辣椒、成堆的牛至叶和羊奶干酪。调味料是多么神奇的东西啊！

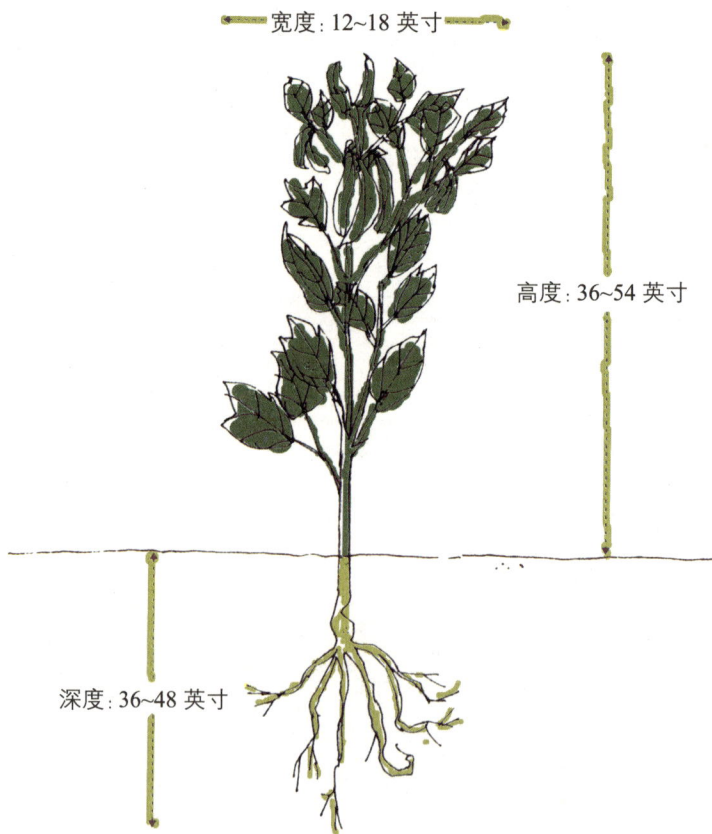

宽度：12~18 英寸

高度：36~54 英寸

深度：36~48 英寸

我把蚕豆种在一块向阳的地里，长得很快。花一落，豆荚就出现了，那是一团黑色的、毛茸茸的东西，看起来很像是霉斑，但它不是！我让豆荚不停地长，长到8~10英寸长才采摘下来。结果每粒豆子外面都长出来一层很硬的灰绿色的壳。明年我会早一些采收。

种蚕豆千万不要过度地浇水。只要在土壤完全变干之前浇水就行。在开花和结豆荚期间要保持土壤的湿润。

数 据

如果你家有来自地中海地区的亲戚，最好核实一下他们是否对蚕豆过敏。这种病叫做蚕豆病，并不常见，但是会通过基因遗传。

每100克煮熟的成熟蚕豆（3.5盎司，1/2杯）含有：110卡路里，0克脂肪，0克饱和脂肪，20克碳水化合物，8克蛋白质，5克膳食纤维，5毫克钠

每100克煮熟的嫩蚕豆（3.5盎司，1/2杯）含有：62卡路里，0.5克脂肪，0克饱和脂肪，10克碳水化合物，5克蛋白质，4克膳食纤维，41毫克钠

浇　水：不要过多地浇水

光　照：全日照

混栽植物：

有利的：土豆、黄瓜、玉米、草莓、芹菜、夏香薄荷

不利的：洋葱、大蒜

虫　害：蚜虫、墨西哥豆瓢虫、跳甲、叶蝉、螨虫

病　害：易感染凋萎病、花叶病、炭疽病

土　壤：松散、排水性好的土壤，富含有机物

施　肥：低氮，适度磷、钾；开花时施用骨粉

酸碱度：6.0~6.8

品　种：大温莎、Aquadulce、Con Amore、洛雷塔、甜洛林、温莎长英

适应区域：3~11

栽　种：早春2月到3月间，根据不同的气候带而定，只要土地可以耕种即可；播种1~2英寸深，间距4~5英寸，垄间距18~30英寸

发芽期：4~10天

收获期：80~100天

轮　作：种在菜豆后面，与其他需要高氮的作物同栽，如生菜、南瓜、西蓝花、抱子甘蓝、卷心菜、花椰菜、羽衣甘蓝等

可食用部分：嫩豆子

布伦瑞克炖菜

对我而言，如果没有利马豆或者蚕豆的话，北美洲最早期的烹调习惯（那些为了皮毛而设陷阱捕捉动物的人吃的食物）根本就不合我的口味。这道菜的传统做法是用鸡肉来炖，当你用胡桃瓜替代鸡肉以后，它就变成了一道厨房菜园的丰收大餐。

6人份

1 磅胡桃瓜，切成 6 份

1 茶匙无香橄榄油

少许盐和现磨黑胡椒

1 大个甜洋葱，切成 1 英寸见方的小块（2 杯）

3 根芹菜梗，切成 1/4 英寸厚的片（$1\frac{1}{2}$ 杯）

1 茶匙切成小块的罐头装红辣椒或者 1/2 茶匙烟熏哈拉贝纽辣椒末

1 个红甜椒，切成 1/4 英寸厚的片

2 杯西红柿，去皮、去子，切碎

1 杯低钠蔬菜汤

1 汤匙伍斯特郡酱汁

1/4 茶匙卡宴辣椒

1 杯新鲜的嫩蚕豆或利马豆

1 杯新鲜的或者速冻的玉米粒

1 汤匙竹芋粉混合 2 汤匙汤或水（芡汁）

1/4 杯切碎的新鲜欧芹

1/4 杯切碎的新鲜罗勒

把烤箱预热到 190℃。

给胡桃瓜喷上油，撒上盐和黑胡椒，放在一个小号耐热烤盘里烤 40 分钟，用尖刀扎进去试试，不黏刀就是烤好了。

取一口直径为 10 英寸半的主厨大锅，放入 1/2 茶匙油，用中高火加热。放入洋葱炒 3 分钟，当洋葱开始变成半透明色时，加入芹菜、辣椒和红甜椒，再炒 3 分钟。盛到盘子里，不用洗锅，把剩下的 1/2 茶匙油倒进去，加热。

放入西红柿，炒 3 分钟。当西红柿略微发黄时，倒上蔬菜汤和伍斯特郡酱汁，放入炒过的蔬菜和卡宴辣椒，大火煮开后改成小火，炖 10 分钟。放入豆子和玉米，再煮 12 分钟，直到豆子变烂。勾上芡，把汤煮浓。用勺子盛到胡桃瓜上面，撒上欧芹和罗勒。

每份含有：155 卡路里，1 克脂肪，0 克饱和脂肪，34 克碳水化合物，5 克蛋白质，8 克膳食纤维，141 毫克钠。相当于：1 份淀粉，4 份蔬菜

蚕豆胡萝卜汤

我一向喜欢吃蚕豆，不过一定得早点采收以免去剥掉豆粒外面那层硬壳的麻烦。在位于太平洋西北沿岸的斯卡吉特谷，蚕豆和胡萝卜在同一时间成熟，所以这道菜可

谓是典型的应季新鲜美食了。

4 人份

1 茶匙无香橄榄油

1 杯切碎的洋葱

1 杯切成片的胡萝卜

2 杯新鲜的嫩蚕豆

3 杯低钠蔬菜汤

2 杯切碎的新鲜菠菜

1/4 茶匙盐

1/4 茶匙现磨黑胡椒

取一口大锅,倒上油,用中高火加热。放入洋葱炒 2 分钟,加上胡萝卜和蚕豆,倒入蔬菜汤,煮开后转成小火,炖 20 分钟,直到胡萝卜变软。

放上菠菜、盐和黑胡椒,再煮 5 分钟。

每份含有:120 卡路里,2 克脂肪,0 克饱和脂肪,31 克碳水化合物,6 克蛋白质,6 克膳食纤维,327 毫克钠。相当于:$1\frac{1}{2}$ 份淀粉,1 份瘦肉,2 份蔬菜

蚕豆汤

当蚕豆长饱满时, 这道汤是庆祝它们的到来的完美方式。这是初夏时节种菜人的庆典! 如果豆子还很嫩,可以直接做。再过几天,就得去掉豆子外面那层壳才行,只要掐掉带黑线的那一头,就能把嫩绿色的豆粒剥出来了。

6 人份

1 茶匙无香橄榄油

1/2 磅甜洋葱,切碎

2 瓣大蒜,拍松、切片

1 杯切碎的茴香球或者芹菜

1 罐(10.75 盎司)番茄酱

1 夸脱水

香料包(配方后附)

1 磅去壳新鲜蚕豆或者 1 罐(19 盎司)蚕豆,沥干水分

2 杯细细切碎的去梗芥菜叶,压紧

1 磅李子番茄，去皮、去子，切碎

1/4 茶匙现磨黑胡椒

1/4 茶匙盐

取一口深平底锅，倒上油，用中高火加热。放入洋葱和大蒜炒 3 分钟，放入茴香或芹菜、番茄酱和水，煮开后放上香料包和豆子，炖 5 分钟。

加入芥菜叶、番茄、黑胡椒和盐，再煮 4 分钟。捞出香料包扔掉。如果用的是茴香的话，再切 1 汤匙嫩茴香苗撒在上面；如果用的是芹菜，细细切碎一些芹菜叶撒上做点缀。

香料包

2 片月桂叶

6 根欧芹细枝

1 茶匙干百里香

1 茶匙干牛至叶

3 英寸芹菜梗

用一块粗棉布把所有配料包起来，扎紧。

每份含有：114 卡路里，2 克脂肪，0 克饱和脂肪，21 克碳水化合物，6 克蛋白质，6 克膳食纤维，252 毫克钠。相当于：1 份淀粉，3 份蔬菜，1/2 份脂肪

希腊派

我承认这看起来有点复杂，而且酥皮真的不容易做，不过我的小窍门会助你一臂之力。用它来招待奶蛋素食客人再好不过了。我用的是新鲜的嫩蚕豆，如果你想在蚕豆生产淡季尝试做这个派的话，可以选用罐头装的蚕豆，或者必要的话，用利马豆。

酥皮做法

超市的冷冻食品部一般都有酥皮出售。应该先把它整包放在冰箱里过一夜解冻。制作派的时候，要用一块湿布把暂时用不到的酥皮盖上，以免干透。如果你的指甲较长，一定要小心别把酥皮戳个窟窿。剩余的酥皮可以用蜡纸和塑料袋包起来放在冰柜或冰箱里储存。

4 人份

1 茶匙橄榄油

1 把（约 8 根）小葱，切成 1/2 英寸的段

1/2 磅蘑菇，切成四等份（2 杯）

1 茶匙鲜榨柠檬汁

1 个中等大小的西葫芦，切成块

1/8 茶匙白胡椒粉

1/4 茶匙盐

1 茶匙干牛至叶

1 杯低钠蔬菜汤或者 1/2 杯汤加 1/2 杯脱醇干白葡萄酒

1 磅新鲜的嫩蚕豆

2 汤匙现磨帕尔玛干酪

1 汤匙竹芋粉

1 杯素蛋液

8 张酥皮面饼

1 包（10 盎司）速冻的切碎菠菜，解冻后挤干水分

把烤箱预热到 175℃，把一个 8 英寸见方的烤盘喷上油。

用中高火加热深平底锅里的油，放入葱炒 1 分钟，然后放上蘑菇和柠檬汁，炒 3 分钟。倒入西葫芦、白胡椒粉、盐和牛至叶，再翻炒 1 分钟。

倒入蔬菜汤，用大火煮开，到汤剩下一半时关火，倒入蚕豆和帕尔玛干酪，搅拌均匀。把竹芋粉和素蛋液混合起来，倒进锅里，搅拌均匀，趁做酥皮的时间放凉。

把酥皮饼放在一个干净的工作台上。给最上面一张喷上油，揭下来（喷油的一面朝上）铺到准备好的烤盘上，让饼皮盖到烤盘边上（不要用力压，通过重力作用让饼皮贴到烤盘里面）。给第二张喷上油，直接放到第一张上面。第三张和第四张同样操作，只是铺的时候与前两张呈 90°夹角。把剩下的酥皮用塑料膜盖上。

把一半的菠菜撒到铺好的酥皮上面，上面再均匀地铺上一半的蘑菇烩菜，再铺上一层菠菜、一层蘑菇，然后把酥皮沿对角往里折（酥皮不会把菠菜和蘑菇烩菜都盖上）。

把剩下的酥皮一张张喷上油，盖在上面。去掉多余的边角，把上面盖的酥皮划开，划出最后分成 4 份的线，烤 35~40 分钟，直到表面变成金黄色。沿着表层划开的痕迹切开，盛到热盘子里端上桌。

每份含有：287 卡路里，5 克脂肪，1 克饱和脂肪（3%的卡路里来自饱和脂肪），41 克碳水化合物，19 克蛋白质，8 克膳食纤维，618 毫克钠。相当于：2 份淀粉，3 份蔬菜，2 份脂肪

茴 香

拉丁语学名：*Foeniculum vulgare* var. *azoricum*

如果你喜欢甘草或者新鲜罗勒的淡淡味道，那我敢打赌你的厨房菜园计划里一定会纳入茴香。严格来说，茴香属于香草类植物，但它也被当做是一种蔬菜，生吃或做熟了吃都行。

茴香看起来像是一棵超大的芹菜，但是它的叶子细软，类似蕨类植物的叶子。要记住一点：千万不要让它露在地面上的球茎长到直径 2~3 英寸以上，否则外层的梗就会变得很硬，都是粗纤维了。

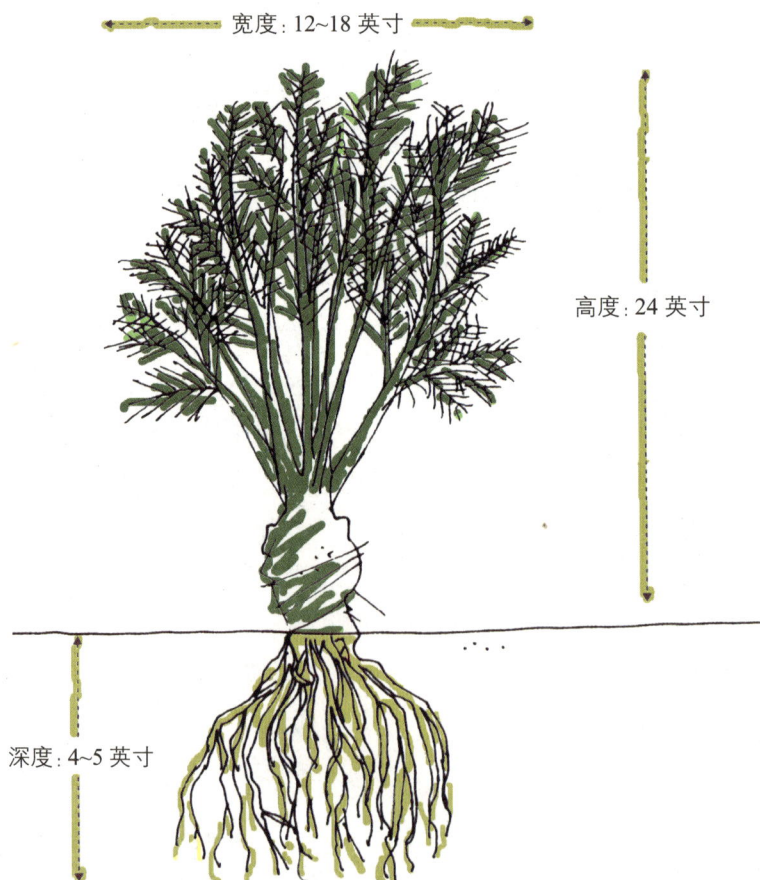

宽度：12~18 英寸

高度：24 英寸

深度：4~5 英寸

茴香跟芹菜和葱一样，可以用覆盖物护住下半部分，让最外层的梗呈淡绿色或白色，这样还有助于改善味道和口感。球茎长到鸡蛋大小时就应该遮盖起来。我发现生命力过强的杂草会破坏茴香浅浅的根系。如果出现这种情况，茴香就会过快地生长，所以护根覆盖物起到了软化和抑制杂草的双重作用！

如果你掐掉结子的叶梗，球茎就会长得更大。

我最喜欢的做茴香的方法借鉴自我们在威尼斯吃的意大利餐。只要把球茎纵向切成两半（如果球茎的直径在2~3英寸的话），切掉顶上的枝叶（用在炖菜或汤里）。把球茎放在辐射热源下面或者放在木炭上面烤，一直烤到外面呈焦黄色，口感脆嫩为止。喷上橄榄油，撒上一点海盐和现磨白胡椒粉调味。

配上一条新鲜的鱼和几个刚刚挖出来的小土豆，这个世界上再也没有什么美味能与之匹敌了。

数据

每100克生的茴香（3.5盎司，1/2杯）含有：31卡路里，0克脂肪，0克饱和脂肪，7克碳水化合物，1克蛋白质，3克膳食纤维，52毫克钠

多年生/夏季一年生/耐寒植物

浇　　水：少量

光　　照：全日照

混栽植物：

有利的：薄荷类

不利的：莳萝、芫荽

虫　　害：芹菜凤蝶、欧芹凤蝶

病　　害：无

土　　壤：富含腐殖质的沙质壤土，排水性好

施　　肥：适度施肥；每4~5周施1次堆肥液

酸碱度：6.5~7.0

品　　种：哈罗德（春季种植），鲁迪、的里亚斯特（球茎大，有香味）

适应区域：3~10

栽　　种：早春到仲夏，土壤温度在18℃~24℃之间；播种1/4英寸深，间距或后期间苗到4~5英寸，垄间距18~24英寸

发芽期：7~14天

收获期：90~115天

轮　　作：不要种在胡萝卜和欧洲防风后面

可食用部分：（土层上面的）圆形球茎和细软叶子（蕨类叶片）

蒸烤茴香

这是一个家庭的内部问题：我喜欢茴香，可是不论味道多么淡，特莉娜都不喜欢那种甘草味。如果不是因为味道的话，茴香绝对符合她的要求，热量很低而且看起来又是一大盘的分量。所以不管怎么做，茴香只能是我偶尔独自在家享用的一道美食，不过它可以填满你的餐盘！

4人份

2个中等或大个茴香球

1/4茶匙盐

1/4茶匙现磨黑胡椒

2汤匙鲜榨柠檬汁

少许烟熏红辣椒粉

把烤箱预热。

切掉茴香的梗、叶子和变了颜色的外层鳞茎。留一点叶子切碎了最后撒在做好的菜上面做点缀。把球茎纵向切成两半。

把茴香片放在蒸锅里，隔水蒸8~10分钟，直到菜变得脆嫩。

撒上盐和黑胡椒，正反面都刷上柠檬汁，平铺在烤盘上。喷上一点橄榄油，洒上红辣椒粉。放在距离热源3英寸的地方烤大约4分钟，到茴香变成金黄色为止。翻过来烤另一面。分盛到4个热盘子里，撒上切碎的叶子。

每份含有：38卡路里，0克脂肪，0克饱和脂肪，9克碳水化合物，1克蛋白质，4克膳食纤维，206毫克钠。相当于：1份蔬菜

辣番茄酱炖茴香

这道菜怎么看都像是炖芹菜，但是其味道却很特别。配上不超过2盎司（干重）的你最喜欢的意大利面，比如全麦天使面，它就成了一道很不错的主菜。

4人份

1个中等到大个茴香球（约$1\frac{1}{2}$磅）

1茶匙茴香子

1杯辣番茄蔬菜酱

把烤箱预热到175℃。

把茴香球的叶子和梗都剪掉，留着做汤或者炖鱼用。把茴香球纵向切成4瓣。

把茴香瓣放在一个直径10英寸的涂过油的玻璃或者陶瓷烤盘里，撒上茴香子，浇上番茄酱，没过茴香的一半。盖上盖，烤45分钟。期间把盘子里的酱汁浇到茴香上面2~3次，直到用刀不太费劲就能切下去为止。

每份含有:65卡路里,0克脂肪,0克饱和脂肪,15克碳水化合物,3克蛋白质,6克膳食纤维,243毫克钠。相当于:4份蔬菜

小葱炖茴香

世界上许多伟大的菜式都把主菜(如新鲜的鱼)摆在炖好的蔬菜上面。这道菜就很适合在上面摆放鲑鱼或者几片烤好的茄子或者胡桃瓜。

4人份

1茶匙无香橄榄油

1杯切碎的洋葱

1根小葱,只用葱白,切成片

2个大个茴香球,去掉叶子和梗,各切成两半

1杯低钠蔬菜汤

1/4茶匙盐

1/4茶匙现磨黑胡椒

4汤匙切碎的茴香叶

用中高火加热深平底锅里的油,放入洋葱炒2分钟,直到洋葱开始萎缩。然后放入葱白和茴香,翻炒1分钟。倒入蔬菜汤、盐和黑胡椒,大火煮开,转成小火,炖20分钟,直到茴香变软。放上切碎的茴香叶,搅拌均匀。

每份含有:98卡路里,2克脂肪,0克饱和脂肪,20克碳水化合物,3克蛋白质,6克膳食纤维,275毫克钠。相当于:2份蔬菜

大 蒜

拉丁语学名：*Allium sativum*

在我看过的书里，没有什么植物的人工培育历史比大蒜更长了（谷物除外）。至少在公元前 3000 年人类就开始种植大蒜了！

大蒜喜欢在日短夜长的凉爽气温下发芽。随着它的生长，白天的长度和气温都应该逐渐增加。其实最好是在秋末开始种大蒜，大约在第一次霜降之前 6 星期。如果没赶上的话，你可以把种蒜放在 4℃ 的冰箱里冷藏，等到早春土地解冻之后再种。

等到大蒜开了花，蒜薹变黄以后，需要让蒜薹倒伏，把它朝下弯，指向地面。但要小心，不要折断。

倒伏之后 2~3 个星期就可以采收了。扫掉大蒜上面的土，放在阴凉透气的地方，让表皮干透，顶端收紧。

大蒜的味道受到亿万人的喜爱，因而也是我的厨房菜园第一年必不可少的选择——当然了，还因为它很容易种和储藏。

我父母是开饭店的，所以我从小在欧洲的餐馆里长大。我们家的服务员大多来自意大利北部和波兰，他们对家乡产的大蒜无比热爱——甚至空口生吃整瓣的蒜！这让我爸爸很是苦恼（确切地说是很生气），因为他无法忍受服务生嘴里的那股味。每当服务员有礼貌地问："先生，您吃得还满意吗？"我爸爸就会不屑地说："嗯——除了你的口气之外都满意！"

最终一条严格的规定解决了这个问题：每一餐开始营业之前，所有吃大蒜的人都必须吃一小把新鲜欧芹，然后让餐厅领班检查他们的口气以及牙齿上有没有沾着绿色的菜叶。如今的工会可能就没有那么宽容了！

被隔离了

在我看来，适量的大蒜是绝对至关重要的配料。但是一定不能大量使用。在美食的剧情中，大蒜应该扮演的是一个小小的，但很重要的跑龙套的角色。

要想迷上大蒜，你可以试试烤着吃，那样味道会比较柔和，略有点甜。

数 据

　　每100克生大蒜(3.5盎司,1/2杯)含有:149卡路里,0.5克脂肪,0克饱和脂肪,33克碳水化合物,6克蛋白质,2克膳食纤维,17毫克钠

　　每份含有:一瓣大蒜约重3克,含有4卡路里,0克脂肪,1克碳水化合物,0克蛋白质,0克膳食纤维,1毫克钠

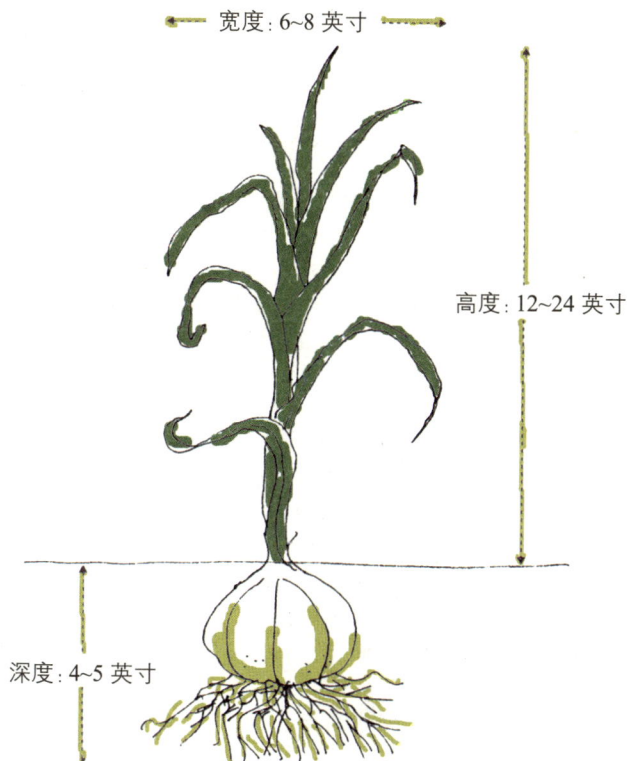

宽度:6~8英寸

高度:12~24英寸

深度:4~5英寸

多年生/冷季植物

浇　水:少量

光　照:全日照

混栽植物:

有利的:甜菜、甘蓝类、生菜、西红柿、草莓

不利的:豆类、豌豆

虫　害:蚜虫、线虫、蓟马

病　害:葡萄孢腐烂病、白腐病

土　壤:排水性好;肥沃的堆肥对其有益(如果可能,在给大蒜用的堆肥里面去掉剥下来的洋葱皮)

施　肥:适度施肥

酸碱度:4.5~8.3

品　种:小瓣品种来自百合属;大瓣品种跟葱有关,但我觉得味道太淡,不能算做蒜;目前为止,我最喜欢的是白皮蒜(软脖,适合寒冷地区)

适应区域:5~10

栽　种:夏末,秋季;最后一次霜降之前6周把蒜瓣埋在土里,2英寸深;间距4~8英寸

发芽期:7~14天(12℃以上发芽)

收获期:90~100天

轮　作:不要种在洋葱后面

可食用部分:蒜瓣和蒜薹

洋 姜

拉丁语学名：*Helianthus tuberosus*

这种植物很有意思。它的英文名字直译过来叫做"耶路撒冷洋蓟"，可是它跟耶路撒冷或者洋蓟绝对没有任何的关系。所以它的另一个名字叫做"菊芋"，属于向日葵属植物。意大利语的向日葵是"Girasole"，也许听起来跟"耶路撒冷"有点类似？

这种小小的块状根茎像如今许多五颜六色的植物一样有不同的颜色：白的、黄的、红的和蓝的。它们是菜园外缘很好的补充作物，因为到了盛夏时分，它们会在 6 英尺高的茎上头开出直径近 4 英寸的明黄色花朵，就像一片灿烂的雏菊。

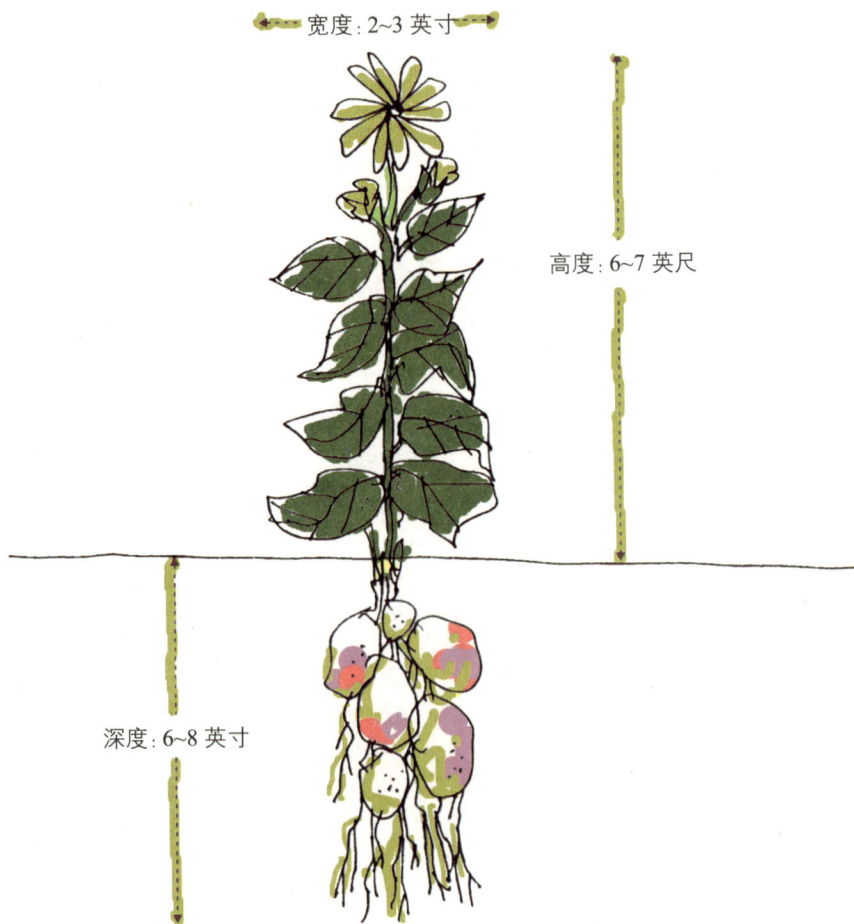

宽度：2~3 英寸

高度：6~7 英尺

深度：6~8 英寸

说过了它的颜色之后，我们再来看看它的生活习性。洋姜可以算得上是有公民道德的植物：播种之后，它们就会尽情地生长，但遇到埋在地下2英尺处的障碍（最好是砖）之后就会停止。它们没有什么严重的病害，只会吸引螨虫（用肥皂水就能洗掉）和囊地鼠（我们埋了一个声呐桩以后，这些地底下的客人就离开了）。

到现在为止，鹿和兔子似乎都对洋姜不感兴趣，所以我们在栅栏外面朝西的斜坡上种了一片洋姜。

洋姜在深秋的时候最好吃，当土壤变冷时，它们开始发甜。它们在凉爽、湿润的地方可以保存6个月之久。洋姜可能造成大量的胃肠胀气，特别是生吃以后，所以要稍微蒸一下——蒸过头了就会太烂。

洋姜含有菊粉，能把碳水化合物分解成果糖，所以是Ⅱ型糖尿病患者和减肥人士的上好之选。

数据

每100克生的洋姜（3.5盎司，1/2杯）含有：73卡路里，10克脂肪，0克饱和脂肪，17克碳水化合物，2克蛋白质，2克膳食纤维，4毫克钠

多年生植物

浇　　水：适量

光　　照：全日照

混栽植物：

有利的：无，单独种植

不利的：无

虫　　害：叶片上喷洒杀虫用肥皂水可以去除螨虫。要小心囊地鼠和野鼠，它们都喜欢吃洋姜根

病　　害：无

土　　壤：腐殖质肥沃的沙质壤土；在黏土里长不好，所以要添加沙子和堆肥

施　　肥：适度的氮、磷、钾肥

酸碱度：5.8~6.2

品　　种：Mamouth, Stampede（白色）、波士顿红（红色，与波士顿红袜队颜色相同）、法国白（非常适合家庭菜园）

适应区域：4~10

栽　　种：块根，埋在土里，4英寸深，间距6英寸；秋季收获时间在最后一次霜降后的4~6周

发芽期：7~14天

收获期：110~150天

轮　　作：不要轮作；开辟一块永久性种植床

可食用部分：块根

洋姜

基本准备

如果你是第一次遇到洋姜，请记住它有着非同一般的口感。生吃的话，它的口感

跟豆薯或荸荠差不多脆。做熟了以后，它吃起来介于土豆和茄子之间。

由于洋姜的表面多节（而表皮又很薄），所以不值得削皮，只要轻轻搓一搓，就能把深奶油色的皮搓下来，露出里面的白色物质。

中到大个儿的（直径约2英寸）洋姜要放在盐水里煮，大约20分钟，煮到半熟。放凉以后，切成1/4英寸厚的片，用一点橄榄油快炒，加上盐和胡椒粉，最后再撒上一点新鲜的欧芹或者香葱就行了。

洋姜没法捣成泥，而且我个人也不喜欢整个煮着吃的口感。它们可以像任何根茎蔬菜一样，切成4份，烤着吃。

洋姜炒蘑菇

这道菜的配方极不寻常，味道鲜美，看似淀粉含量较高，其实血糖指数很低。

4人份

1磅洋姜

1茶匙橄榄油

1个中等大小的甜洋葱，细细切碎

1瓣大蒜，拍碎

8个褐色双孢菇

1汤匙鲜榨柠檬汁

1/4茶匙卡宴辣椒粉

5片瑞士甜菜叶，切成细丝

盐和黑胡椒粉，依口味添加

搓掉洋姜的外皮，放在开水中煮20分钟，放凉后切成1/4英寸厚的圆片。取一口大平底锅，倒入橄榄油，用中火加热。放入洋葱炒4分钟，加上大蒜，炒1分钟。放上洋姜片，翻炒2分钟，然后加入蘑菇、柠檬汁和辣椒粉。炒2分钟，直到蘑菇熟透。放入瑞士甜菜、盐和黑胡椒，翻炒均匀。

每份含有：125卡路里，1克脂肪，0克饱和脂肪，26克碳水化合物，4克蛋白质，3克膳食纤维，426毫克钠

辣味黑豆莎莎酱拌洋姜

4人份

1罐(15盎司)低钠黑豆,倒掉罐头汤,沥干水分

2瓣大蒜,拍松、切碎

1杯速冻玉米粒

1个罗马西红柿,切碎

1个哈拉贝纽辣椒,切碎(如果你喜欢吃辣,可保留辣椒子)

1/8茶匙卡宴辣椒

1/2茶匙芫荽子粉

1茶匙微辣辣椒末

1/4杯切碎的新鲜芫荽叶

1磅洋姜,整个煮20分钟,放凉后切成两块儿

把一半的豆子和大蒜放进搅拌机里,如需要可以加一点水,打成泥。

倒进炒锅里,放入剩余的豆子、玉米、西红柿、辣椒、卡宴辣椒粉、小茴香和辣椒末,用中火加热5分钟,不时搅拌一下以免粘锅。放上一半的芫荽叶,搅拌均匀。

把黑豆莎莎酱浇到洋姜上面,撒上剩余的芫荽。

每份含有:212卡路里,1克脂肪,0克饱和脂肪,46克碳水化合物,9克蛋白质,7克膳食纤维,136毫克钠。相当于:3份淀粉,1份蔬菜

第五章 怎么种,怎么吃

散叶甘蓝

拉丁语学名：*Brassica oleracea* var. *acephala*

散叶甘蓝有几种很主要的品种，它们之间的区别一眼就能看出来。有的叶片边缘有很密的皱褶，有的叶片又宽又长，比如我喜欢的托斯卡尼甘蓝。

不管种哪一种晚季作物，你都必须在种植日历（你真的需要一份！）上标记出预计第一次出现霜降的日期。往前倒数6~8个星期，就是该移栽幼苗的时间了。你可以提前从当地的苗圃订购幼苗，也可以自己育种。

当然，散叶甘蓝在春季和初夏也可以种。不过说实话，如果在七八月里白天的时间长，而且光照很强的话，散叶甘蓝那种天然的甜味可能会被一种很难吃的苦味压倒。

似乎天气越冷，散叶甘蓝的味道越好——特别是里面的嫩叶。可以在离地2英寸的地方把叶片都剪下来，它还会再长一茬。

让我奇怪的是，散叶甘蓝在经过一次霜降之后味道变得更好吃了。如果你打算吃两茬的话，至少要在首次霜降之前的2~3个星期里做第一次采收，那时的天气还比较暖和，它能在天气变冷之前长出第二批叶片。

散叶甘蓝是耐寒植物，装在塑料袋里放到4℃的冰箱里可以保存1~2个星期。

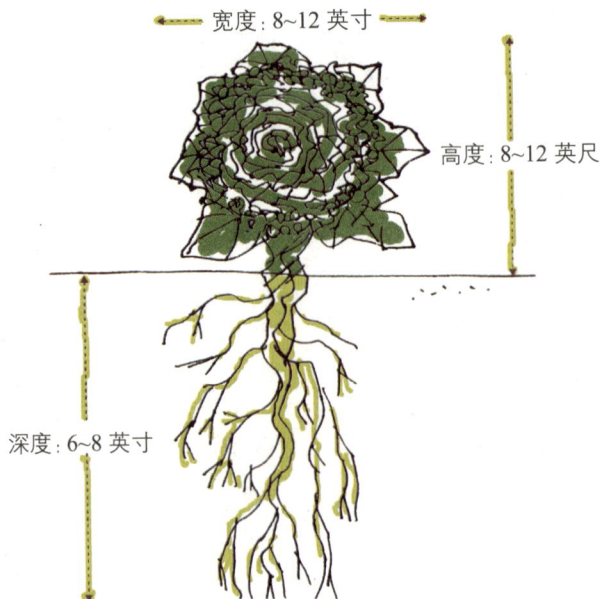

宽度：8~12 英寸

高度：8~12 英尺

深度：6~8 英寸

我把中间的粗梗去掉,把叶片蒸上 4~6 分钟,以保持其鲜艳的色彩。虽然这时的叶片嚼着有点费劲,但是冬季收获的甘甜滋味让人感觉太爽了。

一年生/耐寒/冷季植物

浇　水:大量

光　照:从全日照到部分遮阴

混栽植物:

有利的:甜菜、矮菜豆、生菜、香草、菠菜

不利的:架豆、草莓、西红柿

虫　害:蚜虫、尺蠖、跳甲、夜蛾

病　害:黑腐病、根瘤病

土　壤:肥沃的沙质壤土,排水性好,种之前要施足堆肥

施　肥:适度;每 3~4 周施 1 次鱼精

酸碱度:5.5~6.8

品　种:蓝色卷叶矮人 Vates(紧密,卷叶)、Lacinato(高叶片)、托斯卡尼(宽扁叶片,秋天发甜)

植株护理:叶子长到 6~8 英寸时,用稻草覆盖根部,以免叶片与土壤接触

适应区域:3~11

栽　种:春季最后一次霜降之前 6~8 周播种,1/2 英寸深;秋季第一次霜降后前 6 周播种,1/2 英寸深;间距 6 英寸

发芽期:5~7 天

收获期:播种后 55~75 天;移栽后 30~40 天

轮　作:不要种在甘蓝类植物后面

可食用部分:叶片

清蒸散叶甘蓝

这个简单的做法能让你体验到散叶甘蓝的美妙滋味。蒸之前加到甘蓝叶里面的红甜椒给节日晚餐或者任何一个阴郁的冬日都添加了一份喜庆。

4 人份

1 磅散叶甘蓝,洗干净,去掉粗梗

2 杯切碎的红甜椒(可选)

1/4 茶匙盐

1/4 茶匙现磨黑胡椒

1 汤匙鲜榨柠檬汁

把甘蓝叶放在蒸锅里,加上红甜椒。撒上盐、黑胡椒和柠檬汁,隔水蒸 4~6 分钟。

每份含有:43 卡路里,1 克脂肪,0 克饱和脂肪,8 克碳水化合物,2 克蛋白质,3 克膳食纤维,170 毫克钠。相当于:1 份蔬菜

散叶甘蓝苹果汤

这个汤是水果和蔬菜的绝佳组合，酸甜可口，芳香四溢。

4人份

2 杯低钠蔬菜汤

1 磅散叶甘蓝，洗干净，去掉梗（压紧 4 杯）

1/4 茶匙盐

1/2 茶匙小茴香粉

1 茶匙压紧的红糖

1 小个澳洲青苹果，去核，切成 1/2 英寸的丁（1 杯）

1/2 杯低脂原味酸奶

用一口大锅把蔬菜汤煮开，放入甘蓝叶，转成小火，煮 8 分钟，直到叶子能咬动，但颜色仍然鲜艳。把煮过的菜叶放进搅拌机里，加一点汤，打成泥状。滤出蔬菜泥里的汁液，把菜泥倒回锅里，与锅里的汤均匀搅拌。

撒上盐、小茴香和红糖，放入苹果，再煮 8 分钟。关火，倒入酸奶搅匀。

> 每份含有：81 卡路里，1 克脂肪，0 克饱和脂肪，16 克碳水化合物，4 克蛋白质，3 克膳食纤维，260 毫克钠。相当于：1 份碳水化合物

苏克汤

这道汤既能提起你的食欲，又提供了丰富的营养，配上一道沙拉和新鲜的面包，就是一顿美味的晚餐了。

6人份

酸奶酱用料

1/4 杯酸奶奶酪

1 汤匙脱醇白葡萄酒

1/2 茶匙切碎的新鲜百里香

1 茶匙切碎的新鲜香葱

1/4 茶匙现磨黑胡椒粉

1/8 茶匙盐

1/4 茶匙现磨肉豆蔻粉

汤 用料

2 个澳洲青苹果,去核、去皮

1 汤匙特级轻橄榄油

少许香油

1/3 杯切碎的洋葱

1 瓣大蒜,拍松、切成末

6 杯低钠蔬菜汤

1/2 茶匙切碎的新鲜百里香

4 杯豌豆,用开水焯4分钟

2 杯卷边甘蓝叶,去除粗梗

1/4 杯玉米淀粉,与 1/2 杯脱脂牛奶混合(芡汁)

12 盎司烟熏白色鱼肉,切成小块

饰 菜用料

1 汤匙切碎的新鲜香葱

1 汤匙切碎的新鲜百里香

1/4 茶匙卡宴辣椒粉

酸奶酱做法:把酸奶奶酪、葡萄酒、百里香和香葱放在一个小碗里混合,彻底搅拌均匀。拌上黑胡椒、盐和肉豆蔻粉,搁置一旁待用。

汤做法:把一个苹果切成片,另一个切成丁。

取一口大号炖锅,倒入油,放入洋葱和大蒜,炒2分钟。放上苹果片,翻炒均匀。加上蔬菜汤和百里香,大火煮开。再煮10分钟,放入豌豆。

把甘蓝叶放到蒸锅里蒸3~4分钟,叶子会变成很漂亮的翠绿色。端下来,切成很细的丝。放凉待用。

把炖锅里的汤倒进搅拌机里打成泥,用滤网过滤出汁液,把过滤后的菜泥倒回炖锅里。勾上芡,煮到刚刚开锅的状态,不断搅拌,让汤汁收浓。放入苹果丁、鱼肉和甘蓝叶,煮大约3分钟,直到鱼肉变结实。

把汤分盛到碗里,撒上香葱、百里香和辣椒粉。每个碗里舀上一大勺酸奶酱。请享用这道美味吧!

每份含有:254卡路里,3克脂肪,1克饱和脂肪(4%的卡路里来自饱和脂肪),33克碳水化合物,21克蛋白质,7克膳食纤维,794毫克钠。相当于:1份淀粉,1份精瘦肉,1份蔬菜

苤 蓝

拉丁语学名：*Brassica oleracea* var. *gongylodes*

对比一下散叶甘蓝和苤蓝的拉丁名字，你会发现它们几乎是一模一样的。都是甘蓝属，只不过苤蓝属于甘蓝的圆形变种——对于这种长着跟散叶甘蓝差不多的叶子，外表光滑，形状像一个宇宙飞船的圆形球茎而言，这是多么精确地描述啊。

苤蓝其实是一种杂交植物，看起来就像是一个长着蓝绿色叶子的淡绿色芜菁块根。事实上，它的英文名字（Kohlrabi）就是由德语的"卷心菜"（Kohl）和芜菁（Rubi）组成的。

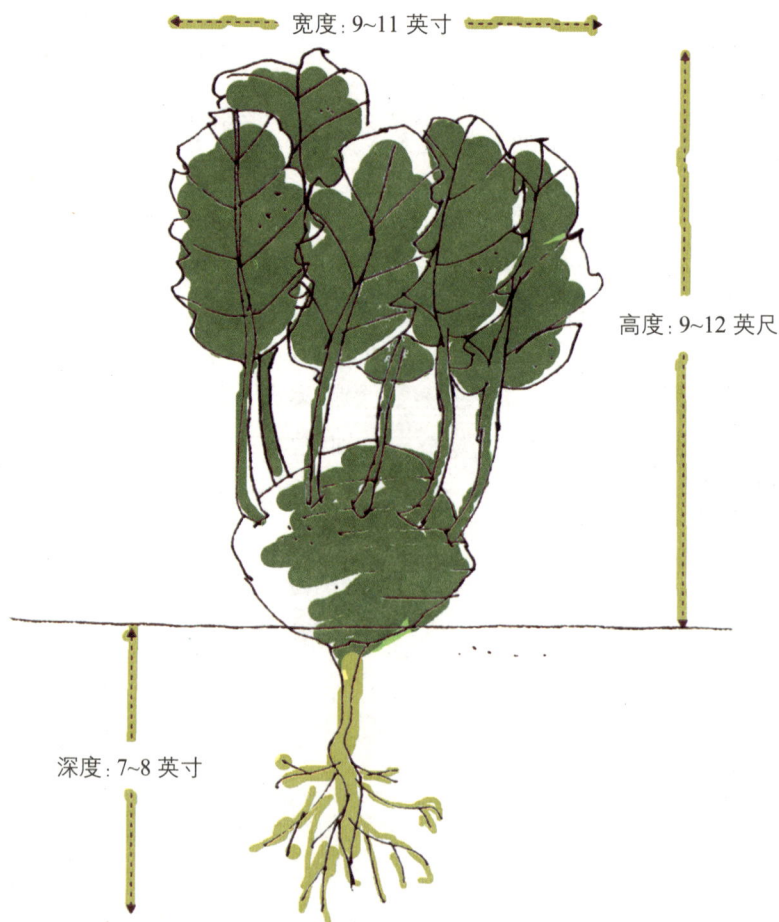

宽度：9~11 英寸

高度：9~12 英尺

深度：7~8 英寸

如果你决定在你家的厨房菜园里种几种不同寻常的植物，那么一定要留出几英尺的地方给苤蓝。当你领着客人去参观自家的凸起种植床时，它们一定会吸引大家的注意力。如果你在不同的种植床里各种几棵，它们还有助于对昆虫的控制。

生长迅速的苤蓝味道最好。我建议你试着种一下叫"速生"的品种，因为它移栽25天以后就能吃了。味道最好的个头是大约直径在 $2\frac{1}{2}$ 英寸时，就像个小苹果那么大。

苤蓝的叶子也可以像散叶甘蓝那样做了吃。它的球茎可以整个蒸着吃，也可以切片或者切成四瓣，跟荸荠一样炒着吃，不过它的味道会更浓一些。

数据

如果你容易出现肾结石，那就要少吃一点苤蓝，主要是草酸盐的问题，有些人吸收的比其他人要多。如果你的家人有患肾结石的历史，你最好先测试一下，看你吸收的草酸盐是否比正常人吸收的3%~8%的程度要高。如果高的话，那你最好还是限制自己每天最多摄取50毫克的草酸盐。

每100克生的苤蓝(3.5盎司，1/2杯)含有：27卡路里，0克脂肪，0克饱和脂肪，6克碳水化合物，1克蛋白质，4克膳食纤维，20毫克钠

两年生/一年生/耐寒/冷季植物

浇　　水：适量

光　　照：从全日照到部分遮阴

混栽植物：

有利的：甜菜、豆类、芹菜、黄瓜、洋葱

不利的：架豆、草莓

虫　　害：蚜虫、尺蠖、跳甲、夜蛾

病　　害：枯黄病、霉病

土　　壤：有大量堆肥的、肥沃的沙质壤土或者是排水性好的粉沙沙壤土

施　　肥：长到3~4英寸高时，喷施适量的肥料

酸碱度：5.5~6.8

品　　种：速生(早熟)、紫色多瑙河(仲季)

适应区域：3~11

栽　　种：在春季最后一次霜降之前4周播种，1/4~1/2英寸深(早季)，间距1英寸，间苗到5~8英寸；球茎会长到地面以上；球茎长到大约2~3英寸时，从根部切下来以免变老

发芽期：5~10天

收获期：播种后45~60天；移栽后25~35天

轮　　作：不要种在甘蓝类植物后面

可食用部分：球茎和叶子

清炒苤蓝

这道菜很适合给烤鱼做铺垫，也是搭配夏天的户外烤肉和冬天的烧烤的一道美味、爽口的配菜。

4 人份

8 个小苤蓝,磨碎(4 杯)

1 茶匙橄榄油

1/4 茶匙盐

1/4 茶匙现磨黑胡椒

2 汤匙鲜榨柠檬汁

切掉苤蓝的叶子,把叶梗去掉,叶片留着做汤、意大利面酱汁或者炖菜用。用削土豆皮器把苤蓝皮削掉,用手或者食物搅拌机把它磨碎。

取一口深底锅,放入油,用中高火加热。放入磨碎的苤蓝,炒 3~4 分钟。撒上盐和黑胡椒,浇上柠檬汁,翻炒均匀。

每份含有:48 卡路里,1 克脂肪,0 克饱和脂肪,9 克碳水化合物,2 克蛋白质,5 克膳食纤维,166 毫克钠。相当于:2 份蔬菜

无双炖菜

我用我们自己的小屋和亨利八世的奢华城堡的名字来给这道经典的法国菜命名。它的确是小屋和城堡的组合,清淡和浓重的滋味都在其中。做炖菜首先要炒一下,再放到调好味的汤里面煨,然后再蒸,这样所有配料的味道最后都融为一体。

4 人份

1 茶匙橄榄油

1 杯切碎的甜洋葱

1 汤匙切得很细的姜末

2 瓣大蒜,拍松,切碎

1 根欧洲防风,切成 1 英寸的丁(1/2 杯)

1 根胡萝卜,切成 1 英寸的丁(1/2 杯)

1 个苤蓝,去皮,切成 1 英寸的丁(1/2 杯)

1 个芜菁,去皮,切成 1 英寸的丁(1/2 杯)

2 根芹菜梗,切片(1/2 杯)

1 小个橙色甘薯,去皮,切成 1 英寸的丁(1/2 杯)

1 茶匙普罗旺斯香草

1 杯低钠蔬菜汤

8 个小樱桃番茄

1/2 杯对角切开的荷兰豆

2 茶匙竹芋粉或玉米淀粉混合 2 汤匙水（芡汁）

1 汤匙现磨帕尔玛干酪

1 汤匙切碎的新鲜欧芹

取一口大号深底锅，倒上油，用中高火加热。放入洋葱和姜，炒 3 分钟，直到洋葱开始变成半透明色。放上大蒜，再炒 1 分钟。

放入欧洲防风、胡萝卜、苤蓝、芜菁、芹菜、土豆和普罗旺斯香草，倒上蔬菜汤，盖上锅盖，大火煮开后，转成小火，焖 10 分钟，直到蔬菜变烂。

放入番茄和荷兰豆，勾芡，用大火把汤汁收浓。撒上帕尔玛干酪和欧芹，端上桌。

每份含有：90 卡路里，2 克脂肪，0 克饱和脂肪，16 克碳水化合物，2 克蛋白质，4 克膳食纤维，95 毫克钠。相当于：2 份蔬菜

韭葱

拉丁语学名：*Allium porrum*

　　韭葱最早是在古埃及被人类培育出来的，属于洋葱家族，它在更为现代的时期还有一段有趣的历史故事呢。自公元640年起，威尔士人为了纪念与撒克逊人的一场战斗，开始过圣大卫日（3月1日）。在那次战斗中，威尔士人在帽子上插根韭葱做记号，以区分敌我。当然那时候的韭葱比较小，不足以引起敌人的注意，要是把现今的巨型韭葱插在帽子上的话，那得算是引领时尚潮流了。

　　种韭葱最重要的是要保持葱的白嫩。要达到这两个目的，必须把葱种在深沟里，逐渐往茎上堆轻质沙土（或者是密集的护根物），直到绿色的葱叶开始呈V字形伸展。用这种方法能种出长达8英寸的葱白，而且只要土壤保持湿润，葱叶也会比较嫩。

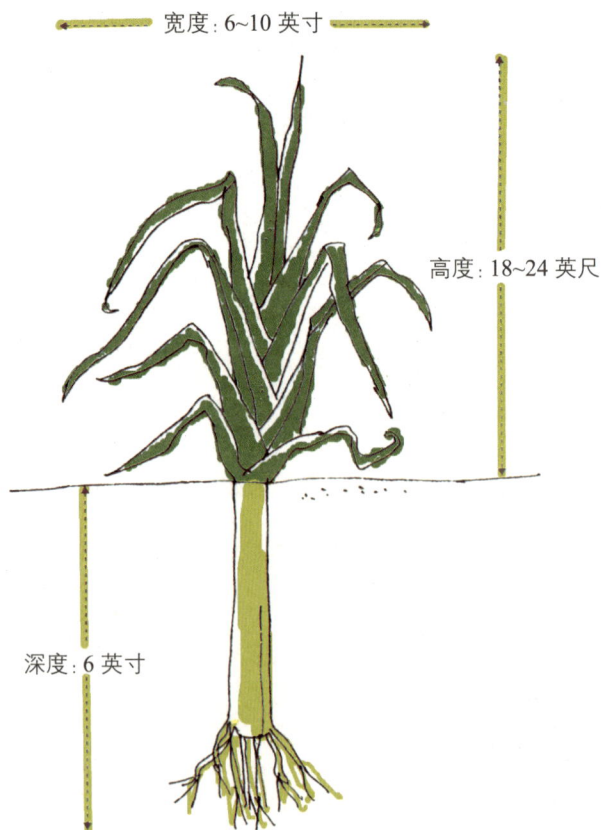

宽度：6~10英寸

高度：18~24英尺

深度：6英寸

如果天气变热，外面的表皮可能会变硬，你可以把它剥下来，放到堆肥里。不过从所有洋葱家族的植物——比如大蒜——上面剥下来的废料最好放在单独的肥堆里，不要用在任何洋葱属的植物上面，因为洋葱容易感染很多病害，但那些病菌在韭葱身上却很少发作。

我一直很喜欢一道韭葱土豆汤。我第一次出国旅行时在巴黎吃过。柔软、香甜的韭葱和纯白色的新土豆像微型海绵一样吸满了奶油：浓稠、顺滑而美味。为什么现在的浓缩脱脂牛奶跟我记忆中的味道完全没法相比呢？不过话又说回来，我觉得我自己种的韭葱味道更甜！

数据

每100克煮熟的韭葱(3.5盎司，1/2杯)含有：31卡路里，0克脂肪，0克饱和脂肪，8克碳水化合物，1克蛋白质，1克膳食纤维，10毫克钠

两年生/一年生/耐寒/冷季植物

浇　水：适量

光　照：从全日照到部分遮阴

混栽植物：

有利的：甜菜、胡萝卜、大蒜、洋葱、西红柿

不利的：豆类、豌豆

虫　害：蓟马、根蛆

病　害：无

土　壤：肥沃、松软，富含腐殖质；移栽之前3个月腐熟的堆肥

施　肥：适量施用氮、磷、钾肥；每2个星期侧施1次鱼精

酸碱度：6.0~6.8

品　种：美国国旗、Blue Solaise(甜味)、阿拉斯加(耐寒)

适应区域：3~10

栽　种：最后一次霜降之前4周播种，1/4英寸深(室内)

发芽期：8~16天

收获期：播种后120~170天；移栽，春季最后一次霜降之后移到室外，间距6英寸

轮　作：不要种在洋葱、大蒜、香葱后面

可食用部分：白色茎和少量下端的叶子

烤韭葱

这是一道非常简单的配菜，味道和口感都很棒。

4人份

8棵小的或者4棵大的韭葱

1茶匙橄榄油

1杯低钠蔬菜汤

切掉韭葱下面的根须和上面的绿叶部分，把根扔掉，叶子留着做汤。去掉外面两

层葱皮，因为在生长过程中它们会积攒灰尘。清洗干净，特别要去除外面几层里面的灰尘。如果你用的是大个儿韭葱，就纵向切成两半份，好好洗干净。

用中高火把锅里的油加热，放入韭葱炒到略微发黄，倒上蔬菜汤，要半没过韭葱，大火煮开，然后转成小火，盖上盖，炖30分钟，直到韭葱炖烂为止。

> 每份含有：97卡路里，2克脂肪，0克饱和脂肪，20克碳水化合物，2克蛋白质，3克膳食纤维，62毫克钠。相当于：3份蔬菜

韭葱豆子菠菜汤

在夏末时节，当厨房菜园里的豆子成熟的时候，这是多么美妙的一道汤啊！
4人份

3棵中等大小的韭葱

3杯低钠蔬菜汤

1罐(15盎司)海军豆(或者其他品种的白色豆子)，冲洗干净，沥干水分*

1茶匙干百里香或者1汤匙切碎的新鲜百里香

1茶匙干罗勒或者1汤匙切碎的新鲜罗勒

1杯切碎的瑞士甜菜或者新西兰菠菜

2汤匙烤熟的松子仁

*也可以用预先煮好的新鲜带荚豆子。

把葱白切碎，葱叶留着做汤用。把蔬菜汤倒进一个大锅里，放上葱白，大火煮开，转成小火，炖10分钟，直到韭葱变软。

把汤滤出来，然后倒回锅里，留1/4杯煮过的韭葱，留出1/2杯豆子。把其余的韭葱和豆子都放进搅拌机里，加入适量的汤，打成泥。

把蔬菜泥、百里香和罗勒放到汤锅里，煮开，放上瑞士甜菜，拌匀。加入松子仁和留出来的韭葱和豆子，大火煮开，趁瑞士甜菜还是绿色时立即端上桌。

> 每份含有：169卡路里，4克脂肪，0克饱和脂肪，28克碳水化合物，7克蛋白质，7克膳食纤维，149毫克钠。相当于：1份淀粉，2份蔬菜，1/2份脂肪

蒸韭葱和土豆

这是最为经典的一道欧式菜肴，寒冷的冬天里就用它做第一道菜吧！

4 人份

4 棵韭葱,修剪好,洗干净,留着下脚料和深绿色的叶子
8 个新鲜的红色土豆,直径 2 英寸
1 茶匙切碎的新鲜百里香
2 汤匙软山羊奶酪碎

酱汁用料

1 杯低钠蔬菜汤
1 汤匙玉米淀粉混合 2 汤匙水(芡汁)
1/2 杯酸奶奶酪*
1/8 茶匙盐
1/8 茶匙现磨白胡椒粉
1/4 茶匙现磨肉豆蔻粉

饰菜

现磨黑胡椒
切碎的新鲜欧芹
红辣椒粉
1 份柠檬汁(1/4 杯)

*酸奶奶酪要轻拿轻放,以免破碎。

在一口大锅里倒入约 $1\frac{1}{2}$ 英寸深的水,放入韭葱下脚料和葱叶,大火煮开。把土豆和葱白放进蒸笼里,撒上百里香,架在锅里,盖上盖,蒸大约 15 分钟,到菜变软为止。把蒸笼拿下来,放在一旁待用。

酱汁做法:把蔬菜汤倒入一口中型锅里,用中火加热。盛一点热汤加到芡汁里,搅拌均匀,倒回到锅里。大火煮开,不停搅拌大约 30 秒,直到汤变浓。把锅端下来,搁置一旁。

把酸奶奶酪放进一个中号碗里,轻轻搅拌均匀。等酱汁凉了以后,把它倒进酸奶奶酪里,轻轻搅拌均匀,但不要过分搅打!撒上盐、白胡椒粉和肉豆蔻粉。

把葱白和土豆切一切,混合起来,放到餐盘上,均匀地撒上山羊奶酪碎,浇上酱汁,再撒上黑胡椒、欧芹和辣椒粉,把柠檬汁挤在上面。

每份含有:353 卡路里,2 克脂肪,1 克饱和脂肪(3%的卡路里来自饱和脂肪),72 克碳水化合物,11 克蛋白质,7 克膳食纤维,209 毫克钠。相当于:3 份淀粉,2 份蔬菜

柠 檬

拉丁语学名：*Citrus limon*

每当人们寻找最适合代替那些饱和脂肪、精细淀粉和钠含量高的烹饪原料的时候，柠檬一定首当其冲，其次是香草园中，然后才是厨房菜园中的。这三种选择都会寻找到富含天然的味道和芳香，而且口感也很好。难怪用这三类原料所调整过的食谱做出来的菜常常会好吃很多！

可惜的是，色香味俱全的替代方法还不能为人们完全理解，毕竟我花了20多年的时间才开始完全认识到其价值！

由于缺乏这种理解，大多数想要降低风险的努力都以舍弃某些物质而告终，结果留下的是一种淡而无味的空缺状态。而真正应该做的是在做减法之前先做加法！

宽度：标准品种，6~10 英尺
矮株品种，3~4 英尺

高度：标准品种，6~10 英尺
矮株品种，4 英尺

深度：10 英尺以上

最好的例子就是给黄油炒蘑菇之类的菜里添加柠檬，而且是鲜榨的。这样你才能够减少黄油的用量，因为柠檬会给菜增加味道，而又没有黄油的危害。

我真心地推荐(而且我自己在种)北京柠檬，因为它很容易种植，带有一种奇特的酸甜味，而且带有花香——绝对值得在一个有遮阴网的向阳地或者是温室里种上一棵。

随着果实的成熟(第二年)，在其典型的酸味之外还暗含一点点甜味。随着甜味的增加，外皮略微有点发橙红色，而果肉是淡淡的橙黄色。

我订购了一棵树龄两年的矮株裸根柠檬树。在 4 月收到以后，马上就把它种在一个直径 15 英寸的花盆里，用的是排水性良好的沙质壤土。花盆底下还打了洞，以利于排水。我把花盆放在一个接水盘上，搁在室内有阳光的地方，直到白天的温度超过了18℃，才把它搬到室外一处避风、向阳的地方。但愿明年能结出果实来。

数 据

每 100 克带皮的柠檬(3.5 盎司,1/2 杯)含有：20 卡路里,0 克脂肪,0 克饱和脂肪,11 克碳水化合物,1 克蛋白质,5 克膳食纤维,3 毫克钠

多年生植物

浇　水：保持土壤略微湿润,但不能太湿

光　照：全日照；夏天太热的地方需要在下午稍微遮阴

虫　害：介壳虫、粉虱、蓟马、螨虫(用益虫诱捕器和杀虫肥皂水来预防和控制虫害)

病　害：栽种没有病毒、能抗病的品种

土　壤：潮湿、排水性好

施　肥：氮、磷、钾比例为 3:1:1

酸碱度：5.5~6.5

品　种：北京柠檬、改进的北京柠檬(矮株品种)；两种都能抗病

适应区域：8~10

栽　种：温暖气候下(室外)栽种；春季或初秋,树间距至少 25 英尺,矮株的间距至少 10 英尺；通常种一棵就足够了,因为它们是自受花粉的；不要种在风很大的地方

收获期：栽种之后 2~5 年开始结果,之后每年都结果

可食用部分：果肉和果皮(同橙皮)

北京柠檬派

传统的酸橙派是用产自南佛罗里达的小酸橙做的，你可以换成自己种的北京柠檬，那会别具一番风味。

8 人份

1/2 份派皮配方(见"基本食谱")

任何品种的干豆子

馅料

4 茶匙现磨的柠檬皮

1/2 杯鲜榨柠檬汁

4 个鸡蛋黄

1 罐(14 盎司)脱脂甜味浓缩牛奶

蛋白酥皮用料

2 个鸡蛋清

1/4 茶匙塔塔粉

1/4 杯白糖

1/4 茶匙香草精

把烤箱预热到 218℃。

把派皮擀开,适合直径 8 英寸烤盘的大小。把面皮铺到烤盘上,不要拉扯,把边卷起来。用叉子扎眼。在派皮上铺一张羊皮纸或者蜡纸,倒上干豆子,盖住底盘,这样在烤的时候酥皮就不会鼓起来。烤 8 分钟,直到派皮变成金褐色。把烤箱温度降低到 175℃。

把柠檬皮、柠檬汁、蛋黄和牛奶放在碗里搅打均匀,倒进烤好的派皮里,再烤 15 分钟。用小刀扎进去不黏刀,说明派烤好了。把派取出来,把烤箱温度升高到 218℃。

利用烤派的时间来做蛋白酥皮。把蛋清打起泡,然后加上塔塔粉,继续搅打。当蛋白打到湿性发泡状态时,放上糖,继续打到干性发泡为止(勾起搅拌液时尾端稍弯的是湿性发泡,挺直的是干性发泡)。最后加上香草精搅打。用勺子把打发的蛋白盛到派的周围,要连成一圈以免蛋白收缩。把剩余的蛋白舀到派的中间,用勺子背面把蛋白抹平。烤 4 分钟,直到蛋白变成金黄色。

每份含有:293 卡路里,7 克脂肪,3 克饱和脂肪(9%的卡路里来自饱和脂肪),49 克碳水化合物,7 克蛋白质,0 克膳食纤维,108 毫克钠。相当于:$1\frac{1}{2}$ 份脂肪,$2\frac{1}{2}$ 份碳水化合物

柠檬莳萝炒蘑菇

柠檬汁代替了脂肪,加深了菜的颜色,而且以一种全新的方式增强了蘑菇的鲜味。

4 人份

1 磅直径 1 英寸的白色或者褐色蘑菇

2 汤匙鲜榨柠檬汁

1/2 茶匙干莳萝

1/8 茶匙卡宴辣椒粉

切掉蘑菇柄,留着做汤用。用一块干布或者软刷子把蘑菇擦干净。

取一口足以把蘑菇铺成一层大小的不粘锅,用中火加热。锅热了以后,把蘑菇头朝下放进锅里。撒上柠檬汁、莳萝和辣椒粉,炒3分钟。把蘑菇翻过来再炒1分钟,直到蘑菇不再发白,略微呈现金褐色为止。

每份含有:21卡路里,0克脂肪,0克饱和脂肪,4克碳水化合物,3克蛋白质,1克膳食纤维,5毫克钠。相当于:1份蔬菜

香草柠檬炖西葫芦

这道菜怎么看都像是放了好几根黄油棒才做出来的,不过我觉得它的味道比加了黄油做得更香!

4人份

2个中等西葫芦(3/4磅)

1茶匙无香橄榄油

1/2杯细细切碎的洋葱

1瓣大蒜,拍松、切碎

1/4茶匙干牛至叶

1/4茶匙干罗勒

1/4茶匙干百里香

盐和现磨黑胡椒,依口味添加

3/4杯低钠蔬菜汤

一撮番红花

1汤匙鲜榨柠檬汁

1/2茶匙竹芋粉与1茶匙水混合(芡汁)

把西葫芦的两头切掉,纵向切成两半块儿,然后再横向切一刀。放置一旁。

用中火加热深平底锅里的油,放入洋葱,炒1分钟,然后加上大蒜和香草,翻炒3分钟。放入西葫芦、盐、黑胡椒和蔬菜汤。盖上锅盖,用中高火煮7分钟,直到菜刚刚变软。放上番红花和柠檬汁,勾上芡,接着煮,等到汤汁变浓发亮后关火。

每份含有:35卡路里,1克脂肪,0克饱和脂肪,6克碳水化合物,1克蛋白质,1克膳食纤维,35毫克钠。相当于:1份蔬菜

生 菜

拉丁语学名：*Lactuca sativa*

由于生菜原产于地中海地区，所以罗马大帝渥大维给一位推荐他用生菜来治疗一场重病的医生塑了一座雕像，这件事也算是合乎情理了。没有官方记录说治好他病的到底是哪种生菜，不过据一些资料显示，很可能是我们所说的多刺莴苣，在我们的厨房菜园里是见不到的。

除了那些能让病重的帝王恢复健康的品种之外，生菜主要分为4种，外加一种微型品种：

冰山生菜（脆头型）：卷心，脆头；白色到淡绿色；圆胖

罗马生菜（长叶型）：长叶，脆嫩；大多是深绿色叶片

奶油生菜（比布型）：宽叶子，很嫩，水分较大，叶片平滑均匀

散叶生菜：不结球，叶片散开，多种颜色

什锦生菜（春季杂拌）：散叶品种，叶片有锯齿；色彩多样，从红色到带斑点的都有，味道有清淡的，有辣味的

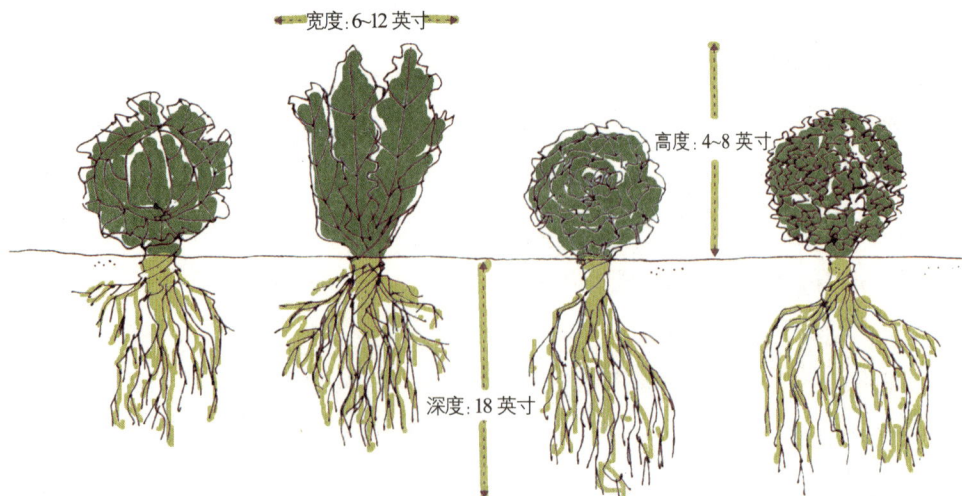

宽度：6~12英寸

高度：4~8英寸

深度：18英寸

种植蔬菜大棚的人无疑是受到了艾略特·科尔曼在缅因州哈伯赛德四季农场的惊人成功的启发——向市场供应了大量的一年四季都可以生长的混合生菜。这一举动把生菜变成了一堆不需要被瓶装沙拉酱湮没就可以独立存在的什锦菜叶。

要记得土壤的温度必须在24℃,不过这是上限,因为温度太高的话,大部分的生菜种子都不会发芽。令人惊奇的是,即使在3℃的低温时,生菜也会发芽,所以你可以在早春的时候播种。我喜欢在一个种植床里种什锦生菜,包括芝麻菜、牛血红甜菜叶、冬季紫色生菜、散叶甘蓝、粉色叶柄生菜、什锦芥菜、樱桃萝卜和沙拉地榆。一包四粒就足以密密麻麻的长满16平方英尺的地方。一定要趁叶子嫩的时候采收,在距离地面2英寸的地方剪下来,然后它们会再长起来,等待第二次收割。

> **数据**
>
> 每100克罗马生菜(3.5盎司,满满1杯)含有:24卡路里,0.5克脂肪,0克饱和脂肪,4克碳水化合物,1克蛋白质,1克膳食纤维,0毫克钠

一年生/冷季植物

浇　水:少量到适量;根部灌溉

光　照:全日照;热天要部分遮阴

混栽植物:

有利的:除了西蓝花之外的任何菜

不利的:西蓝花

虫　害:蚜虫、甜菜叶蝉、鼻涕虫、蜗牛

病　害:细菌性软腐病、霉病

备　注:除了春季什锦生菜以外,其他的生菜都要先摘外层的叶子。当中间长出粗梗以后,把整棵菜都拔掉。用剪刀在根部以上2英寸的地方剪断,让菜叶再长出来

土　壤:排水性好(保持湿润)的沙质壤土;种植前3个月腐熟好的堆肥

施　肥:高氮、磷、钾肥,额外添加骨粉;每2个星期施1次鱼精

酸碱度:6.0~6.8

品　种:

冰山(脆头型):大湖、Rouge de Grenobloise(抗抽薹品种)

罗马(长叶型):小宝石、帕里斯岛

奶油(比布型):石灰石、波士顿、夏季比布(适合炎热天气)

散　叶:卷叶绿冰、红帆

什锦(春季杂拌):可能包括芝麻菜、牛血甜菜、冬季紫色、散叶甘蓝、粉色叶柄、芥菜什锦、樱桃萝卜、沙拉地榆和宝贝生菜

适应区域:各个区域都可以应季种植

栽　种:播种1/4~1/2英寸深;间苗后间距应为6~10英寸

发芽期:2~10天

收获期:冰山,80~90天;罗马,80~85天;奶油,40~45天;散叶,40~50天;混合,30~40天

轮　作:不要种在洋蓟、菊苣和苦苣后面

可食用部分:叶子

奶油生菜汤

这个名字听起来可能有点怪,不过它可是在生菜疯长、变苦之前食用的绝佳方法。

4 人份

4 片燕麦面包

1 磅罗马生菜

1 茶匙无香橄榄油

$1\frac{1}{2}$ 杯细细切碎的洋葱

2 瓣大蒜，拍松、切碎

2 杯低钠蔬菜汤

2 杯 1% 牛奶

1/2 茶匙盐

1/4 茶匙白胡椒粉

1/2 茶匙干莳萝加少许用于装饰用

2 汤匙玉米淀粉混合 4 汤匙 1% 牛奶（芡汁）

1 汤匙低脂原味酸奶

把烤箱预热到 175℃。

去掉面包的外皮，留作他用。把面包切成 1 英寸的小方块，在不涂油的饼干烤盘上铺一层，烤 10 分钟，直到颜色微微变黄，变脆为止。把生菜叶子洗干净，去掉中间的梗。放进一口大锅里，盖上盖，用中火加热 6 分钟。打开锅盖，搅拌一下，确保菜叶都萎缩，如果需要的话，再焖 2 分钟。把熟的生菜叶放到搅拌机里，搁置一旁。

用中高火再次加热大锅，倒上油，放入洋葱炒 2 分钟，然后放入大蒜，炒至变软。把洋葱和大蒜加到生菜里，打 2 分钟。如果需要，可以加上 1/4 杯的蔬菜汤，打成泥状。

打蔬菜泥的时候，把蔬菜汤和牛奶倒进锅里，用中低火加热。等菜泥打好以后，倒进汤里，搅拌均匀。放上盐、白胡椒和莳萝，盖上锅盖，焖 7 分钟。勾上芡，让汤汁变浓。

盛到热汤碗里，舀上一勺酸奶，撒上少许莳萝。把面包干放在汤里吃。

每份含有：211 卡路里，3 克脂肪，1 克饱和脂肪（4% 的卡路里来自饱和脂肪），38 克碳水化合物，11 克蛋白质，4 克膳食纤维，300 毫克钠。相当于：1 份淀粉，2 份蔬菜，1/2 份脱脂牛奶，1/2 份脂肪

什锦生菜水果沙拉

什锦生菜也叫春季杂拌。最好是从自家菜园里采收或者在农庄市场上购买多种

生菜,当天吃完。

6人份

沙拉酱用料

1/2 茶匙竹芋粉

1/4 杯干白葡萄酒*

1/4 杯鲜榨橙汁

1 茶匙米醋

沙拉用料

3 个橙子,去皮,分成瓣,橙汁留着做沙拉酱

6 个李子,切成 4 瓣,去核,切成片

1/4 杯细细切碎的紫色洋葱

3 汤匙切碎的新鲜芫荽叶

3 杯什锦生菜叶

*我喜欢用脱醇夏冬尼。

沙拉酱做法:取一口小锅,放上竹芋粉和干白。用中火加热至汤色变得透明,略微黏稠。倒上橙汁和米醋,搅拌均匀。搁置一旁放凉。

把橙子、李子、洋葱和芫荽叶放到一个大号沙拉碗里。等沙拉酱变凉以后,倒在水果上面,搅拌均匀。

吃的时候,把什锦生菜叶跟拌好的水果混合搅拌。

每份含有:72 卡路里,0 克脂肪,0 克饱和脂肪,18 克碳水化合物,1 克蛋白质,3 克膳食纤维,5 毫克钠。相当于:1 份蔬菜,1 份水果

罗马生菜沙拉

罗马生菜是我最喜欢的品种,因为它的叶片脆甜,而大部分叶子都是深绿色的,说明里面富含维生素。

4人份

1 棵罗马生菜菜头，切开（4 杯）

1 杯橙子瓣

1/4 杯切碎的绿洋葱

1/4 茶匙盐

1/4 茶匙现磨黑胡椒

1 汤匙特级初榨橄榄油

1 汤匙米醋

去掉生菜外面的烂叶子，把叶片掰下来，洗干净。放在沙拉脱水篮或者过滤筐里晾干，切成小片。

把生菜放到一个大碗里，加上橙子瓣、绿洋葱、盐、黑胡椒、油和醋，搅拌均匀。

每份含有：65 卡路里，4 克脂肪，1 克饱和脂肪（14% 的卡路里来自饱和脂肪），7 克碳水化合物，1 克蛋白质，2 克膳食纤维，148 毫克钠。相当于：1/2 份水果，1 份脂肪

野苣

拉丁语学名：*Valerianella locusta*

这种微型蔬菜只有3英寸高，最多4英寸宽，是市场上最近才出现的新品种。由于个头太小，它只需要几个月就成熟了。

野苣自古罗马时期就在欧洲盛行。只用它就能做出一道很棒的绿色沙拉，不过它还是经常被囊括在什锦生菜里面。此外，野苣还可以取代欧芹当饰菜用（小型的整棵使用）。

野苣有出色的地面覆盖作用，能抑制杂草的生长，所以在大蒜、洋葱和菜椒周围以及占地较广的草莓中间撒上几棵野苣的种子会非常有效。

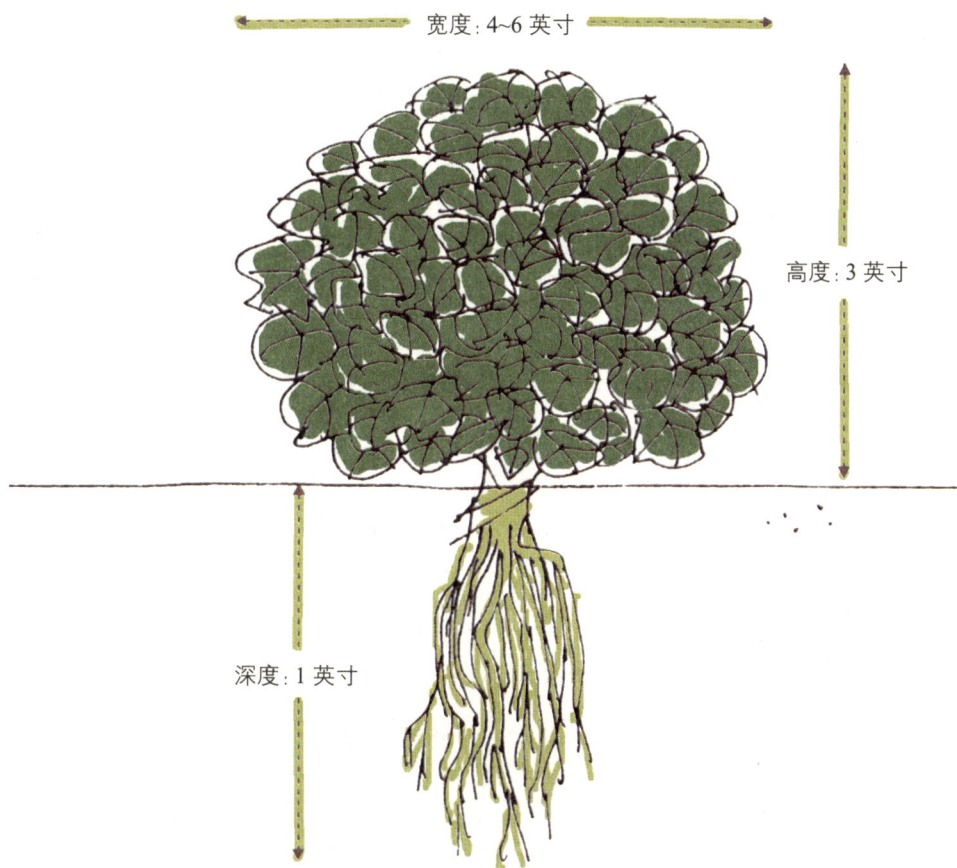

宽度：4~6英寸

高度：3英寸

深度：1英寸

播种时土壤的温度必须在10℃~21℃之间（不能超过21℃）。如果你在一个种植床里专门种野苣（而不是种在其他植物周围）的话，每棵的间距要在3~4英寸之间。

野苣的根系非常浅，所以必须保持土壤的湿润度。夏天当气温超过26℃时，要部分遮阴。

野苣的根只有不到1英寸深，所以采收的时候只要把土层上面的部分割下来即可。然后可以翻一下土，重新播种，收第二次甚至第三次，因为它长得实在是太快了。

数据

每100克野苣(3.5盎司,满满1杯)含有:21卡路里,0克脂肪,0克饱和脂肪,4克碳水化合物,2克蛋白质,2克膳食纤维,4毫克钠

一年生/娇嫩/冷季植物

浇　水：保持土壤湿润；根部灌溉

光　照：全日照到部分遮阴

混栽植物：

有利的：胡萝卜、洋葱、草莓

不利的：无

虫　害：无(如果用栅栏挡住野兔的话)

病　害：无

土　壤：富含腐殖质,排水性好

施　肥：低氮、磷、钾

酸碱度：6.0~7.0

品　种：Grosse Graine, 宽叶

适应区域：2~6

栽　种：播种1/4英寸深,间距2英寸；间苗后间距4英寸

发芽期：7~10天

收获期：60~75天

轮　作：不要种在洋蓟、菊苣和苦苣后面

可食用部分：叶子

野苣莓子沙拉

这是一道可爱的应季沙拉，用的是你自己种的或者当地产的很新鲜的莓子。沙拉酱特意做得很清淡，才不会压过鲜嫩的菜叶的味道。

4人份

4杯野苣

$1\frac{1}{2}$杯草莓、黑莓、蓝莓或者覆盆子

1/4杯碎核桃仁

1/4 杯莓子醋

2 汤匙特级初榨橄榄油

1/4 茶匙盐

1/4 茶匙现磨黑胡椒

把野苣、莓子和核桃仁放在一个大碗里。

把醋、油、盐和黑胡椒在一个小碗里混合，浇在沙拉上，搅拌均匀。

每份含有：143 卡路里，12 克脂肪，1 克饱和脂肪（6% 的卡路里来自饱和脂肪），7 克碳水化合物，3 克蛋白质，2 克膳食纤维，149 毫克钠。相当于：1 份蔬菜，1/2 份水果，2 份脂肪

野苣蓝莓山羊奶酪沙拉

野苣在很小的时候就可以收割，当做微型生菜来用。通常 2~3 棵就可以洗干净，整棵使用。这道沙拉的色彩和味道真的很雅致。

4 人份

8~12 棵小野苣，洗干净，整棵使用

4 汤匙清淡田园沙拉酱

2 盎司磨碎的山羊奶酪

2 盎司松子仁，略烤一下

4 盎司新鲜蓝莓或者 2 盎司蓝莓干

把野苣拌到田园沙拉酱里。小心加入山羊奶酪、松子仁和蓝莓。

冷藏后食用味道更佳，可以作为第一道菜或者配菜沙拉用。

每份含有：192 卡路里，14 克脂肪，3 克饱和脂肪（14% 的卡路里来自饱和脂肪），12 克碳水化合物，7 克蛋白质，2 克膳食纤维，221 毫克钠

芥 菜

拉丁语学名：*Brassica juncea* var. *rugosa*

如果你曾经在三明治里夹过生菜叶子的话，那就准备好张开双臂热烈欢迎生菜的上好替代品吧：属于甘蓝家族的芥菜嫩叶。

新鲜的芥菜叶略带一点辣味，可以代替芥末酱使用，而且马上就有了平时涂上厚厚一层黄色芥末酱的效果。（用这个来做卖点怎么样？）

宽度：12英寸

高度：18英寸

深度：18英寸

芥菜的原产地是印度的喜马拉雅地区。据世界上一些最古老的食谱记载，那里在 5000 年以前就开始种植芥菜了。虽然比不上它的近亲抱子甘蓝，但芥菜长得还是相当高的，最高能达到两英尺，而且四周需要有 10~12 英寸的空间来让它生长。

芥菜跟大部分深绿色大叶片的蔬菜一样，一遇到炎热的晴天就会疯长，所以我倾向于晚一点种，到秋天成熟，那时候"越冷越甜"的法则就起作用了。

如果你喜欢吃米粉，比如肉饭、意大利肉汁烩饭或者炒饭的话，那就把芥菜切成细细的丝，在出锅前 1 分钟加到滚烫的米粉里面。它对你的味蕾绝对是一种刺激，而且看起来很漂亮。

数 据

芥菜含有大量的抗氧化剂、维生素 C 和维生素 E、胡萝卜素和芥子油苷。但是易患肾结石的人要小心食用。

每 100 克生芥菜（3.5 盎司，满满 1 杯）含有：26 卡路里，0 克脂肪，0 克饱和脂肪，5 克碳水化合物，3 克蛋白质，3 克膳食纤维，25 毫克钠

多年生/一年生/冷季植物

浇　　水：保持土壤湿润；根部灌溉

光　　照：全日照，温度超过 26℃ 时要部分遮阴

混栽植物：

有利的：豌豆、豆类、胡萝卜、洋葱、菠菜、生菜、香草

不利的：无

虫　　害：蚜虫，跳甲

病　　害：霉病，白锈病

土　　壤：湿润，富含堆肥

施　　肥：高氮，适量磷、钾

酸碱度：5.5~6.8

品　　种：佛罗里达宽叶（微辣）、大阪紫色（相当壮实）、乌塌菜（圆勺形、深绿色叶子）

适应区域：2~8

栽　　种：夏末（第一次霜降前 6~8 周）播种，1/4 英寸深，冬季收获，间距 1 英寸；间苗后间距为 4~6 英寸

发芽期：4~6 天

收获期：30~40 天，当中间的叶子长到 3~4 英寸长时（外面的叶子可做堆肥）

轮　　作：不要种在其他甘蓝属植物的前面或后面

可食用部分：叶子

清蒸芥菜

这些菜叶很适合搭配黑眼豌豆和米粉或者是火腿加玉米面包。

4 人份

1 磅芥菜叶

1 汤匙鲜榨柠檬汁

用大量凉水冲洗芥菜叶,去掉叶梗,切碎。

上锅蒸5~7分钟,到叶子变软,但颜色仍然是绿的。撒上柠檬汁即可。

每份含有:30卡路里,0克脂肪,0克饱和脂肪,6克碳水化合物,1克蛋白质,4克膳食纤维,28毫克钠。相当于:1份蔬菜

中式芥菜汤

当你从大雨瓢泼的菜园回到家里时，这道汤微微的辣味会让你浑身上下都暖和起来。

4人份

4杯低钠蔬菜汤

1汤匙姜末

2杯蘑菇片

4杯芥菜叶,切成1/2英寸×2英寸的片

1汤匙低钠酱油

1/4茶匙盐

1/2茶匙香油

2杯长粒糙米饭,热的

取一口大锅,把蔬菜汤和姜末煮开,放入蘑菇和芥菜叶,煮3分钟。放上酱油、盐和香油。在4个碗里分别盛上半碗米饭,把汤浇在上面。

每份含有:162卡路里,2克脂肪,0克饱和脂肪,30克碳水化合物,5克蛋白质,4克膳食纤维,458毫克钠。相当于:$1\frac{1}{2}$份淀粉,1份蔬菜

芥菜和意大利素香肠配意大利面

这又是意大利人发明的一道适合在寒冷的秋冬季节吃的一道美食！色香味俱全。

4人份

1/2 磅干意大利面

1 茶匙橄榄油

1 杯切碎的洋葱

2 瓣大蒜,拍松、切碎

2 根低脂意大利素香肠,* 切成 1/2 英寸厚的片

1/4 茶匙茴香子

8 杯切碎的芥菜叶(2 把)或者 2 包速冻的

1/4 茶匙盐

1/4 茶匙现磨黑胡椒

1 汤匙意大利黑醋

1/2 茶匙红辣椒碎

2 汤匙现磨帕尔玛干酪

    *一定要先尝一尝。这种香肠几乎都是熟食品,要看看标签,配料有好有坏,所以要小心。

  按包装上的说明把意大利面煮熟,沥干水分,放在蒸笼里,架在热水上面保温。

  取一口深平底锅,倒上油,用中高火加热。放入洋葱炒 2 分钟,直到洋葱开始变成半透明色。放入大蒜炒 1 分钟,然后放上香肠和茴香子,炒 2 分钟,直到香肠表面略微变黄。

  放上芥菜叶翻炒,盖上锅盖,用小火焖 5 分钟,直到叶子萎缩,但颜色仍然是绿色。放上意大利面,撒上盐、黑胡椒、醋和红辣椒碎。盛盘后上面撒上帕尔玛干酪。

  每份含有:316 卡路里,4 克脂肪,1 克饱和脂肪(3%的卡路里来自饱和脂肪),56 克碳水化合物,14 克蛋白质,6 克膳食纤维,299 毫克钠。相当于:3 份淀粉,2 份蔬菜

大白菜

拉丁语学名：*Brassica rapa* var. *pekinensis*

高个头、株型直立、淡黄色叶片、叶球紧密、叶面有皱褶、口感爽脆、味道略甜，这就是了不起的大白菜。

它原产于亚洲，首先在美国加州的纳帕山谷开始种植，因为那里居住着大量的中国和亚裔移民，但是它很快就风行起来，如今在美国被广泛的种植。由于它个头大、叶球密集、生长迅速，所以是很理想的商业作物；不过在小小的厨房菜园里，不需要过多打理的大白菜还是能够跟其他蔬菜相媲美的。

由于白菜叶的脆甜，所以很适合做沙拉的主料。稍微拌上一点清淡的沙拉酱，再加上一些细细切碎的彩色甜椒和绿洋葱就可以了。

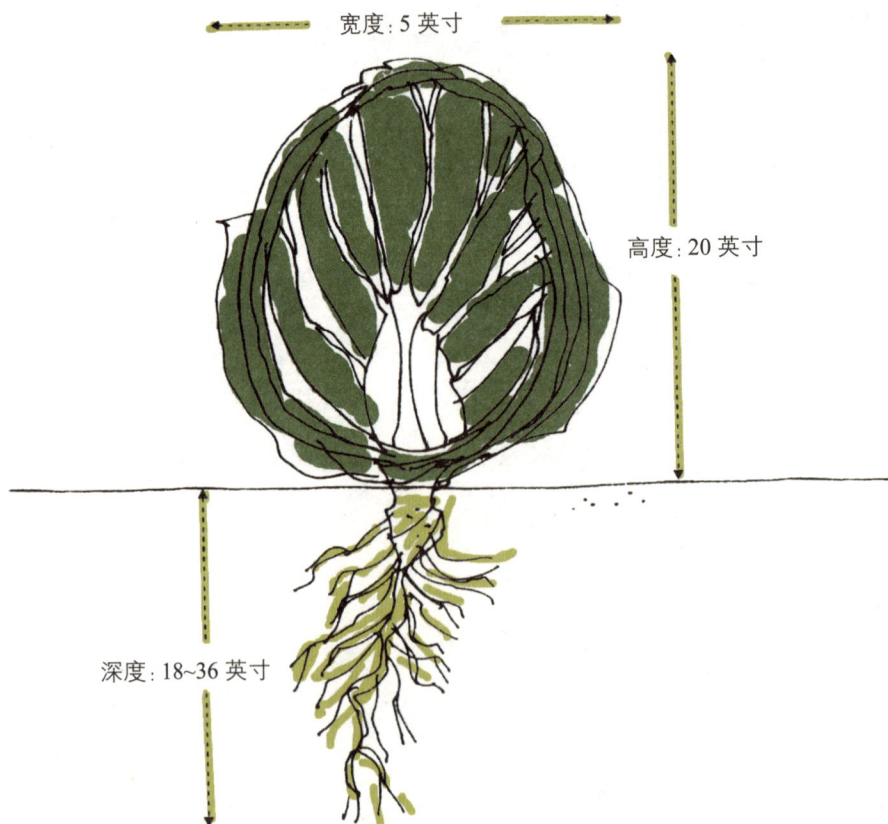

宽度：5 英寸

高度：20 英寸

深度：18~36 英寸

大白菜的一些天然特性使它足以经受快炒而不会萎缩。所以用前面提到的沙拉配料略微炒一下就能做出一道很爽口的主菜。

今年我没有地方来种大白菜了，不过我计划明年8月中旬播种，9月下旬移栽到室外，让它在凉爽的夜里变甜，避开夏季的抽薹开花期，然后等待秋天收获。

我选的那个品种叫"嫩心"，因为它具有较多的中国特快品种特有的口感和味道，叶球却比较小，大约只有2磅重。

嫩叶子的味道超级棒，最好是在5英寸高的时候采收。

当日照时间长，天气热的时候，白菜会迅速抽薹开花，所以要早些采收，用来做沙拉和凉拌菜。

数据

含有一种特殊的营养成分，起初人们以为是维生素U，现在知道那是谷氨酰胺，对胃肠道细胞的再生很有好处。

每100克生白菜(3.5盎司，满满1杯)含有：20卡路里，0克脂肪，0克饱和脂肪，3克碳水化合物，1克蛋白质，1克膳食纤维，13毫克钠

两年生/一年生/冷季植物

浇　水：适量、经常

光　照：全日照（每天至少6小时）

混栽植物：

有利的：甜菜、生菜、洋葱、菠菜

不利的：西红柿、菜椒、黄秋葵、土豆

虫　害：蚜虫，跳甲，鼻涕虫

病　害：枯黄病，根瘤病，黑根病

土　壤：排水性好，富含腐殖质，黏性壤土

施　肥：重肥

酸碱度：6.5~7.5

品　种：东京巨人、冬季、白菜、嫩心（特别适合小型菜园）

适应区域：3~5

栽　种：第一次霜降前10~12周播种，1/4英寸深或者仲夏种秋天收

发芽期：4~10天

轮　作：不要种在其他甘蓝属植物后面

可食用部分：叶子

中式新年鲜鱼蔬菜汤

在中国的新年大餐里，面条是不可缺少的部分。如果你嫌碳水化合物含量高的话，用量可以减半。

8人份

1磅米线或者其他扁平的面条，如意大利宽面条

8 杯低钠蔬菜汤

4 盎司新鲜姜,去皮、切成薄片

1 茶匙米醋(可选)

1 茶匙香油(可选)

1 茶匙低钠酱油

$1\frac{1}{2}$ 磅肉质结实的白肉鱼排,如大比目鱼、罗非鱼或者红鲷鱼,切成 1 英寸厚的片

1 杯切碎的大白菜

2 杯新鲜荷兰豆,切成两半

1/2 杯胡萝卜丝

1 杯娃娃菜丝

1/4 杯烤熟的碎花生或者芝麻,不加盐

按照包装上的说明把面条煮熟。

取一口大锅,倒上蔬菜汤,用中火加热,放入姜片,煮 5 分钟。放入醋、香油和酱油,把汤煮开,然后放上鱼肉。再煮开,盖上锅盖,每英寸厚的鱼片要煮 6 分钟,直到鱼肉完全熟透,很容易弄碎为止。把鱼肉捞出来,放到盘子里,盖好保温。

把大白菜、荷兰豆和胡萝卜放进汤锅里,盖上锅盖,煮 7 分钟。放上娃娃菜,盖好,煮三分钟。把鱼肉倒回去,轻轻搅拌。把汤浇到面条上,撒上花生或芝麻。

每份含有:406 卡路里,11 克脂肪,2 克饱和脂肪(4%的卡路里来自饱和脂肪),51 克碳水化合物,24 克蛋白质,3 克膳食纤维,987 毫克钠。相当于:3 份淀粉,2 份瘦鱼肉,1 份蔬菜

越南粉

偶尔我找到一份上好的食谱,根本无法想象还能做什么改动来使它变得更好。这道经典泰餐的这个版本是受到了史蒂芬妮·里内斯的启发,她开发的食谱配方都很棒。我只是稍微做了一些调整,把它改成了素餐。

6 人份

6 杯低钠蔬菜汤

4 瓣大蒜,拍松

2 英寸长的姜块,切成片,用刀拍一下

2 颗八角茴香或者 1 茶匙大茴香子(可选)

3 汤匙泰式鱼露或者日本酱油

1 汤匙低钠酱油

2 茶匙白糖

1/2 磅大个白色蘑菇,切成 1/2 英寸厚的片,用一块干酪包布包起来

1/2 磅粗米线

1/2 棵大白菜,纵向切成两半,横向切成细条

2 根大葱,切成片

12 片大薄荷叶,切成细丝

12 根芫荽,切成细丝

4 片大罗勒叶,切成细丝

1 个大酸橙,切成 6 瓣

汤的做法:把蔬菜汤、大蒜、姜、八角茴香、鱼露、酱油和糖放进一口大锅里,大火煮开后转成小火,盖上锅盖,炖 10 分钟。把蘑菇包放进滚开的汤里,再煮 20 分钟。捞出蘑菇,放在一旁。滤出菜汤,倒回锅里,用小火炖。

同时另取一口煮面条的锅,倒上水,煮开后关火。放入米线,浸泡 10~15 分钟,让米线变软。沥干水分,把米线放在蒸笼里,架在热水上保温。

在汤锅里放入大白菜,搅拌均匀。把米线分到 6 个热碗里,上面放上蘑菇。把刚刚煮熟大白菜的汤浇在米线上面。把葱花和新鲜的香草混合起来,均匀撒在碗里。每个碗里放一瓣酸橙。

每份含有:195 卡路里,0 克脂肪,0 克饱和脂肪,40 克碳水化合物,5 克蛋白质,3 克膳食纤维,943 毫克钠。相当于:2 份淀粉,1 份蔬菜

番 杏

拉丁语学名：*Tetragonia tetragonioides*

番杏又名新西兰菠菜，据史料显示，这种多肉的植物是随库克船长一起远航的植物学家约瑟夫·班克斯首先发现的。其实它跟我们所熟悉的菠菜没有一点关系。

班克斯说它的种子是从南太平洋的某个地方漂来的，然后在天气炎热、更加潮湿的澳大利亚和新西兰沿海扎下根来，而普通的菠菜到了这里早就枯萎了。

我决定在春天收割了普通菠菜之后（以避免它们在热天里开花）种植这种更有嚼劲、叶片更密的新西兰菠菜。

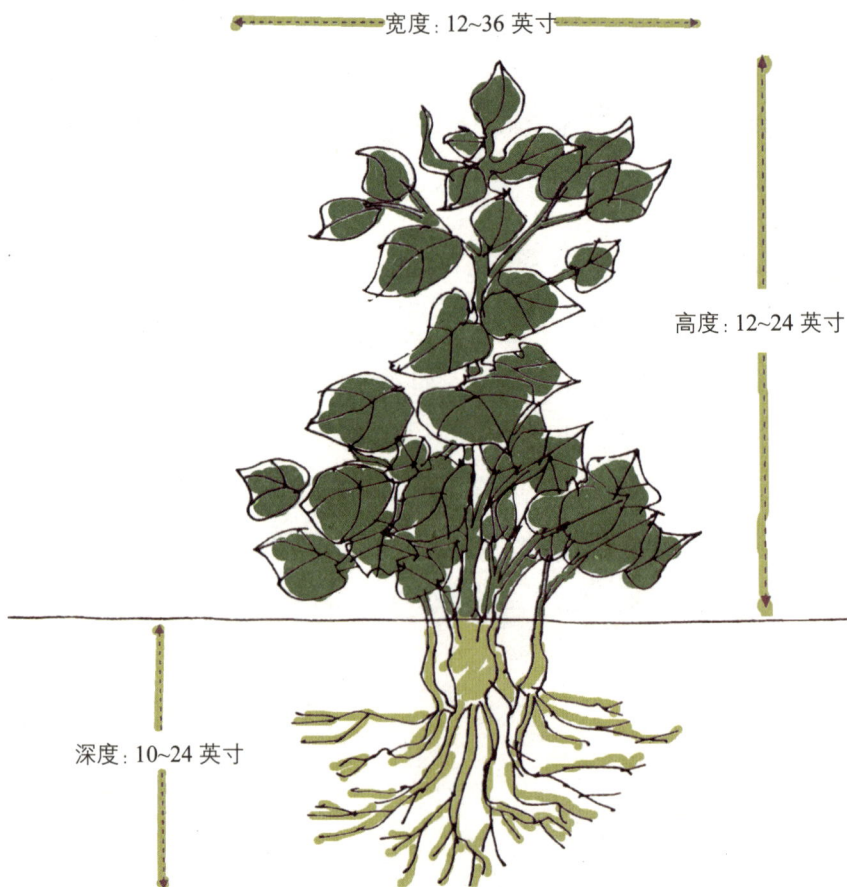

宽度：12~36 英寸

高度：12~24 英寸

深度：10~24 英寸

等到春天，我确定不会再有霜降之后，播下了种子。它的确不像菠菜那样害怕炎热的夏天。播种深度为 1/2 英寸，间距 6 英寸。等幼苗长到 2~3 英寸高后要间苗（间出来的苗可以混合在什锦生菜里面吃），最终它们需要将近 20 英寸的生长空间。

新西兰菠菜蒸着也很好吃，就像瑞士甜菜和散叶甘蓝一样，它不会在煎锅里收缩成黑绿色的一团。

数据

每 100 克生的番杏（3.5 盎司，满满 1 杯）含有：14 卡路里，0 克脂肪，0 克饱和脂肪，3 克碳水化合物，2 克蛋白质，2 克膳食纤维，130 毫克钠

一年生/热季植物

浇　水：适度湿润；定期浇水以保证其迅速生长；不要让土壤完全干透

光　照：全日照；很热的天气里，下午要部分遮阴

混栽植物：

有利的：草莓

不利的：不用种在很高的植物背阴处，如玉米或架豆

虫　害：无

病　害：无

土　壤：喜欢保湿性好、排水性好、富含有机物的土壤；种植床里要添加陈年堆肥

施　肥：生长旺季要侧施堆肥

酸碱度：6.8~7.0

品　种：毛利（最常见的品种）

适应区域：6 区以上

栽　种：一年中气候变暖之后播种，1/2 英寸深，间距 1 英寸。室内：春季最后一次霜降之前 2~3 周播种，以后移栽；间苗到 3~4 英寸。在菜园里播种的时间大约在春季平均最后一次霜降的日期。

发芽期：14~21 天

轮　作：不要种在豆类植物后面

可食用部分：叶子

跳跃约翰（烩豌豆咸饭）

这道菜的传统做法会用到羽衣甘蓝叶和火腿，但我用番杏取代了它们。番杏能够忍受夏天的烈日暴晒，加热以后也不会像普通菠菜那样缩水，而且也不像羽衣甘蓝那样经过长时间蒸煮以后褪色。我用烟熏红辣椒粉代替了烟熏火腿。

6 人份

豌豆配料

1 杯干的黑眼豌豆

3~4 杯水来泡豆子（或者 5 杯水以快速浸泡）

1 茶匙无香橄榄油

1 个大洋葱，切碎（2 杯）

3 瓣大蒜，拍松、切碎

1 根芹菜，切碎（1/2 杯）

4 杯低钠蔬菜汤

1/2 茶匙干百里香

2 片月桂叶

1 杯生的长粒白米

1/8 茶匙丁香粉

1/8 茶匙卡宴辣椒粉

1 汤匙烟熏红辣椒粉

1/4 茶匙盐（可选）

3 汤匙冒尖切碎的欧芹

番杏配料

1/2 茶匙无香鲑鱼

1/2 个柠檬，切片

1 个干红辣椒或者 1/8 茶匙卡宴辣椒粉

2 杯低钠蔬菜汤

8 杯番杏，洗干净、去梗，撕成 2 英寸大小的片

1 茶匙现磨柠檬皮

1/8 茶匙盐

1 汤匙鲜榨柠檬汁

把黑眼豌豆挑选干净，冲洗后用 3~4 杯水浸泡一夜。要快速浸泡的话，把水烧开，关火，盖上锅盖，焖 1 小时。

在直径 $10\frac{1}{2}$ 英寸的炒锅里放上 1 茶匙油，用中高火加热。放入洋葱炒 3 分钟，然后放上大蒜再炒 1 分钟。加上切碎的芹菜、4 杯蔬菜汤、百里香、月桂叶、大米、泡好的豆子、丁香粉和辣椒粉，大火煮开，然后慢火炖。加入烟熏红辣椒粉，煮 20 分钟，直到大米和豌豆都能咬动，但不是很烂的程度。

煮豆子的同时来准备番杏。用中高火加热炒锅的油，放入柠檬片和红辣椒，炒 2 分钟，倒上 2 杯蔬菜汤，放上番杏，慢火煮开，炖 3 分钟。加热柠檬皮、盐和柠檬汁，放在一旁。

豌豆煮好以后，尝一尝看是否需要加盐。放上切碎的欧芹，就可以吃了。把番杏分盛到 6 个热碗里。把锅里的汤倒进豌豆米饭里面，把米饭盛到番杏上面，你就好好享用一顿独具特色的农家饭吧！

每份含有：258 卡路里，2 克脂肪，0 克饱和脂肪，50 克碳水化合物，10 克蛋白质，6 克膳食纤维，401 毫克钠。相当于：$2\frac{1}{2}$ 份淀粉，2 份蔬菜

清炒时蔬

这是一次享用多种绿色蔬菜的一道美味菜肴。一定要在临端上桌之前做最后一步。它会获得大家的一致好评的。

4 人份

2 杯羽衣甘蓝叶子

2 杯瑞士甜菜

4 杯番杏

1 汤匙特级初榨橄榄油

4 瓣大蒜，拍松、切碎

1/2 杯切碎的新鲜欧芹

1/4 杯切碎的新鲜芫荽

2 茶匙芫荽子粉

1 个柠檬榨汁（1/4 杯）

1/4 茶匙盐

第一步可以预先完成。把甘蓝叶放在一个大蒸锅里，蒸 2 分钟，然后放上瑞士甜菜，再蒸 2 分钟。现在加上番杏，再蒸 4 分钟。等所有的菜叶都变软以后，把它们倒进漏勺里，用木勺背后挤出多余的水分。大致切一下。

把油、大蒜、欧芹、芫荽、小茴香粉和柠檬汁放进一口大锅里，加热后放入切碎的绿叶菜和盐，翻炒均匀。趁菜叶颜色鲜亮时端上桌。

每份含有：59 卡路里，4 克脂肪，1 克饱和脂肪（15%的卡路里来自饱和脂肪），6 克碳水化合物，2 克蛋白质，2 克膳食纤维，265 毫克钠。相当于：3 份蔬菜，1 份脂肪

洋葱

拉丁语学名：*Allium cepa*

　　我得先提醒你一下，洋葱比任何其他的菜园作物都容易遭受病虫害的侵扰，特别是用未成熟的葱头（比如很小的绿洋葱头）。如果你选择小个的葱头（直径在 1 英寸以下）来种，它们长得可能会比较慢，但是长成的概率比较大。要找能抗病的品种来种。

　　我发现洋葱的英文名字 onion 的出处很有意思。显然它来自拉丁语 unio，字面意思是"单个的大珍珠"，从此我对洋葱有了全然一新的看法。

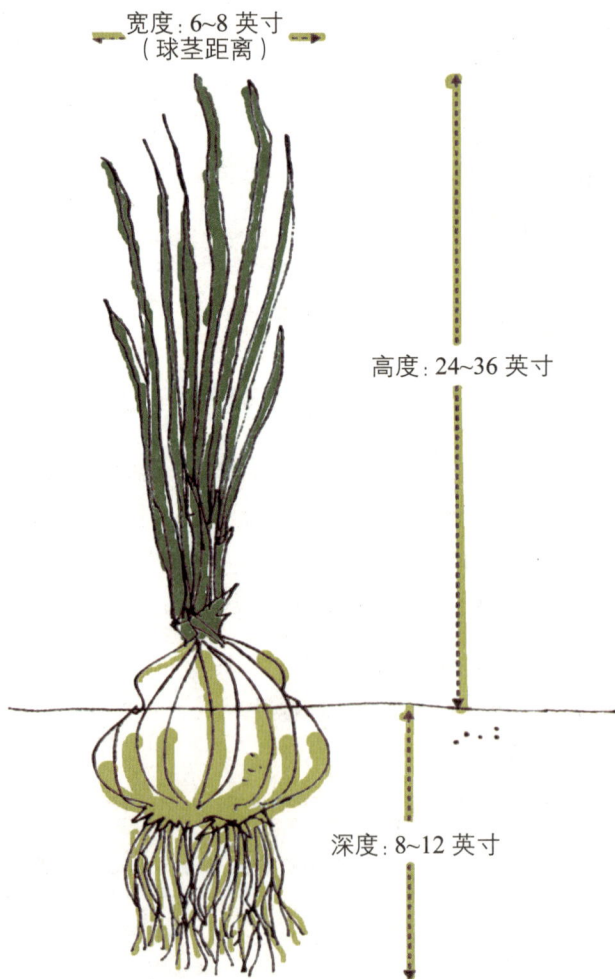

宽度：6~8 英寸
（球茎距离）

高度：24~36 英寸

深度：8~12 英寸

洋葱的生长过程分三个阶段。35 天前长出来的是青葱,茎宽大约 1/2 英寸。如果你要用的是青葱,那可以把它们种得密一点(1~2 英寸间距)。

让它继续生长的话(或者间苗留出 2~3 英寸的间距),就长成了大葱,这时球茎的直径只有 1~2 英寸。

让它再长 3~4 个月,洋葱头就成熟了,上面的绿色会变黄、干枯。球茎的直径会达到 3~4 英寸。

切洋葱之前把它放到冰箱里冷藏 30 分钟,这样切的时候就不会流眼泪。这招对我很管用,不过我的身高有 188 公分——我的眼睛距离洋葱有 90 公分远呢!

洋葱有"光周期"植物之称。长日品种要尽可能的早种,以便最大限度地利用日照来形成形状良好的球茎。短日品种需要的光照较少,所以可以在秋天播种。现在出现了一个新品种叫中日,你猜怎么着?什么时候种都可以。

数据

洋葱是摄取维生素 C、维生素 B_6 和维生素 K 的优秀来源。

每 100 克生的洋葱(3.5 盎司,1/2 杯)含有:40 卡路里,0 克脂肪,0 克饱和脂肪,9 克碳水化合物,2 克蛋白质,1 克膳食纤维,4 毫克钠

两年生/一年生/冷季植物

浇　水:适度/均匀,根灌

光　照:全日照

混栽植物:

有利的:甜菜、卷心菜、胡萝卜、早熟生菜、草莓

不利的:所有的豆类、豌豆、鼠尾草

虫　害:日本丽金龟、鼻涕虫、蓟马、夜蛾

病　害:葡萄孢菌病、霉病、白腐病

土　壤:排水性好的沙质壤土;不是很黏的土

施　肥:腐熟的堆肥;适量氮、磷、钾;早期生长期施 1 次鱼精(4~6 片叶子时),然后每 2~3 周用一次

酸碱度:6.0~6.8

品　种:

长日(每天 14~15 小时光照):早熟黄皮,Spanish 甜味

短日(每天 10~12 小时光照):百慕大,格拉诺超甜

中日:糖果、超级明星(乳白色)、红甜苹果(紫色)

明星洋葱(非常甜):Walla Walla, Vidalia

适应区域:3~11

播　种:室内,最后一次霜降之前 8 周播种,1/4~1/24 英寸深

移　栽:青葱间距为 1~2 英寸;大葱间距 2~3 英寸。如果用种子(非常小)播种,长出的球茎会比较大,而且易于储存。如用球茎播种,要用直径小于 1 英寸的

发芽期:4~12 天

收获期:种子播种后,80~120 天;移栽后,30~40 天;从青葱到结球,35 天

轮　作:不要种在种过大蒜的种植床里

可食用部分:球茎和叶子

很多人从来没有吃到过洋葱全部的好味道,因为他们没有让洋葱出水,用加热到

175℃的锅让洋葱里面的挥发性油散发出来。如果锅的温度太低的话，洋葱也会出水，但是味道没有完全出水的洋葱那么正。

焦糖洋葱

洋葱里的糖分会在快炒之后变成焦糖。这种做法再简单不过了，而且很适合把预先炒过的洋葱添加在很多菜里面，比如热沙拉、意大利面酱或者蔬菜配米饭等。当然了，它也是很多食物的一道传统装饰菜。

4人份

1茶匙橄榄油
1磅洋葱，去皮，切成片（越甜的品种越好）

用中火烧热锅里的油，放上洋葱炒大约20分钟，不时翻一下，直到洋葱变软，颜色变成焦黄色。

每份含有：56卡路里，1克脂肪，0克饱和脂肪，11克碳水化合物，1克蛋白质，2克膳食纤维，5毫克钠。相当于：2份蔬菜

烤甜洋葱

每个地区都有自己最出名的甜洋葱，它们都可以用来做这道菜。
4人份

4个中等洋葱
1/4杯意大利黑醋
1/4杯水
1茶匙竹芋粉或玉米淀粉混合2汤匙水（芡汁）
1汤匙切碎的新鲜欧芹

把烤箱预热到175℃。
把洋葱的两头切掉，剥去外皮，放在一个小号烤盘里。把黑醋和水混合，倒在洋葱上面。不盖锅盖，烤45分钟，直到洋葱变软。

取 4 个热盘子,每个上面放一个洋葱,把烤盘里的汁倒进一口小锅里。勾上芡,加热到汤汁变浓变亮。浇到洋葱上面,然后撒上欧芹。

每份含有:73 卡路里,0 克脂肪,0 克饱和脂肪,17 克碳水化合物,3 克膳食纤维,5 毫克钠。相当于:3 份蔬菜

炒洋葱

带有明显枫糖味的炒洋葱,可以直接作为配菜用,也可以跟其他蔬菜混合,浇在米粉或意大利面上,甚至加到烤豆子里面吃。

4 人份

1 茶匙橄榄油

4 个中等洋葱,去皮、切成片

1 汤匙枫糖糖浆

2 汤匙意大利黑醋

1/4 茶匙盐

1/4 茶匙现磨黑胡椒

2 汤匙切碎的新鲜罗勒

取一口深平底锅,用中高火烧热油。放上洋葱炒 2 分钟,加入糖浆、醋、盐和黑胡椒,继续炒 20~25 分钟,直到洋葱变成金黄色,完全变熟。撒上罗勒拌匀。

每份含有:75 卡路里,1 克脂肪,0 克饱和脂肪,15 克碳水化合物,1 克蛋白质,2 克膳食纤维,151 毫克钠。相当于:2 份蔬菜,1/2 份碳水化合物

东部乡村土豆洋葱馅饼

这道蔬菜馅饼上面淋有迷迭香浆汁,是我从纽约的 Angelca 厨房餐厅带回家的菜谱之一。土豆和焦糖洋葱把一层柔软而美味的鹰嘴豆糊完美的黏结在一起。可以用深的法式乳蛋派盘或者普通派盘来烤馅饼。

6 人份

鹰嘴豆糊用料

6 杯凉水

2 杯鹰嘴豆粉

1/2 茶匙盐

1/4 茶匙白胡椒粉

一撮番红花粉

1/2 茶匙法国南部混合香料（见"基本食谱"）或者干百里香

1 茶匙鲜榨柠檬汁

2 茶匙马槟榔

馅饼用料

1 茶匙轻质橄榄油

1 磅甜洋葱，切成 1/2 英寸的丁（满满 3 杯）

1/2 茶匙芫荽子

1 磅黄色芬兰土豆或者其他表皮光滑的黄色土豆，削皮，切成 1/4 英寸厚的片

1/8 茶匙盐

1/4 现磨黑胡椒

1 茶匙白葡萄酒醋

3 汤匙现磨帕尔玛干酪

1 茶匙烟熏红辣椒粉

迷迭香浆汁用料

1/2 茶匙轻质橄榄油

1/2 杯甜洋葱片

1/2 杯香菇片（1/4 英寸厚）

1 茶匙切碎的新鲜迷迭香

$1\frac{1}{2}$ 杯低钠蔬菜汤

1 汤匙白葡萄酒醋

1 茶匙竹芋粉混合 1 汤匙水（芡汁）

1 茶匙低钠日本酱油

1/4 杯水

4 杯速冻豌豆(或者新鲜的豌豆粒)

2 枝薄荷

1 汤匙白糖

1/8 茶匙盐

豆糊做法:把水倒进一口大号不粘锅里,慢慢把鹰嘴豆粉倒进凉水里面,不停搅拌,以免结块。用中火煮开,不断搅拌。

放上盐、白胡椒、番红花和混合香料,搅拌均匀。继续小火煮15~20分钟,不时搅拌,直到汤汁开始变浓。不要让它太稠,要像蛋糕糊一样,不能像玉米面粥那么稠。

关火,倒入柠檬汁和马槟榔,搅匀。放置一旁待用。

馅饼做法:取一口大炒锅,倒上油,用中高火加热。放入洋葱和芫荽子炒10分钟,直到洋葱变成焦糖色。盛出来1/4杯留作他用。

转成中火,放入土豆,撒上盐、黑胡椒和醋。盖上锅盖,煮15分钟,不是翻炒,直到土豆刚刚变软。

撒上 1 汤匙帕尔玛干酪,放置一旁。

把留出来的1/4杯洋葱与剩下的2汤匙帕尔玛干酪和烟熏红辣椒粉混合。

在一个直径10英寸的派盘上喷上油。

把一半的鹰嘴豆糊倒进烤盘里,上面铺上一层土豆,然后把剩余的鹰嘴豆糊都倒上。再在上面铺上留出来的洋葱混合物。用橡胶刮刀轻轻把洋葱压到鹰嘴豆糊里面,放到一旁,静置一小时。

把烤箱预热到175℃。

放入馅饼烤45分钟。取出后,搁置10分钟,让馅凝结。

趁烤馅饼的时间做浆汁。用一口大锅烧热油,放入洋葱炒2分钟,直到洋葱变软。放上蘑菇,再炒2分钟。

加上迷迭香、蔬菜汤和醋。大火煮开大约15分钟,让汤收减一半。把汤汁滤到一口小锅里,扔掉蘑菇和洋葱。

往小锅里倒入芡汁和酱油,用中火煮开,直到汤汁变浓变亮。尝尝味道,看是否需要加调味品。

在浆汁收浓的时候做饰菜。用中型锅把水烧开,放入豌豆、薄荷、糖和盐,转成小火,煮3~5分钟,直到豌豆变软,但颜色仍然鲜亮。扔掉薄荷枝。

每个餐盘里铺上一层豌豆,上面摆上一角馅饼,淋上一勺迷迭香浆。

每份含有:367卡路里,4克脂肪,4克饱和脂肪(10%的卡路里来自饱和脂肪),57

克碳水化合物,16克蛋白质,10克膳食纤维,491毫克钠。相当于:3份淀粉,2份蔬菜,1份脂肪

贝拉贝拉烩豆子

我们有一次驾船到了加拿大不列颠哥伦比亚省的贝拉贝拉市。这道佳肴就是以那个美丽无比的小镇命名的。

6人份

豆子用料

1 茶匙无香橄榄油

1 杯切碎的洋葱

2 瓣大蒜,拍松、切碎

2 杯低钠蔬菜汤

1 罐(15.5盎司)低钠鹰嘴豆,洗干净、沥干

6 杯撕碎的羽衣甘蓝叶

1 罐(15.5盎司)低钠红芸豆,洗干净、沥干

1/3 杯现磨帕尔玛干酪

饰菜用料

1/2 杯新鲜的牛至叶

2 个酸橙,切成4瓣

干辣椒末,依口味添加

1/2 杯切碎的洋葱

取一口荷兰锅,用中高火加热油,放入洋葱炒2分钟,加上大蒜再炒1分钟。倒入蔬菜汤煮开。放入鹰嘴豆、甘蓝叶和红芸豆,再煮开,减小火,炖5分钟。

放上帕尔玛干酪拌匀,盛到碗里。在每个碗里放上牛至叶、酸橙、辣椒末和生洋葱。

每份含有:192卡路里,3克脂肪,1克饱和脂肪(5%的卡路里来自饱和脂肪),31克碳水化合物,1克蛋白质,7克膳食纤维,183毫克钠。相当于:2份淀粉,2份蔬菜,1/2份脂肪

欧洲防风

拉丁语学名：*Pastinaca sativa*

欧洲防风是欧洲很特别的一种根茎，19世纪末之前在新世界（伴随新航路开辟发现的欧洲以外的世界）一直很流行，后来才被土豆所取代。但它仍然是我很喜欢的一种根茎蔬菜。我喜欢它的原因很多，但其中最主要的是它的味道和做熟后的口感：微甜，有坚果味，香甜、幼滑。

种的时候一定要尽早间苗，因为它们需要的生长空间和时间都比胡萝卜要多，这也是它们比胡萝卜贵很多的原因。所有这些都意味着它们很适合家庭菜园的种植。

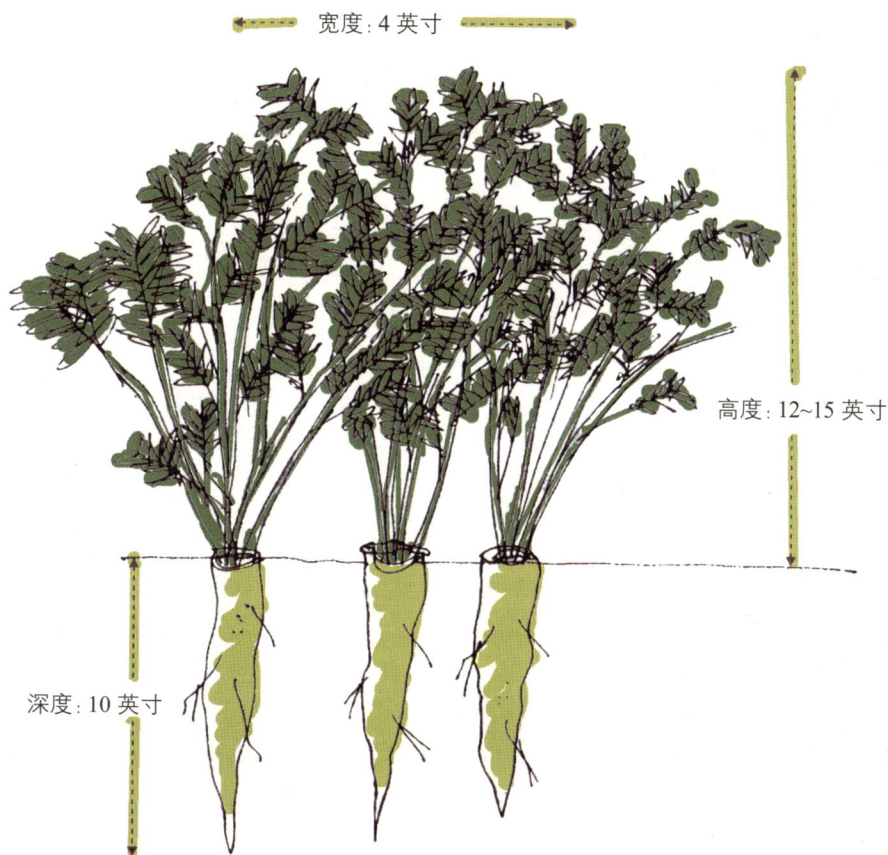

宽度：4英寸

高度：12~15英寸

深度：10英寸

只要土壤一解冻，你就要开始种植。土壤温度超过4℃，种子就会发芽。我每个月给它们施一次鱼精，然后一直到深秋或者进入冬季都不需要其他的打理。深秋时我把枯萎的绿叶剪掉，用4英寸厚的护根物把种植床盖上。甜度的差别非常大，重点是收获的时候一定要把它们全都挖出来，因为如果留到下一个生长季节，它们就会变得粗糙，纤维很多。

另一个奇怪的地方就是它们在近期施过肥料的土壤里长得不好。最好是提前一年把肥料添加到土里，让肥料完全腐熟，土壤的含氮量较低，过多的氮会让欧洲防风长出很多细细的根须。

还需要好好松土，给根茎提供良好而均匀的土壤密度，这样它们才能长得更大（最大到10英寸）。

数据

每100克煮熟的欧洲防风（3.5盎司，1/2杯）含有：71卡路里，0克脂肪，0克饱和脂肪，17克碳水化合物，1克蛋白质，4克膳食纤维，10毫克钠

两年生/一年生/冷季植物

浇　水：适度，根灌

光　照：部分遮阴（每天日照5小时）

混栽植物：

有利的：菜豆、甜菜、胡萝卜、其他根茎蔬菜

不利的：西红柿、西蓝花、卷心菜、散叶甘蓝

虫　害：黏虫、线虫、根蛆

病　害：无

土　壤：沙质，富含腐殖质，没有石子，重复松土，深挖到18英寸

施　肥：低氮、磷、钾

酸碱度：6.0~6.8

品　种：白钻（任何土壤都能生长）、角斗士（特别甜）、Cobham（除非你那里霜降程度非常深，最好是把它留在地里过冬）

适应区域：3~10

播　种：初夏种，冬天收；播种，1/4~1/2英寸深，1英寸间距，间苗到3~4英寸

发芽期：5~28天

收获期：播种后，95~120天

轮　作：不要种在胡萝卜和芹菜之后

可食用部分：根茎

欧洲防风

基本准备

这几年来，我一直是把欧洲防风混合到一种我只能用柔滑来描述的酱里面来用的。把小个儿、嫩一点的欧洲防风蒸到很软的程度，然后跟一些浓缩脱脂牛奶一起放到搅拌机里（比例是1磅蒸熟的欧洲防风兑11盎司牛奶），打上个四五分钟，直到变成闪闪发亮的泥状。加上盐和白胡椒粉。

我用它来代替白汁酱浇在面条上面,或者其他的食物上面,吃以前撒上现磨的帕尔玛干酪就可以了(1汤匙干酪足以打造出阿尔弗雷德酱或者奶油蛋黄酱的香味),然后可以把菜放到烤箱里略烤一下,直到变成诱人的带有斑点的焦黄色。

你可以把这种焦黄色(烤后)的柔滑酱汁运用到各种食物上面,从白水煮鱼到花椰菜都行。如果鱼本身是白色的,那么烤过的酱汁会遮盖住惨淡的颜色,而且还能提供一种很有意思的口感。

用甘薯取代欧洲防风也可以获得那种奶酪通心粉的效果!

煎欧洲防风

以前我一直认为这是我最喜欢的做欧洲防风的方法,自打我长大了自己开始下厨以后,我才知道这还是最棒的方法!

4人份

$2\frac{1}{4}$磅欧洲防风

1 茶匙无香橄榄油

1/2 杯切碎的洋葱

1 瓣大蒜,拍松、切碎

1/4 茶匙盐

1/4 茶匙白胡椒粉

6 英寸长的新鲜迷迭香枝

1/2 杯低钠鸡汤或蔬菜汤

1 汤匙切碎的新鲜欧芹

把欧洲防风削皮,纵向切成4份,再横向切成1/4英寸厚的楔形。取一口深的平底锅,倒上油,用中高火加热。放入洋葱、大蒜、欧洲防风、盐和白胡椒粉,翻炒均匀。炒两三分钟,到蔬菜刚刚开始变黄为止。

把迷迭香枝放在蔬菜下面,倒上汤,盖上锅盖,煮5分钟,煮到欧洲防风能咬动的程度。去掉迷迭香枝,撒上欧芹。

每份含有:129卡路里,2克脂肪,0克饱和脂肪,28克碳水化合物,2克蛋白质,6克膳食纤维,179毫克钠。相当于:2份淀粉,5份蔬菜

泰式辣味欧洲防风

稍稍变换一下口味,尝试一下亚洲风格的两星级微辣!

4人份

2茶匙无香橄榄油

1个红辣椒

2英寸长的姜,去皮,切成细丝

1磅中等个头的欧洲防风,削皮,切成1/4英寸厚的片

1杯低钠蔬菜汤

1/4茶匙盐

1茶匙竹芋粉或者玉米淀粉混合1汤匙泰式鱼露(芡汁)

2汤匙切碎的新鲜绿薄荷

1汤匙熟芝麻

用中高火加热深底锅里的油,放上红辣椒和姜丝,炒2分钟,煸炒出香味后加入欧洲防风,炒5分钟,直到欧洲防风煸炒成焦黄色。

倒入蔬菜汤,盖上锅盖,煮大约10分钟,把欧洲防风煮熟。放上盐,扔掉辣椒,勾上芡。加热到汤汁变浓,撒上薄荷和芝麻。

每份含有:126卡路里,4克脂肪,0克饱和脂肪,22克碳水化合物,2克蛋白质,5克膳食纤维,197毫克钠。相当于:$1\frac{1}{2}$份淀粉,1份脂肪,3份蔬菜

豌 豆

拉丁语学名：*Pisum sativum*

中国人大规模种植豌豆有 4000 多年了，而且不仅仅是我们通常跟亚洲炒菜联系起来的荷兰豆。

多年以来，特别是在近期，我们提供嫁接等方法把几种古老的品种进行杂交，培育出一系列具有鲜明的无可匹敌的特征的豌豆品种。

甜豌豆生长迅速，从灌木型的枝头（易于人工采摘）或者棚架型的（我觉得更适于小型菜园）到餐盘用不了多长时间，而且是可以带荚吃的。

棚架型的比灌木型的更便于空气流通，还能减少会导致下面的叶子变黄的镰刀菌萎蔫病的发生。豌豆不太适合当头浇水，所以我新安装的滴灌管线和地表遮盖物能够保持根系的凉爽和湿润，从而抵御住了枯萎病的爆发。我发现了一种叫做育种剂的液体，在播种之前用它泡一下种子会很有用。

我播种时土壤温度只有 4℃，是适于豌豆发芽的最低温度（最高是 24℃）。不过只要一见阳光，它们就长势迅猛。我给它们用了一点骨粉加上我的"无敌"牌肥料，在晚餐时享用新摘下来的甜豌豆和从藤尖上——大约在豆荚上面 5 英寸处掐下来的豌豆尖真是再美妙不过了。

甜豌豆有好几个品种，而我最喜欢的恰好是在美国最流行的品种，及俄勒冈州立大学培育的俄勒冈 II 号甜豌豆。

由于某些原因，很多孩子就是不喜欢吃豌豆。也许是因为它们在盘子里很难夹起来或者外面的那层皮不太容易嚼烂吧。不过在我家的餐桌上，豌豆一向很受欢迎——只要放上几片新鲜的薄荷叶和一茶匙红糖就行，有哪个孩子会拒绝呢？

我们还把豌豆做成平时用欧洲防风做的那种柔和酱料，是鲜绿色的，不过一定要用筛子把豌豆皮过滤掉。

数据

每 100 克煮熟的豌豆（3.5 盎司，1/2 杯）含有：84 卡路里，0 克脂肪，0 克饱和脂肪，16 克碳水化合物，5 克蛋白质，5 克膳食纤维，3 毫克钠

每 100 克煮熟的荷兰豆或甜豌豆（3.5 盎司，1/2 杯）含有：5 卡路里，0 克脂肪，0 克饱和脂肪，7 克碳水化合物，2 克蛋白质，2 克膳食纤维，12 毫克钠

宽度：6~10 英寸

高度：24~72 英寸

深度：3~36 英寸

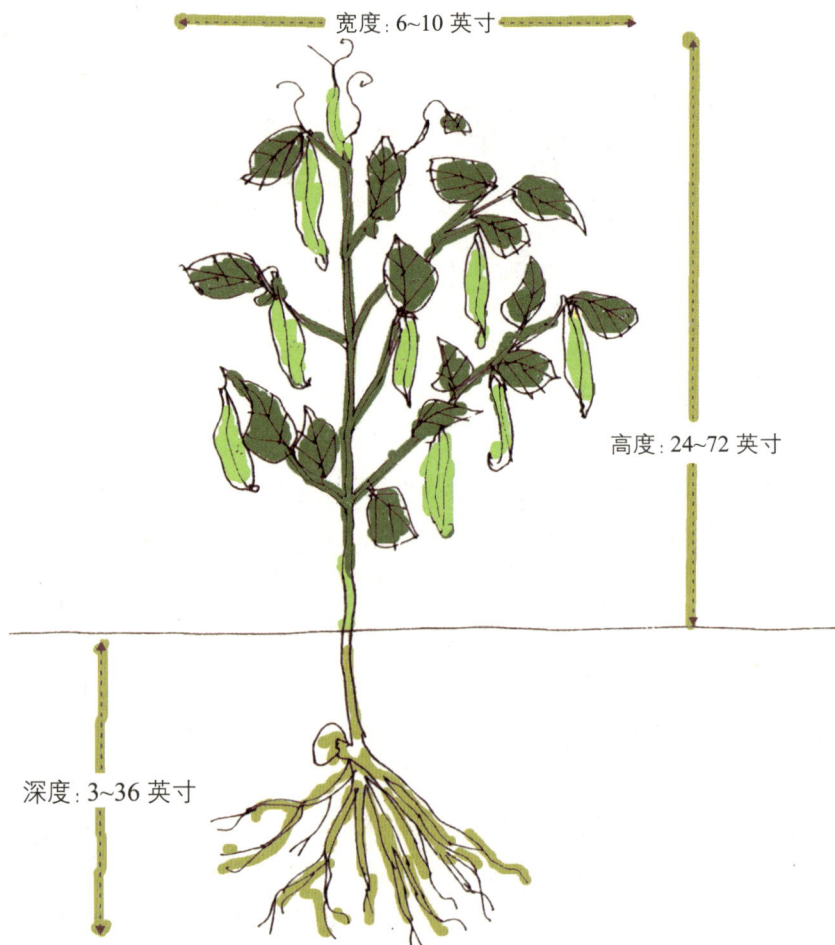

一年生/冷季植物

浇　水：适度，滴灌。豌豆不喜欢很热的天气，
　　　　被露水、灌溉或者雨水打湿后不要动它

光　照：全日照

混栽植物：

有利的：菜豆、胡萝卜、芹菜、小萝卜、菠菜、草莓

不利的：大蒜、洋葱、晚熟土豆

虫　害：蚜虫、小鸟、兔子、蓟马

病　害：细菌性凋萎病、霉斑、根腐病

土　壤：沙质壤土，排水性好，黏性、水涝土壤
　　　　会导致减少收成

施　肥：6 英寸高时施用鱼精

酸碱度：5.5~6.8

品　种：

荷兰豆：柯基（味道好）、俄勒冈巨人（大豆荚）

英格兰豆：达科他（早熟）、Wando（适合小菜园
　　　　　的灌木型）

甜豌豆：超甜梅尔、超级甜豌豆（架豆）

适应区域：2~8

播　种：春季收获要在最后一次霜降前6~8周
　　　　播种，1/2~1 英寸深；每穴种 2 粒，如果
　　　　你要让 8 棵豌豆爬一根杆的话，就每
　　　　穴种一粒；播种间距为 2~3 英寸，间苗
　　　　到 4 英寸

发芽期：5~7 天

收获期：播种后，55~70 天

轮　作：隔一年种一次，以帮助散叶甘蓝等需
　　　　要固氮作用的作物生长

可食用部分：豆粒和豆荚

亚洲荷兰豆沙拉

这是适合在盛产荷兰豆的初夏时节做的一道爽口沙拉。根据荷兰豆品种的不同，可能需要去掉豆荚的梗和纤维。豆子越嫩，就越省却了这些麻烦。

4人份

沙拉酱用料

1/4 杯米醋

2 汤匙烤熟的芝麻

1 汤匙低钠酱油

1 茶匙细细切碎的大蒜

1 茶匙姜末

1/2 茶匙红辣椒末

1/4 茶匙盐

沙拉用料

2 杯煮熟的细米线

1 杯红葡萄，去子，各切成两份

1 杯新鲜(或速冻的)荷兰豆，焯一下，放凉

1/2 杯切成片的绿洋葱

2 杯沙拉用虾或者鸡胸肉丝(可以换成蘑菇，切片、快炒一下，或者是豆腐)

4 大片紫色生菜叶

把醋、油、酱油、大蒜、姜、红辣椒末和盐放在搅拌机或者一个小碗里。

把米线、葡萄、荷兰豆、洋葱和虾拌到一起，倒上酱汁，搅拌均匀。放置30分钟让滋味进去。盛到紫色生菜叶子上面。

每份含有:229卡路里,6克脂肪,1克饱和脂肪(4%的卡路里来自饱和脂肪),21克碳水化合物,21克蛋白质,2克膳食纤维,428毫克钠。相当于:1份淀粉,1份精瘦肉,1份蔬菜,1份脂肪

绿豌豆莎莎酱

墨西哥鳄梨酱的新型变种，用嫩绿色的豌豆代替了热量较高的鳄梨。

4人份

2 杯新鲜去壳豌豆

2 汤匙鲜榨柠檬汁或酸橙汁

1 茶匙微辣辣椒粉

1/8 茶匙卡宴辣椒粉（可选）

1 汤匙剁碎的洋葱

1 瓣大蒜，拍松、切碎

1/3 杯准备好的莎莎酱

把豌豆放在1/2杯沸水里煮4分钟，直到豆子变软，颜色翠绿。连水带豆子一起倒进搅拌机里，加上柠檬汁、辣椒末和卡宴辣椒，打成泥状。倒进一个中型碗里，拌上洋葱、大蒜和莎莎酱。

配上烤玉米薄饼、口袋脆饼或者豆薯片吃。

　　每份含有：62卡路里，0克脂肪，0克饱和脂肪，11克碳水化合物，4克蛋白质，4克膳食纤维，122毫克钠。相当于：1份淀粉

咖喱杏仁豌豆沙拉

这道沙拉看上去香浓润滑，你会认为不该让自己吃这么油腻的食物。可是这道美味给每个人提供了 $1\frac{1}{2}$ 份蔬菜，好好看看它的营养数据吧！

4人份

2 杯小个儿新豌豆

1 杯去皮、切碎的豆薯

1/2 杯细细切碎的甜洋葱

2 汤匙大致切碎的烤杏仁

1/4 杯淡味蛋黄酱

1/4 杯脱脂原味酸奶

1 茶匙微辣咖喱粉

一撮卡宴辣椒粉

1/4 茶匙盐

1/4 茶匙现磨黑胡椒

把豌豆、豆薯、洋葱和杏仁放到一个碗里。

把蛋黄酱、酸奶、咖喱粉、辣椒粉、盐和黑胡椒混合起来,浇在蔬菜上面,拌匀。

每份含有:118 卡路里,3 克脂肪,0 克饱和脂肪,18 克碳水化合物,5 克蛋白质,7 克膳食纤维,161 毫克钠。相当于:1 份淀粉,1/2 份脂肪

意大利豌豆饭

这可能是第二有名的谷物与豆类的混合,位居豆子饭之后。它看起来赏心悦目,是豌豆爱好者的美餐。它还是完整的蛋白质的组合。

4 人份

2/3 杯阿波罗意大利米或者珍珠米

1 $\frac{1}{3}$ 杯低钠鸡汤或者蔬菜汤

2 杯新鲜的小豌豆,略蒸一下(4 分钟)

1/4 茶匙盐

1/4 茶匙现磨黑胡椒

2 汤匙现磨帕尔玛干酪

把大米和汤倒进锅里,盖上锅盖,煮开。然后把火关到最小,焖 15 分钟,直到大米变软。

倒入豌豆、盐、黑胡椒和帕尔玛干酪,搅匀。

每份含有:101 卡路里,2 克脂肪,1 克饱和脂肪(9% 的卡路里来自饱和脂肪),15 克碳水化合物,6 克蛋白质,4 克膳食纤维,323 毫克钠。相当于:1 份淀粉,1/2 份脂肪

辣 椒

拉丁语学名：*Capsicum annuum*

在我种菜的第一个年头里,辣椒都长得非常好。夜里很暖和,所以它们都长得很旺盛,没有花凋落。几乎每朵花都结了果实,最终那些应该变色的也都变成了种子包装袋上图片的那种颜色!

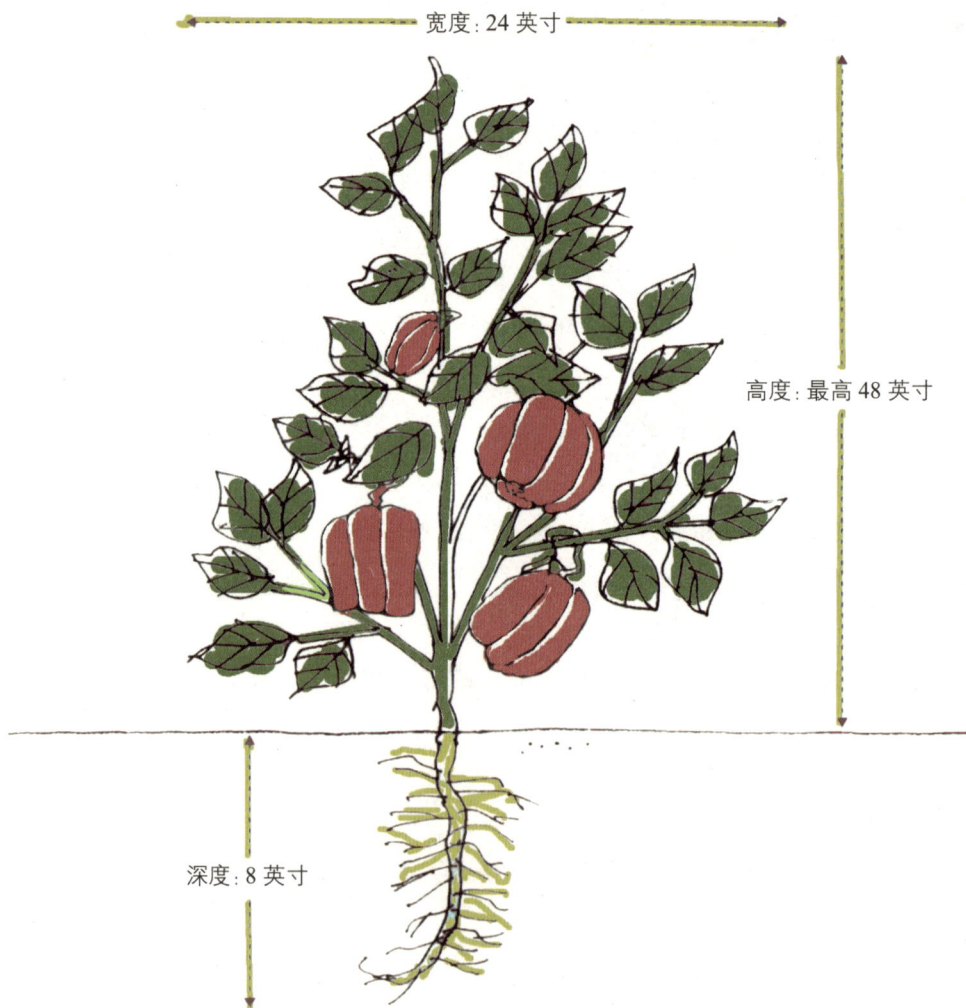

宽度:24 英寸

高度:最高 48 英寸

深度:8 英寸

当然那一年我们遇到了一个漫长而温暖的夏季，这对辣椒的生长帮助很大。辣椒喜欢温暖的天气，特别不喜欢下雨天。我的辣椒苗都是在室内种的，直到它们长到6英寸高，而且夜里温度不低于13℃以后，才被移到户外。

长成（挂果）以后，它们能伸展到15英寸以外，所以最好把它们种在垄宽至少为3英尺的种植床里。如果天气太热（在我们这里，超过30℃），要用遮阳网给它们遮阴；温度太高的话，你就会失去那些会结果的花朵。

我从本地专家那里得到了两条很好的建议：给每棵辣椒根部撒一勺咸盐，以提供它们最喜欢的镁元素；以及把甜椒跟辣椒分开种（至少隔开一个种植床），以免交互授粉。

一般来说只要长得好就足够了，不过它们还给我带来了额外的惊喜！我偷偷摘了几个红辣椒拿到厨房里，切成丝，跟山羊奶酪、菠萝、松子仁和好多新鲜的罗勒叶一起拌成了沙拉，等着看特莉娜会有什么反应，她可是宣称自己最讨厌吃辣椒的。结果她很喜欢，当我告诉她那些红色的东西是辣椒的时候，她兴奋地提议我们烤着试试，而那正是我最喜欢的做辣椒的方法。

数 据

> 跟传统方法种植的辣椒相比，商业作物可能含有较多的化学残留物。自家种的辣椒在成熟时增长的只是红色素和抗氧化物，绝对没有化学物。
>
> 每100克生辣椒（3.5盎司，1/2杯）含有：31卡路里，0克脂肪，0克饱和脂肪，6克碳水化合物，1克蛋白质，2克膳食纤维，4毫克钠

一年生植物

浇　水：在果实出现之前适量，然后要减少水量

光　照：全日照

混栽植物：

有利的：罗勒、胡萝卜、茄子、欧洲防风、西红柿

不利的：茴香、球茎甘蓝

虫　害：蚜虫、黏虫、螨虫、鼻涕虫

病　害：腐烂、脐腐病、霉病

土　壤：轻质，排水性好，肥沃；移到室外前要做好堆肥；适度堆肥

施　肥：中度到重度施肥；开花时用海藻液体肥，生长期施用2~3次

酸碱度：5.5~6.8

品　种：

绿　色：加利福尼亚奇迹

黄　色：拉布拉多

橙　色：阿丽亚娜

红　色：王牌、唇膏

适应区域：4~12

播　种：在春季夜间气温超过15℃时播种，1/4~1/2英寸深；最好在最后一次霜降之前8周在室内开始育苗；间距为12英寸

发芽期：7~10天

收获期：播种后，60~90天；移栽后，55~60天（红色要多加15~20天）

轮　作：不要种在西红柿、茄子或土豆之后

可食用部分：果实

辣椒

烤制方法

辣椒外面有一层较硬的皮，在烤过以后会很容易剥下来，露出柔软光滑的果肉，与带着外皮炒得到的清脆口感完全不一样。

把辣椒切成宽度最多1/2英寸的条，这样朝向热源的那一面会最大限度的平展开，通常用热源在上面的烤箱来烤。把切好的辣椒表面朝上放在金属烤盘里。喷上一点橄榄油，放在烤炉下面烤5~10分钟，直到表皮开始起泡，变成焦黄色但不是黑色，这样辣椒会带有一点烤煳的味道。马上把它们装到棕色的纸袋里，扎紧口，放凉。如果没有其他意外情况的话（几乎从来没有过），你就应该可以很容易地撕掉那层烤焦了的外皮，享用下面略带焦味的美味果肉了。

辣椒蒸粗麦粉

在某种程度上说，这道菜相当于北非的莎莎酱，色彩鲜艳，味道和口感都很独特。搭配海鲜或者禽类菜肴会很棒。

6人份

3杯低钠蔬菜汤

1/4茶匙杏仁精

1杯大粒蒸粗麦粉

3汤匙切成小丁的红色甜椒

3汤匙切成小丁的黄色甜椒

3汤匙切成小丁的紫色洋葱

2汤匙鲜榨酸橙汁

1/2茶匙细细切碎的芫荽梗

1茶匙竹芋混合2茶匙水（芡汁）

1/8茶匙盐

1汤匙细细切碎的芫荽叶

1/2杯水果味白葡萄酒（我喜欢脱醇夏东尼）

把汤和杏仁精倒进一口大锅里，煮开。把做其他菜剩下的蔬菜边角料都放进去，炖10分钟左右。把菜滤出来扔掉，把汤倒回锅里。

把蒸粗麦粉倒进汤里，搅匀，炖20分钟，直到收干汤汁。如果蒸粗麦粉太稀的话，滤掉多余的水分。如果太干，就添加1/2杯水或者脱醇葡萄酒（如果你手头只有带酒精的葡萄酒的话，先煮开，让酒精挥发掉，然后再加入，否则会很难吃）。

煮粗麦粉的同时，把甜椒和洋葱混合在一个小碗里，放入酸橙汁和芫荽梗，拌匀。

粗麦粉一煮到适当的火候，就倒入芡汁拌匀（必须趁粗麦粉还很热的时候放进去）。放上甜椒等蔬菜和盐，然后关火，盖好锅盖以保温。

吃之前把芫荽叶和葡萄酒倒进去拌匀。

每份含有：132卡路里，1克脂肪，0克饱和脂肪，27克碳水化合物，3克蛋白质，2克膳食纤维，260毫克钠。相当于：1份淀粉，2份蔬菜，1/2份脂肪

墨西哥填馅辣椒

这道菜最初起源于我在1969年做的电视节目"腾飞美食"，而当时我从观众里面请来的嘉宾都不喜欢它！之后我对它进行了改进，所以当年的嘉宾看到这里的话，咱们再试一次吧。

4人份

4个红色甜椒

1茶匙无香橄榄油

1杯切碎的洋葱

3瓣大蒜

1个哈拉贝纽辣椒或者干红辣椒（如果你喜欢微辣，就去掉辣椒子），切碎

1汤匙辣椒粉

1/2茶匙小茴香粉

1罐（15.25盎司）西红柿丁，带汤

1杯煮熟的白米

1杯新鲜的、速冻的或者罐头装的玉米粒

1杯煮熟的或者罐头装的花斑豆

把烤箱预热到175℃。

切掉辣椒的顶端，去核，放置一旁。

取一口直径10英寸的锅，放入油，用中高火加热。放入洋葱炒2分钟，直到洋葱

开始变蔫。放入大蒜、辣椒、辣椒粉和小茴香粉。再炒 2 分钟，放入西红柿、米饭、玉米和豆子，煮到汤汁完全收干，所有的东西都结成块为止。用勺子舀到备好的甜椒里面，放到一个直径 10 英寸的涂油烤盘上。

烤 1 小时，直到辣椒变软。

每份含有：248 卡路里，3 克脂肪，0 克饱和脂肪，50 克碳水化合物，9 克蛋白质，8 克膳食纤维，504 毫克钠。相当于：2 份淀粉，4 份蔬菜

五彩意大利面

这道菜漂亮极了，五彩缤纷，口感清脆。收辣椒的时候要注意，一次把你家菜园里有的颜色都收齐了。万一你缺少某个颜色的辣椒，这一次可能就得去商店里买了，要不然就没法完成这道美食了！

4 人份

8 盎司干的米粒意大利面或者其他小型的意大利面
1 茶匙橄榄油
1 杯切碎的洋葱
2 瓣大蒜，拍松、切碎
1 个红色甜椒，切碎
1 个黄色甜椒，切碎
4 杯切碎的新鲜菠菜
1/4 茶匙盐
1/4 茶匙现磨黑胡椒
1/4 杯现磨帕尔玛干酪

按照包装袋上的说明把意大利面煮熟，沥干，用凉水冲凉。搁置一旁待用。

取一口足够大的深平底锅，倒上油，用中高火加热。放入洋葱炒 2 分钟，加上大蒜再炒 1 分钟。放入甜椒，炒 5~8 分钟，直到辣椒变软。

放入菠菜，炒到菜刚刚开始变蔫，倒入煮熟的意大利面，放上盐和黑胡椒，翻炒均匀。盛盘后撒上帕尔玛干酪。

每份含有：283 卡路里，4 克脂肪，1 克饱和脂肪（3% 的卡路里来自饱和脂肪），51 克碳水化合物，11 克蛋白质，4 克膳食纤维，144 毫克钠。相当于：$2\frac{1}{2}$ 份淀粉，3 份蔬菜，1/2 份脂肪

烤红辣椒汤

如果辣椒长得非常好，而且你留下了足够的果实让它自然成熟（变红）的话，那么就用它们做一道特别适合在初冬时分喝的汤吧。

6 人份

1 茶匙橄榄油

1/2 杯切成丁的甜洋葱

2 瓣大蒜

4 个大个红甜椒，烤熟

1 罐（15 盎司）切成丁的西红柿，带汤

4 杯低钠蔬菜汤

1/4 茶匙盐

1/4 茶匙辣椒粉

1 汤匙意大利黑醋（可选）

用中高火加热锅里的油，放入洋葱炒 2 分钟，然后加入大蒜再炒 1 分钟。放上烤熟的辣椒、西红柿和蔬菜汤，煮开后转小火，炖 10 分钟。

把一半的汤和菜倒进搅拌机里打成泥，然后再倒回锅里。放上盐、辣椒粉和醋。分盛到 6 个热汤碗里，搭配糙米米粉吃。

每份含有：48 卡路里，1 克脂肪，0 克饱和脂肪，8 克碳水化合物，2 克蛋白质，1 克膳食纤维，361 毫克钠。相当于：2 份蔬菜

清炒五彩辣椒

如果你喜欢鲜艳的色彩，那么这道菜一定会博得你的欢心。可以作为烤肉的配菜，卷在蛋卷里或者放在小片涂有大蒜的烤面包片上吃。

4 人份

1 茶匙橄榄油

1 杯切碎的甜洋葱

2 瓣大蒜，切碎

1 个红色甜椒,去核,切成细丝

1 个黄色甜椒,去核,切成细丝

1 个绿色甜椒,去核,切成细丝

1/4 茶匙盐

1/4 茶匙现磨黑胡椒

2 汤匙切碎的新鲜欧芹

少许特级初榨橄榄油喷雾油

用中高火加热锅里的油,放入洋葱炒 2 分钟,直到洋葱开始变蔫,但还没有发黄。放上大蒜和甜椒丝,炒大约 10 分钟。加上盐、黑胡椒和欧芹炒匀。端上桌之前喷上橄榄油。

每份含有:60 卡路里,1 克脂肪,0 克饱和脂肪,12 克碳水化合物,2 克蛋白质,3 克膳食纤维,143 毫克钠。相当于:2 份蔬菜

菠菜馅红甜椒

这道配菜看起来就像是在给意大利做广告,吃起来也很有意大利的风味!

4 人份

2 个大个红色甜椒,去子,竖着切成两份

3 把新鲜菠菜或者 2 包(12 盎司)切碎的速冻菠菜,解冻

1/4 茶匙盐

1/4 茶匙现磨黑胡椒

1/4 茶匙肉豆蔻粉

把辣椒放到蒸锅里,在沸水上蒸 3 分钟。放到一旁待用。

把菠菜洗干净,去掉叶梗,把叶片切碎后撒上盐、黑胡椒和肉豆蔻调味。蒸 3 分钟,直到叶片开始萎缩(如果用的是速冻菠菜,先在小煎锅里加热一下,再加调料)。挤掉多余的水分,填到辣椒里面。

把填好馅的辣椒上锅蒸 3 分钟,直到完全熟透。把每半个辣椒切成 2 份,让绿色的馅料朝上,摆在盘子里。

每份含有:87 卡路里,0 克脂肪,0 克饱和脂肪,11 克碳水化合物,5 克蛋白质,4 克膳食纤维,405 毫克钠。相当于:3 份蔬菜

土豆

拉丁语学名：*Solanum tuberosum*

我居住在世界上最棒的土豆产区之一，所以觉得应该把有限的空间用来种植在商店里加价较高的作物上。

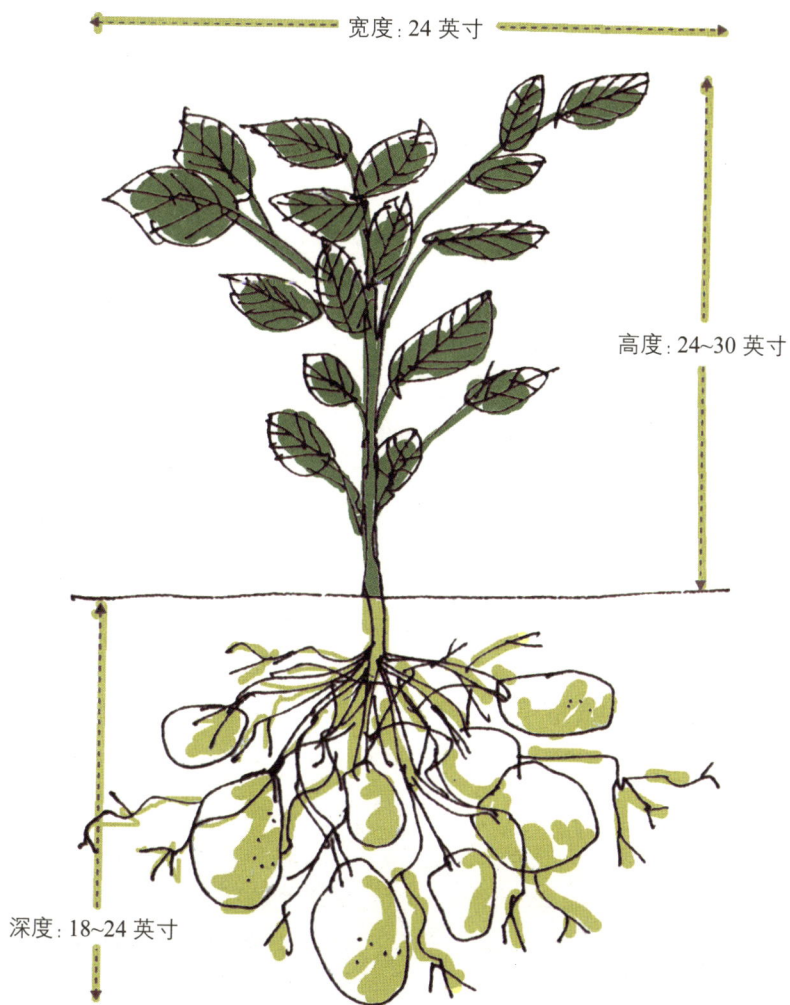

宽度：24 英寸

高度：24~30 英寸

深度：18~24 英寸

对于第一次种土豆的人来说，如果你想要早熟新土豆那样大小的话，就剪掉枝叶，让块茎留在地里埋几个星期，以便长出完整的外皮（富含维生素C），而且吃的时候千万不要削皮。

然后我发现了一种叫做德国奶油球的黄色土豆，以及一种深蓝色的有机土豆，名字就叫蔚蓝。于是我辟出一块5英尺×4英尺的地方，两种土豆各种一磅，期待着都能有10磅的收成。由于这两个品种都属于所谓的园艺设计土豆，所以它们在超市里的价格——如果你找得到的话——使它们成为厨房菜园的首选品种。

具体操作的时候取决于你想要的新土豆的大小。我的建议是小心地扒开土层看看它们长的到底有多大了。直径达到1英寸的时候，你就该剪掉上面的枝叶了。

还有一件事要注意：要把土堆高，一直到绿叶下面，保护好块茎，不要让它们的表皮变成绿色。这种绿色素其实是一种毒性较小的毒素，叫做茄属生物碱，会造成消化系统的不适。

传说著名的厨师埃斯科菲尔曾经要求那些想要到他的沙威酒店厨房里工作的学徒们用煮熟的土豆给他做一份纯煎蛋卷——一个貌似简单的考题。但是只有厨艺高超的人才能完成这个任务。

一份煮得恰到好处的土豆做法很简单：每夸脱水里放1茶匙盐。把小个儿的新土豆放进沸水里，而大个儿的陈土豆（直径在英寸以上的）要放到凉水里，然后再煮开。这两种情况都要煮大约12分钟。然后沥干水分，用一块干净的吸水毛巾把热土豆包起来，放在平底煎锅里面压紧。10分钟过后，多余的水分就会蒸发掉。这样煮出来的土豆才是最完美的。

数据

虽然关于茄属蔬菜（包括土豆、茄子、甜椒和西红柿等）会造成关节炎的消息只是传闻，但是如果你患有关节炎的话，最好还是少吃这类蔬菜。

每100克带皮烤熟的土豆（3.5盎司，1/2杯）含有：97卡路里，0克脂肪，0克饱和脂肪，21克碳水化合物，3克蛋白质，2克膳食纤维，14毫克钠

多年生/一年生/冷季植物

浇　水：足够湿润，但不能浇透土层

光　照：全日照

混栽植物：

有利的：甘蓝属、茄子、豆类、金盏花

不利的：黄瓜、豌豆、西红柿

虫　害：马铃薯甲虫、蟋蟀、鼻涕虫、蜗牛

病　害：黑脚病、凋萎病、根腐病、黄萎病

土　壤：松散，排水性好，沙质壤土

施　肥：高氮、磷、钾；需额外添加碳酸钾

酸碱度：5.0~6.5

品　种：我关注的都是能最大化利用厨房菜园有限的空间的稀有品种

极小的：俄罗斯香蕉

黄　色：育空金色，德国奶油球

红色圆形：北国

紫　色：紫色维京、蔚蓝

适应区域：3~11

播　种：在最后一次霜降之前3周把发芽的块茎种在6英寸宽的沟里，深度2~4英寸，间距24英寸

收获期：发芽块茎播种后90~110天
轮　作：不要种在西红柿后面
可食用部分：块茎

手打土豆泥

我的出版人对纯白色的土豆泥情有独钟。但愿他也会喜欢上这道试图与巴黎的Au Bon Accueil餐厅相抗衡的土豆泥！至少热量会比他家的低很多。

4人份

土豆泥用料

4个中等黄褐色土豆，削皮，切成4瓣

1/2~3/4杯脱脂牛奶

1/4茶匙盐

1/4茶匙白胡椒粉

1/8茶匙肉豆蔻粉

酱汁用料

1杯低钠蔬菜汤

少许番红花或者姜黄根粉

1/4茶匙盐

1汤匙竹芋粉或玉米淀粉混合2汤匙蔬菜汤（芡汁）

2茶匙切碎的新鲜香葱（可选）

把土豆放到沸水里煮20~30分钟，直到煮得很烂为止。沥干水分，把土豆放回锅里，上面盖一块毛巾，使劲压紧。用很小的火焖15分钟，让土豆变干。

把土豆倒进耐热的碗里。加上1/2杯脱脂牛奶和盐、白胡椒、肉豆蔻粉，用手或者电动打蛋器把土豆打成泥。如果太干的话，多加点牛奶。盖上盖子，放在预热到88℃的烤箱里保温。

取一口小锅，倒上蔬菜汤，煮10分钟，收干到一半的量。然后放上番红花和盐。端下来，勾上芡汁，然后再放到火上，加热至汤汁变稠变亮。

把土豆泥分盛到4个热盘子里，堆成一堆，中间挖个坑，把酱汁倒在里面，稍微没

过边缘一点。上面撒上新鲜的香葱,配上鱼肉或者鸡肉吃。

每份含有:196卡路里,1克脂肪,0克饱和脂肪,42克碳水化合物,5克蛋白质,4克膳食纤维,374毫克钠。相当于:2份淀粉

芹菜根土豆泥

如果你喜欢芹菜味道的话,这道菜可以算得上是豪华版的土豆泥了。

6人份

1棵小芹菜根(削皮之前约1磅重)

2个大个儿黄褐色土豆

1/4茶匙盐

4杯水

1/4茶匙酸奶奶酪

1/4茶匙白胡椒粉

3汤匙细细切碎的新鲜芹菜叶

用洗菜刷把芹菜根刷干净,把两头切下来扔掉。用刀子把芹菜根上的深色斑点和靠近中心的木质部分切掉。切开,然后再切成1英寸厚的片。

土豆削皮,切成1英寸厚的片。把芹菜根、土豆、盐和水都放到一个中号锅里,盖上锅盖煮开,然后转成小火,煮25分钟,直到所有的菜都很烂为止。

倒掉水分,用毛巾盖上,晾5分钟,然后捣碎。拌上酸奶奶酪、白胡椒粉和切碎的芹菜叶。在吃之前需要盖上锅盖保温。

每份含有:96卡路里,0克脂肪,0克饱和脂肪,21克碳水化合物,3克蛋白质,3克膳食纤维,186毫克钠。相当于:2份蔬菜

五彩土豆泥

这是土豆爱好者对广为人知的青菜意大利面的诠释——用五颜六色的蔬菜来点缀本来平淡无味的主料。

6人份

2个中等育空金色土豆,切成大块(满满2杯)

$1\frac{1}{2}$杯低脂牛奶

2茶匙橄榄油

1杯切碎的紫色洋葱

1杯切碎的胡萝卜

1/4茶匙葛缕子子

1杯切碎的西蓝花

1/4茶匙盐

1/4茶匙现磨黑胡椒粉

把土豆煮10~15分钟,直到很软为止。沥干,放回锅里,盖上一块毛巾,使劲挤压。用很小的火烘干5分钟。捣烂,拌上牛奶,放置一旁。

用中高火加热锅里的油,放入洋葱炒2分钟。放上胡萝卜和葛缕子子,盖上锅盖,焖10分钟,直到差不多变软。加上西蓝花,再焖5分钟。胡萝卜和西蓝花应该刚刚变软,颜色仍然鲜亮。

放入捣烂的土豆,加上盐和黑胡椒,彻底加热。

每份含有:116卡路里,3克脂肪,1克饱和脂肪(8%的卡路里来自饱和脂肪),18克碳水化合物,4克蛋白质,2克膳食纤维,146毫克钠。相当于:1份淀粉,1份蔬菜,1/2份脂肪

萝卜

拉丁语学名：*Raphanus sativus*

如果你的身边还有年幼的孩子，身为父母、老师、祖父母或者——哎呀，我们刚刚当上了曾祖父母，那你一定愿意在厨房菜园里加上萝卜这一项。

我承认萝卜的味道和口感对小孩子来说可能有点难以接受——又脆又硬，还有点辣。但是，如果你鼓励家里的小朋友自己动手种一小块地的话，那么这些色彩鲜艳的蔬菜会首当其冲，而且它们还是胡萝卜的特殊伙伴，可以同时播种。换句话说，会有好多好多事情同时发生，让小家伙们有兴趣参与其中！

或许你会干脆一不做二不休，把每个颜色的种子都买上一包：从标准的红色和白色的，到紫色的、奶油色的、黄色的，甚至还有黑色的。

以我有限的经验来看，如果孩子们参与了种植、浇水（甚至除草）和收获的过程，他们就会更愿意冒险享受食用的刺激。

由于它们个头小，长势快，可以直接种在辣椒、卷心菜和西红柿等植物将来会占据的空地上。等到那些蔬菜成熟的时候，萝卜早就收完了。要记住它们长得越快，就会越嫩。

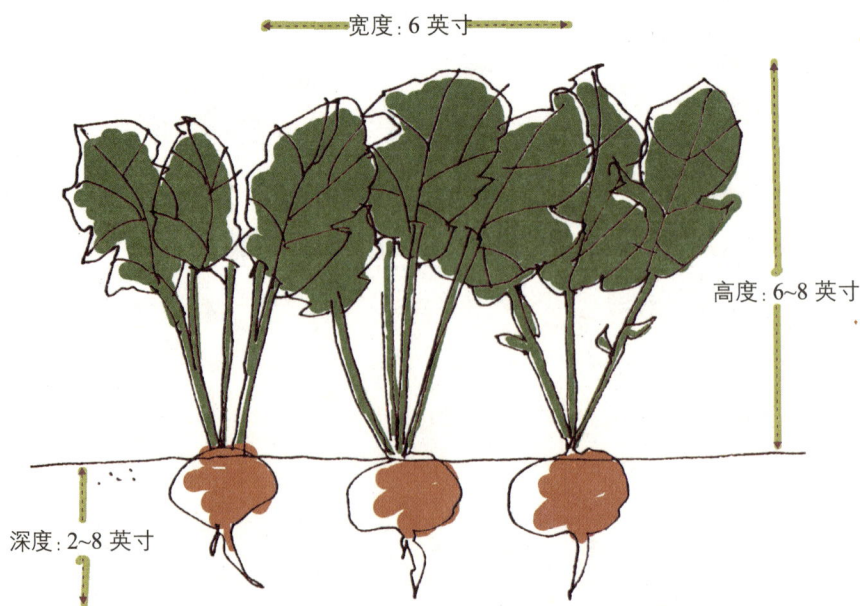

宽度：6 英寸

高度：6~8 英寸

深度：2~8 英寸

如果你收获萝卜的时间掌握得恰到好处,萝卜叶子也很嫩,可以加在沙拉里面(跟甜菜叶等其他早熟绿叶菜一起)。把萝卜放在砂锅和炖菜里面也很不错,它们会提供非同寻常的口感,而且很好看。

数据

萝卜富含钙和维生素 C(生吃才行,做熟以后就破坏了所含的维生素 C)。

每100克生的萝卜(3.5盎司,1/2 杯)含有:18卡路里,0克脂肪,0克饱和脂肪,4克碳水化合物,1克蛋白质,0克膳食纤维,29毫克钠

两年生/一年生/冷季植物

浇　水:适量、均匀、滴灌

光　照:全日照到部分遮阴

混栽植物:

有利的:胡萝卜、豆类、甜菜、豌豆、辣椒

不利的:茴香

虫　害:蚜虫、白粉蝶、线虫

病　害:根瘤病,霉病

土　壤:没有石块的轻质壤土,排水性好但也要能保湿

施　肥:上好的堆肥

酸碱度:5.5~6.5

品　种:

春　季:红色的,彗星;白色的,波比白

秋冬季:黑色西班牙长萝卜(胡萝卜的形状)

四　季:大个、长的白萝卜类型

适应区域:2~10

播　种:早春和秋季播种,1/2 英寸深,间距1英寸,间苗到4英寸

收获期:播种后21~35天;深秋播种后50~60天

轮　作:种在之前种豆类植物的种植床里

可食用部分:根茎和嫩叶

味噌荞麦面

我们在日本的时候太喜欢这道菜了,所以迫不及待地要用新收的萝卜来尝试一把。它可以作为新的生长季节开始的庆功菜。

4人份

1夸脱水

1磅大白萝卜(日本大根),削皮,切成1英寸块(或1磅红萝卜或其他颜色的萝卜)

1个中等大小的芜菁,削皮,切成8瓣

2个中等大小的蜡质土豆,去皮,切成8瓣

1个小型笋瓜(我喜欢用戴利卡特瓜或者冬南瓜),削皮、去子,切成1英寸的块

12盎司低脂特硬豆腐,切成1英寸见方的块

8杯低钠蔬菜汤

1/4 杯低钠酱油

1/4 杯压紧的黄糖

1 罐(10 盎司)带汤鱼丸

2 汤匙芥末粉

2 汤匙竹芋粉

1/2 杯水

2 个煮熟的鸡蛋,去壳

2 汤匙切碎的新鲜欧芹

取一口大锅,把水煮开,放入萝卜,盖上锅盖,煮 10 分钟。加上芜菁、土豆和南瓜,再煮 12 分钟。捞出来,把水倒掉,放置一旁待用。先煮一下这些蔬菜会确保面汤清澈,而且菜的口感很好。

把开水浇在豆腐上,没过豆腐,在你做下一步的时候一直泡着。

把蔬菜汤、酱油和黄糖混合起来放在一口炖锅里,煮开后放上预先处理过的蔬菜。把火调到最小,不盖锅盖,炖 60 分钟。等锅里的汤收到小一半,大约 3 杯的时候,放入沥干水分的豆腐、鱼丸和鱼丸汤。把芥末、竹芋粉和水混合成芡汁,倒进锅里,搅拌使其变浓。

分盛到 4 个热碗里。每个碗里放上半个熟鸡蛋,蛋黄朝上,撒上切碎的欧芹。

每份含有:358 卡路里,12 克脂肪,1 克饱和脂肪(3%的卡路里来自饱和脂肪),38 克碳水化合物,22 克蛋白质,3 克膳食纤维,1312 毫克钠。相当于:1/2 份淀粉,1 份瘦肉,1 份蔬菜,1 份脂肪,1 份碳水化合物

炖萝卜

在炖的过程中萝卜的颜色会变淡一些, 不过光滑的玉米淀粉汁会在一定程度上恢复萝卜的颜色。玉米淀粉一定不要过量,因为它会变得黏糊糊的。

4 人份

16 个红色小萝卜

1 杯低钠蔬菜汤

2 茶匙玉米淀粉混合 2 汤匙水(芡汁)

1/4 茶匙现磨黑胡椒

把萝卜的根部切掉,上面留一点绿色的梗。放进倒有蔬菜汤的锅里,煮开,盖上

锅盖,减小火,炖 10 分钟,直到萝卜变软。

勾上芡,煮开 30 秒钟,让汤汁变浓。千万不要煮得时间太长！撒上黑胡椒,当作配菜吃。

> 每份含有:19 卡路里,0 克脂肪,0 克饱和脂肪,4 克碳水化合物,1 克蛋白质,0 克膳食纤维,49 毫克钠。相当于:无糖食品

清炒春季时蔬

如果菜的个头比较小的话,炒的时间可以比我说的短一些,所以要小心,不要炒得太烂。

4 人份

1 茶匙橄榄油

1/2 把切成丝的甜洋葱

1 瓣大蒜,切成蒜末

3/4 杯很小的新土豆,切成 4 瓣

3/4 杯小胡萝卜,纵向切成两半

3/4 杯芦笋片

3/4 杯甜豌豆

1/2 杯小萝卜,切成 4 瓣

1/4 茶匙盐

1/4 茶匙现磨黑胡椒

1 汤匙切碎的新鲜莳萝或者 1/2 茶匙干莳萝

用中高火加热锅里的油,放入洋葱炒 2 分钟,加上大蒜,再炒 1 分钟。放上土豆和胡萝卜,盖上锅盖,把火关小,焖大约 8 分钟,直到菜刚刚变软。如果菜开始变黄了,加上 1~2 汤匙水。

现在放上芦笋、豌豆、萝卜、盐、黑胡椒和莳萝,翻炒大约 4 分钟,到菜刚刚变软。搭配烤鱼吃,就是一道完美的春季美食。

> 每份含有:75 卡路里,1 克脂肪,0 克饱和脂肪,12 克碳水化合物,2 克蛋白质,3 克膳食纤维,199 毫克钠。相当于:1/2 份淀粉,1 份蔬菜

食用大黄

拉丁语学名:*Rheum rhabarbarum*

　　假如你的菜园里有一块不起眼的地方是朝北的，你可以在那里种一些长得比较高、叶片比较大的多年生植物，比如洋姜、抱子甘蓝或者食用大黄。它们的个头太大，如果种在东边或者西边的话，会挡住阳光。

　　这又是一种需要极富耐心的植物，要2~4年以后才会有收获，不过从那以后，食用大黄可以说是坚不可摧，最长能活15年。第3年过后，你可以分株繁殖，间距至少要有24英寸。大黄的耐寒性很强，寒冷的天气和霜降可以加深叶柄的红色。

　　叶柄的直径为1英寸，叶子长度为24英寸时最适于采收。采收大黄的时候应该把叶柄弯曲，朝一边拧，拔下来，而不是剪断。

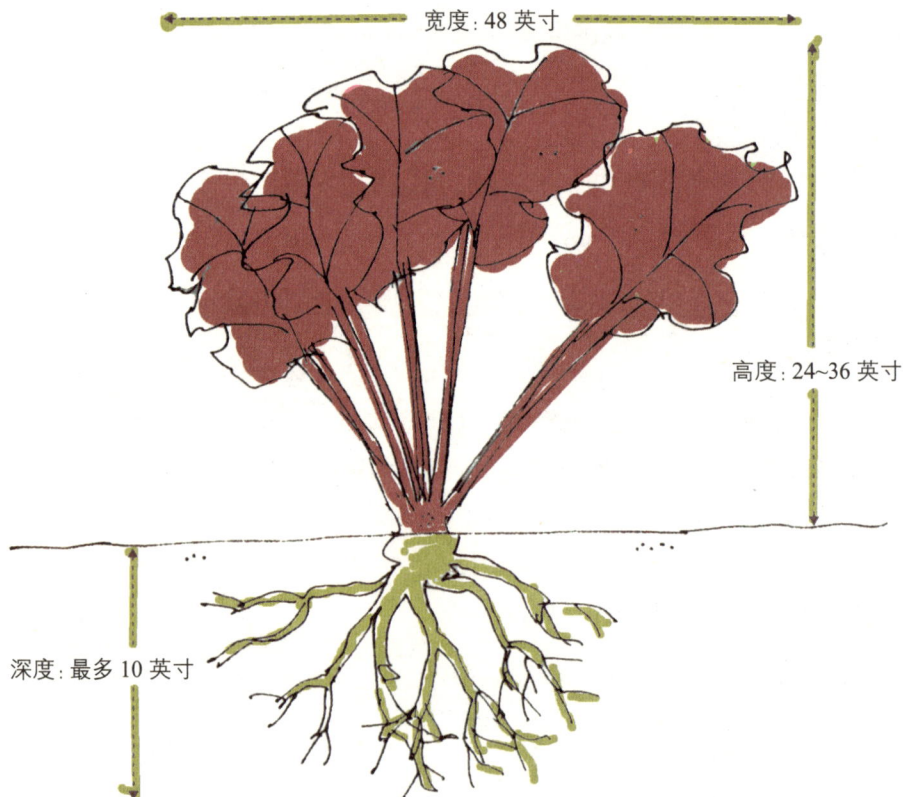

宽度:48英寸

高度:24~36英寸

深度:最多10英寸

226

千万不要吃大黄的叶子,里面含有的草酸足以使人中毒。

大黄本身的味道很酸,瓦伦丁和草莓这两个品种稍好一些。正因如此,烹调的时候需要加很多的甜味调料,而这就抵消掉了大黄的营养价值。你可以把它跟非常甜的水果,比如 Bosch 梨一起做,看看你是否会喜欢这种天然的结合。

数 据

> 每100克生的大黄(3.5盎司,1/2 杯)含有:21卡路里,0克脂肪,0克饱和脂肪,5克碳水化合物,1克蛋白质,2克膳食纤维,4毫克钠

多年生/耐寒/冷季植物

浇　　水:适量、均匀

光　　照:部分遮阴到全日照

混栽植物:

有利的:可以与其他多年生植物和甘蓝属植物混栽

不利的:豆类、根茎蔬菜

虫　　害:蚜虫、跳甲

病　　害:茎腐病

土　　壤:如果土质太黏,要添加沙子或者石膏;排水性好,肥沃,堆肥足

施　　肥:低氮、磷、钾

酸碱度:6.0~6.8

品　　种:瓦伦丁、草莓(自身发甜)、加拿大红(烹调后保持红色)

适应区域:3~9

播　　种:早春,分株,间距1~3英寸,最终间距为 3 英尺

收获期:叶柄;两年之后,然后拔下来;春季4~5周的采收时间

轮　　作:不要轮作

可食用部分:叶柄(叶子有毒)

酸甜浆果馅卷

在加拿大不列颠哥伦比亚省的温哥华岛上,有一个名叫橡树湾的村子,就坐落在维多利亚市的郊外。那里有一家提供三餐服务的英式茶馆,名叫喋喋不休茶馆。我就是在那里发现的这道美味甜点。

6人份

酱 汁用料

1汤匙蜂蜜(最好是杂草蜂蜜)

1 杯酸奶奶酪

水果馅卷用料

烹调用橄榄油喷雾油

1个大澳洲青苹果,去皮、去核,切成1/4英寸的丁

2杯细细切碎的大黄

1杯黑莓

1杯覆盆子

1/2杯压紧的红糖

2汤匙现磨柠檬皮

1/2茶匙丁香粉

8片酥皮面皮,解冻

1/2杯干面包糠

2汤匙蜂蜜

6根薄荷枝

把蜂蜜和酸奶奶酪搅拌均匀,放置一旁待用。

把烤箱预热到182℃,在一块油布上喷上少许橄榄油。

把苹果、大黄、黑莓、覆盆子、红糖、柠檬皮和丁香粉放在一个大碗里混合均匀。

稍稍浸湿一块擦碗用的布,平铺在案板上。横着铺上一块酥皮面皮,喷上点橄榄油。按同样方法再铺上3块(其余的酥皮要盖好,以免变干)。

纵向在酥皮中间撒上1/4杯面包糠,3英寸宽,两端各留出2英寸的空白。用勺子把一半的混合水果铺在面包糠上。

现在面朝酥皮长的一边,提起离你最近的布的边缘,慢慢朝前卷,就像卷果酱卷一样。把剩下的酥皮和水果做成第二个卷。

把馅卷的接缝处朝下,放在备好的烤盘里,上面刷上一层蜂蜜。烤30分钟。用刮刀掀起来看看下面是否烤熟了。

烤好以后,把油布放在支架上,让馅卷晾15分钟,然后再切开。把每个馅卷切成3份,淋上酸奶酱,放上一根薄荷枝做装饰。

每份含有:257卡路里,2克脂肪,0克饱和脂肪,55克碳水化合物,6克蛋白质,4克膳食纤维,459毫克钠。相当于:1/2份水果,1/2份淀粉

大黄草莓甜点

配上低脂香草酸奶和一根新鲜的薄荷枝,味道好极了。

8人份

1磅大黄,新鲜或速冻的都可以

1/4杯鲜榨橙汁

5汤匙压紧的红糖

2包无味明胶

1/2杯凉水

1杯草莓,切片

把大黄切成1/2英寸的块,放到锅里,倒上橙汁,煮开后用小火炖8分钟,直到大黄变软。放上红糖搅匀。

把明胶撒在水里,泡10分钟,让它变软,然后倒进热的水果里面让其溶解。放上草莓,轻轻搅拌均匀。倒进蛋糕模具或者8英寸见方的玻璃烤盘里,放进冰箱冷冻。

脱模时要把模具放在热水里化30秒,等边缘松开后倒进盘子里。切成楔形或者方形。

每份含有:60卡路里,0克脂肪,0克饱和脂肪,13克碳水化合物,2克蛋白质,1克膳食纤维,8毫克钠。相当于:1/2份水果,1/2份碳水化合物

芜菁甘蓝

拉丁语学名：*Brassica napus*

在一个天然的（没有人工干预）环境中，一棵胡萝卜和一棵甘蓝是完全有可能找到它们的天伦之乐，养育出一个不寻常的后代来的。至少某些很有名的植物学家是这么认为的。

那位"神童"当然就是芜菁甘蓝了。

这种根茎蔬菜虽然外表不太好看，但我现在真的喜欢上了它。对它的精确描述是：圆滚滚的矮胖子，从淡黄色到深黄色都有。吃芜菁甘蓝必须得削皮，而这项工作——根据它的大小不同——会很棘手。一旦去了皮（被扔进汤锅里），里面的果肉就好看多了，是均匀的金黄色。

它的嫩叶也是可以吃的（就像芜菁的叶子一样），不过我发现一般人起初都不喜欢那个味道，所以不值得费那个事。

当它们长到最高处——大约12~15英寸时，最好把叶柄弯下来，指向地面（有点像洋葱和大蒜），这样就把流向叶片的能量转向了根茎。这种方法叫倒伏，能促进根茎的生长和甜味。芜菁甘蓝最大能长到直径8英寸，不过4英寸的时候味道最好。

种芜菁甘蓝要花好长的时间，我家的超过了120天。而且它跟其他的根茎蔬菜一样，经得起适度的霜降，还能长得更甜。如果要让芜菁甘蓝在地里过冬的话，就要用很多很多的覆盖物来保温，而且在整个生长期间都要保持土壤的湿润，以免根茎裂开。

我用芜菁甘蓝给附近的邻居们做过一道很特别的蔬菜汤。这个想法是打算用最小的成本获取最大的营养价值，因此一次做了很多，可以吃好几顿。每顿通过添加不同的饰菜来变换花样。它真的是最适合在经济困难时期吃的菜，当然在任何时期都是很节省的。

数据

每100克煮熟的芜菁甘蓝(3.5盎司,1/2杯)含有：39卡路里,0克脂肪,0克饱和脂肪,9克碳水化合物,1克蛋白质,2克膳食纤维,20毫克钠

宽度：12~15 英寸

高度：12~15 英寸

深度：24~36 英寸

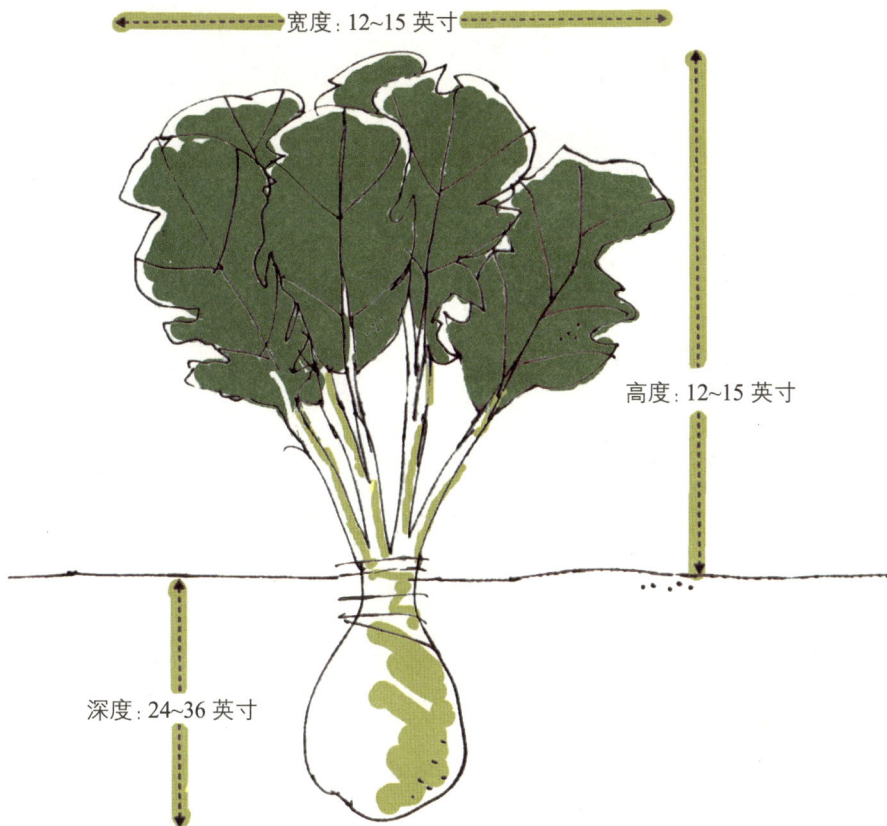

两年生/一年生/冷季植物

浇　水：适量

光　照：全日照

混栽植物：

有利的：甜菜、胡萝卜、豌豆、芜菁

不利的：土豆

虫　害：黏虫、卷心菜根蛆、跳甲

病　害：黑腐病、芜菁花叶病毒

土　壤：轻质、沙质壤土；排水性好，堆肥足

施　肥：低氮，适量磷和钾（长到 5 英寸高时增
　　　　加氮肥）

酸碱度：5.5~6.8

品　种：约克（柔滑）、Gilfeather（属于甜味传世
　　　　品种）

适应区域：3~10

播　种：早春播种，1/4~1/2 英寸深，间距 1 英寸，
　　　　间苗到 6~8 英寸

发芽期：7~15 天

收获期：播种后 90~125 天

轮　作：种在洋葱、青葱后面

可食用部分：根茎、嫩叶

特莉娜的汤底

我们最小的女儿如今也有了两个孩子，有必要给她们年轻而充满活力的生命增加更多的蔬菜了。她们跟我们的许多邻居一样，想要提前准备好一定量的食物，留待

特别忙的日子吃,总比吃比萨要好。

我在秋天里想出了这么一道汤(炖菜)底,可以冷冻起来,吃的时候花几分钟就能恢复原状。然后又创造出一份可以简单添加进去的配菜单,不必多花时间就能换个花样出来。

这道汤对我们和她们都很有用,现在我希望你也能用得上。

赶上应季蔬菜上市的时候,这道汤还是丰富的营养和低廉价格的楷模。我试验过,每份汤的成本不管再怎么加料也不会超过 2 美元,30 人份(最终结果)。

$1\frac{1}{2}$ 磅甜洋葱,切成 1/2 英寸的丁(剥下来的皮留着)

2 盎司姜末(可选)

5 瓣大蒜,拍碎(可选)

$1\frac{1}{2}$ 磅芜菁甘蓝,削皮,切成 1/2 英寸的丁(削下来的皮留着)

$1\frac{1}{2}$ 磅芜菁,削皮,切成 1/2 英寸的丁(削下来的皮留着)

$1\frac{1}{2}$ 磅胡萝卜,削皮,切成 1/2 英寸的丁(削下来的皮留着)

$1\frac{1}{2}$ 磅甘薯,削皮,切成 1/2 英寸的丁(削下来的皮留着)

$1\frac{1}{2}$ 磅欧洲防风,削皮,切成 1/2 英寸的丁(削下来的皮留着)

8 盎司芹菜,切成 1/2 英寸的片

8 盎司瑞士甜菜梗,切成 1/2 英寸的片(满满 2 杯)

1 夸脱低钠蔬菜汤

20 杯凉水

3 汤匙橄榄油

2 汤匙希腊岛混合香料(见"基本食谱")

2 汤匙玉米淀粉混合适量的水(芡汁;每份汤用 1 茶匙)

2 汤匙切碎的新鲜欧芹

适量盐

用具:要一次做好大量的汤,你得用一口容量为 10 夸脱的炒锅或者汤锅(饭店用品供应商那里能买到),以及一口直径至少为 $10\frac{1}{2}$ 英寸的厚底煎锅。此外还要准备 1 夸脱容量的冷冻袋。

首先,把所有削下来的蔬菜皮洗干净,在炒锅里倒上一汤匙橄榄油,用中高火快炒一下,倒上蔬菜汤和 20 杯水。煮开后,用小火炖 30 分钟。把汤过滤到碗里,把蔬菜皮扔到堆肥堆里。尝一下汤的味道,加上适量的盐,倒回炒锅里。

在煎锅里倒上 2 汤匙橄榄油,放入洋葱,炒到刚刚发黄,此时可以加入大蒜和姜末。

把洋葱倒进炒锅里,用中低火炖上。

现在把下面列出来的蔬菜逐个放到煎锅里,炒到刚刚变色,然后倒进炒锅,搅拌均匀,让它们慢慢炖。添加的顺序如下:芜菁甘蓝、芜菁、胡萝卜、甜洋葱、欧洲防风、芹菜和瑞士甜菜梗。

在汤里放上混合香料。25分钟以后尝尝胡萝卜。胡萝卜软了的话,其他的菜就刚刚好。

煮好以后,盛出1夸脱的汤放到一口小号煎锅里,勾上芡,撒上欧芹。煮开后继续煮30秒,让汤汁变浓。把浓汤倒回大锅里,搅拌均匀。

按每人1~1$\frac{1}{2}$杯的量盛出来,喜欢的话可以加上下面列出来的饰菜。剩下的蔬菜和汤可以装到1夸脱一个的冷冻袋里,标上日期,速冻起来,以后用。

解冻和再加热时需要重复用玉米淀粉勾芡的过程以恢复汤的口感和浓度(每份1茶匙足矣)。

可以添加的饰菜

1. **红芸豆——每份加 1/4 杯**

    每份含有:139卡路里,2克脂肪,0克饱和脂肪,27克碳水化合物,5克蛋白质,7克膳食纤维,274毫克钠。相当于:1份淀粉,2份蔬菜

2. **全谷物——做熟了的干小麦碎片、藜麦、蒸粗麦粉、燕麦或者糙米,每份加 1/2 杯**

    每份含有:194卡路里,2克脂肪,0克饱和脂肪,40克碳水化合物,4克蛋白质,6克膳食纤维,90毫克钠。相当于:1$\frac{1}{2}$份淀粉,2份蔬菜

3. **鹰嘴豆——每份加 1/4 杯**

    每份含有:157卡路里,2克脂肪,0克饱和脂肪,31克碳水化合物,5克蛋白质,7克膳食纤维,264毫克钠。相当于:1份淀粉,2份蔬菜

4. **水果干——小红莓、葡萄干、红枣、无花果、杏、李子、苹果,每份加 1/4 杯**

    每份含有:209卡路里,1克脂肪,0克饱和脂肪,50克碳水化合物,3克蛋白质,6克膳食纤维,89毫克钠。相当于:2份蔬菜

5. **香料——肉豆蔻特别适合,或者试试我的各种混合香料(见"基本食谱")**

    每份含有:86卡路里,3克脂肪,0克饱和脂肪,18克碳水化合物,2克蛋白质,4克膳食纤维,85毫克钠。相当于:2份蔬菜

6. **豆腐——切成1英寸见方的块,拌上啤酒花,炒一下,每份加2盎司**

    每份含有:121卡路里,3克脂肪,0克饱和脂肪,19克碳水化合物,6克蛋白质,4克膳食纤维,105毫克钠。相当于:2份蔬菜

菠菜

拉丁语学名：*Spinacea oleracea*

我把菠菜种在一块半阴的地方（在棚子后面），幸好是这样。这一年的夏天对于太平洋西北沿岸来说晴朗得吓人。白天那么长的日照时间给这些柔嫩的植物提供了抽薹开花的条件。

造成抽薹的不仅仅是热天气，还有我这个苏格兰人所谓的小气鬼种植方法，也就是为了多种点而在一块小小的空间里种得太密。菠菜需要至少4英寸的间距来让空气流通，而且每天的日照时间不要超过10个小时。即使这样，温度超过24℃的话也不利于它们的生长，必须给它们遮阴才行。

宽度：6~8英寸

高度：4~6英寸

深度：12英寸

收获的时候要先摘外面的叶子,这样可以促进空气流通,让里面的叶子迅速长大。如果你选择把整棵都剪掉的话,在距离土壤表面 3 英寸的地方剪掉,它还能再长出来。但是我的没长出来,可能是因为天气太热的缘故。

我很喜欢把这种美味的嫩叶用在沙拉里面,特别是跟草莓一起——多可爱的组合。或者把炖菜或浓汤浇在一层新鲜菠菜叶上面,叶子会迅速收缩,但是颜色仍然保持嫩绿。

数据

从营养学的角度来看,深绿色的叶子特别有益,而菠菜的营养则更加丰富。唯一可能要小心的是患有肾结石的人(参见球茎甘蓝的介绍)。

每 100 克生的菠菜(3.5 盎司,1 杯)含有:33 卡路里,0 克脂肪,0 克饱和脂肪,4 克碳水化合物,3 克蛋白质,2 克膳食纤维,79 毫克钠

一年生植物

浇　水:少量、均匀,滴灌

光　照:全日照;热天要遮阴

混栽植物:

有利的:甜菜、甘蓝属、生菜、洋葱、草莓

不利的:高的植物,包括抱子甘蓝、架豆、玉米和食用大黄

虫　害:蚜虫、鼻涕虫、蜗牛、粉纹夜蛾

病　害:曲顶病毒、菠菜叶斑病

土　壤:细致的沙质壤土,排水性好

施　肥:大量堆肥;适量氮、磷、钾;每 1~2 周施 1 次鱼精

酸碱度:6.0~6.8

品　种:奥林匹亚(寒冷地区)、泰伊(抗抽薹)、空间(半卷曲叶片)。温暖气候的品种参见番杏

适应区域:5~10

播　种:早春(最后一次霜降前 4~6 周)土壤解冻后即可播种,1/4~1/2 英寸深,间距 2 英寸,间苗到 4~6 英寸以避免抽薹

发芽期:6~14 天

收获期:播种后 40~60 天

轮　作:不要种在豆类后面

可食用部分:叶子

无硬皮法式菠菜意大利乳清奶酪咸蛋饼

这是享用菠菜的一种很妙的新办法,其品相足以匹敌一个小号比萨。

6 人份

12 杯(1 磅多一点)洗干净的新鲜菠菜或者 1 包(12 盎司)速冻菠菜,解冻

2 茶匙橄榄油

1/2 杯细细切碎的洋葱

1 杯低脂意大利乳清奶酪

1 杯代蛋液*(或者 4 个鸡蛋)，打散

1/2 茶匙干莳萝

1/4 茶匙盐

1/4 茶匙现磨黑胡椒

少许肉豆蔻粉

3 个李子形西红柿，去子、去汁，切碎(满满 1 杯)

1 汤匙现磨帕尔玛干酪

*我喜欢用西南风格的打蛋器。

把烤箱预热到 175℃。给一个 9 寸的派盘或者脱底烤盘涂上油。

把新鲜的菠菜蒸大约 2 分钟，到菜刚刚开始变蔫为止。速冻菠菜不需要蒸，解冻就行。把菠菜里面的水分挤出来，放置一旁待用。

取一口小锅，放上油，用中火加热，把洋葱炒软，但还没有发黄。把乳清奶酪、代蛋液、莳萝、盐、黑胡椒和肉豆蔻放在一个大碗里混合均匀，加上菠菜、西红柿和洋葱，拌匀，倒在备好的烤盘里。

上面撒上帕尔玛干酪，烤 30 分钟，直到凝固成形。放 5~10 分钟，变凉以后，切成楔形。

每份含有：102 卡路里，4 克脂肪，2 克饱和脂肪(18%的卡路里来自饱和脂肪)，7 克碳水化合物，11 克蛋白质，2 克膳食纤维，342 毫克钠。相当于：1 份瘦肉，1 份蔬菜

炒菠菜配米饭

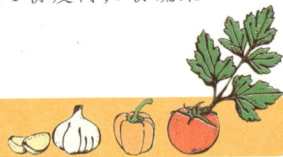

这是一道色香味俱佳的菜饭，几乎算得上是一道热沙拉了。要用天然晒干的西红柿，而不是泡在油里面的西红柿干。

4 人份

2 把(约 12 盎司)菠菜，去梗，洗干净

1/4 杯西红柿干

1 茶匙橄榄油

1 杯切碎的洋葱

1 瓣大蒜，拍松、切碎

2 杯蘑菇，切成厚片(1/3 英寸)

1/4 茶匙盐

1/4 茶匙现磨黑胡椒

2 杯煮好的长粒白米饭

2 汤匙烤熟的松子仁

把菠菜叶切成 1/2 英寸宽的长条,放在一旁待用。把西红柿干放在热水里泡 15 分钟,沥干,切碎。

用中高火加热炒锅里的油,放入洋葱炒 2 分钟,然后放上大蒜和西红柿,再炒 1 分钟。放上蘑菇,炒 3~5 分钟,直到蘑菇开始萎缩。

放上菠菜,翻炒均匀。盖上锅盖,焖 3 分钟,直到菠菜叶子变蔫,但颜色仍然翠绿。放上盐和黑胡椒调味,盛到米饭上面。撒上松子仁。

每份含有:210 卡路里,5 克脂肪,1 克饱和脂肪(4% 的卡路里来自饱和脂肪),35 克碳水化合物,9 克蛋白质,5 克膳食纤维,285 毫克钠。相当于:1 份淀粉,2 份蔬菜,1 份脂肪

四川风味菠菜

风味独特的炒菠菜,很适合做配菜用。

4 人份

8 杯洗干净的菠菜叶或者 1 包(16 盎司)速冻菠菜,解冻

1 汤匙低钠酱油

1 汤匙米醋

1 茶匙白糖

1 茶匙香油

少许干辣椒末

1/2 茶匙切碎的姜末

2 棵绿洋葱(青葱),切片

把菠菜放在滤篮里,浇上开水,让菠菜收缩。沥干水分。

把酱油、醋、糖、香油、辣椒和姜末混合起来,再与菠菜和青葱拌匀,用中火炒两三分钟。

每份含有:38 卡路里,1 克脂肪,0 克饱和脂肪,7 克碳水化合物,2 克蛋白质,2 克膳食纤维,407 毫克钠。相当于:1 份蔬菜

西葫芦

拉丁语学名：*Cucurbita pepo*

　　西葫芦显然喜欢温暖的气候，土壤温度在18~30℃之间都适合它的生长。对我们这里的气候而言，这种温度比较紧张，所以我投资从领域种子公司买了一些绿色的塑料膜。只要把它们铺在加有腐熟堆肥的种植床上，把四周压紧（园艺专家建议用钢筋），它们就能大大提高土壤的温度，还能抑制杂草生长。每隔36英寸剪开一个×形的开口，可以错开弄两行，然后在每个开口处种上一个发育良好的幼苗（在室内育苗，用直径至少2英寸的花盆，每盆播2粒种子）。一定要很小心，因为幼苗的根特别纤细。

　　如果你有足够大的地方，可以直接把它们种在朝南和朝西的地方。土壤要施足堆肥，播种间距为6英寸。

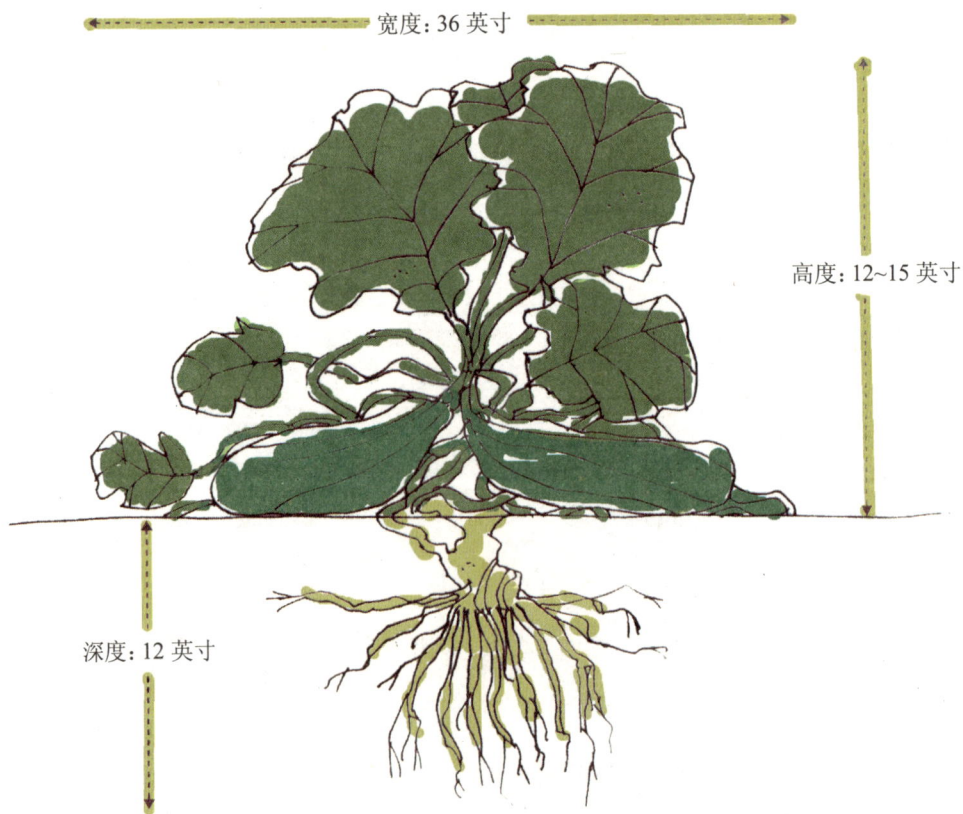

宽度：36英寸

高度：12~15英寸

深度：12英寸

西葫芦、玉米和豆类这3种蔬菜可以种在一起,构成一个自己的小社区。玉米长高以后,豆子会把须缠绕在玉米秆上,往上爬;西葫芦则匍匐在玉米秆之间的地面上,不让杂草滋生。当然,在较为寒冷的地方和铺了塑料膜之后,就很难这么种了。

这个共生的小团体里面还可以加上夏香薄荷,它可以防御侵蚀豆类的害虫,还是一种很棒的香草,可放在用西葫芦、豆子和玉米做的菜里面。(据说萝卜也有抵御害虫的功效。这下我们有了五个好姐妹:现在你明白我说的社区的意思了吗?公共利益就是我们都能做到的益事!)

混栽让我对使用当季最新鲜、最好的食材的理念更加信心百倍。当同时收获的食材可以被用在同一道菜——比如蔬菜杂烩或者鲜玉米粒煮利马豆——里面,以庆祝某一特定微气候环境的丰收季节的到来时,这个理念得到了最充分的发挥。

数据

每 100 克煮熟的西葫芦(3.5 盎司,1/2 杯)含有:16 卡路里,0 克脂肪,0 克饱和脂肪,4 克碳水化合物,1 克蛋白质,1 克膳食纤维,3 毫克钠

一年生植物

浇　水:大量,滴灌

光　照:全日照

混栽植物:

有利的:芹菜、玉米、洋葱、萝卜、豌豆、豆类

不利的:土豆、南瓜

虫　害:南瓜蔓吉丁虫、南瓜虫

病　害:霉病

土　壤:富含腐殖质和堆肥,排水性好

施　肥:高氮、磷、钾

酸碱度:5.5~6.8

品　种:

密生西葫芦:淘金、空间大师、八号球(最后一种很奇特,常见的绿色,但是像台球一样圆)

扁圆形:旭日、飞船

弯颈(黄色):番红花、丰饶之角

适应区域:3~7(矮株品种),6~10(蔓生品种)

播　种:室外,土壤温度达到21℃时;室内,最后一次霜降前3~4周(每个直径2英寸的盆里播2粒种子),1/2~1英寸深,间距12~18英寸,间苗到36英寸

发芽期:7~10 天

收获期:播种后 50~60 天

轮　作:不要种在笋瓜、黄瓜、西瓜后面

可食用部分:果实

清炒嫩西葫芦

4 人份

1 磅混合嫩西葫芦,如扁圆形或黄色弯颈形

1/2 茶匙橄榄油

1 茶匙切碎的大蒜

1/4 茶匙盐

1/4 茶匙现磨黑胡椒

2 汤匙切碎的新鲜欧芹

把西葫芦洗干净，切掉带柄的一头，用纸巾吸干水分。把大个儿的切成两份。

用中高火加热炒锅里的油，放入西葫芦炒 6~8 分钟，直到西葫芦变软。加上大蒜、盐和黑胡椒，再炒 1 分钟。撒上欧芹。

每份含有：30 卡路里，1 克脂肪，0 克饱和脂肪，4 克碳水化合物，3 克蛋白质，1 克膳食纤维，144 毫克钠。相当于：1 份蔬菜

春季时蔬煎蛋饼

这就是一个全部是蔬菜馅的敞口蛋卷，是我最喜欢的早午餐之一。

2 人份

3 茶匙橄榄油

1/4 杯切碎的洋葱

1 瓣大蒜，切成蒜末

1/2 杯芦笋片

1/2 杯扁圆形或者黄色弯颈形西葫芦，切片（1/2 英寸厚）

1/2 杯甜豌豆，去筋，切片（1/2 英寸）

1/4 茶匙干罗勒或者 1 汤匙新鲜罗勒

1/8 茶匙现磨黑胡椒粉，加一撮留作他用

3/4 杯代蛋液

1 汤匙低脂原味酸奶

1 汤匙现磨帕尔玛干酪

在一口直径 10 英寸的锅里倒入 1 茶匙油，放入洋葱炒两三分钟，直到洋葱变软。放上大蒜再炒 1 分钟。比如芦笋、西葫芦、豌豆、罗勒和黑胡椒，不时翻炒 3~5 分钟，直到菜都变软，但还有脆口。放置一旁。

把烤箱预热。把代蛋液跟酸奶和一撮黑胡椒粉调在一起。用一口厚底的烤箱用锅加热剩余的油，把蛋液混合物倒进去，煎 1 分钟，让下面结成块儿，但表面仍然是湿

的。把蔬菜均匀铺在上面,放进烤箱,在加热管下面 4 英寸的地方烤 2 分钟。撒上帕尔玛干酪,切成楔形。

> 每份含有:155 卡路里,8 克脂肪,2 克饱和脂肪(12%的卡路里来自饱和脂肪),8 克碳水化合物,12 克蛋白质,2 克膳食纤维,234 毫克钠。相当于:1 份精瘦肉,1 份蔬菜,2 份脂肪

清蒸扁圆西葫芦

4 人份

4 个扁圆西葫芦(直径 $2\frac{1}{2}$~3 英寸),各切成两份

1/4 茶匙盐

1/4 茶匙现磨黑胡椒

1 汤匙切碎的新鲜罗勒或者 1 茶匙干的

把西葫芦放在蒸笼里,撒上盐、黑胡椒和罗勒。在沸水上面蒸 6 分钟,让西葫芦开始变软,但不是很烂。喷上少许特级初榨橄榄油会更好!

> 每份含有:28 卡路里,0 克脂肪,0 克饱和脂肪,6 克碳水化合物,2 克蛋白质,2 克膳食纤维,141 毫克钠。相当于:1 份蔬菜

西葫芦油炸馅饼

我把传统的油炸馅饼改成了烙饼版,这样既能体现出蔬菜的全部精华又避免了油炸所增添的脂肪。它可以取代淀粉食物,成为全家人都喜欢的大餐。

4 人份

5 汤匙煎饼粉

1/4 茶匙现磨黑胡椒

1/4 杯现磨帕尔玛干酪

1/2 杯代蛋液或者 2 个鸡蛋,打散

2 汤匙切碎的密生西葫芦

2 汤匙切碎的甜洋葱

2 汤匙绿色辣椒，如阿纳海姆，切成丁

把煎饼粉、黑胡椒和帕尔玛干酪放在一个碗里拌匀，倒上鸡蛋搅匀。放入西葫芦、洋葱和辣椒，搅匀。

取一口不粘锅，用中高火加热，喷上橄榄油。用一把大汤勺（约 1/4 杯）把面糊摊到热锅里。一面煎 3 分钟，翻过来再煎 3 分钟，直到蔬菜都变软。

每份用代蛋液做的饼（直径 2~3 英寸）含有：66 卡路里，2 克脂肪，1 克饱和脂肪（14% 的卡路里来自饱和脂肪），7 克碳水化合物，6 克蛋白质，0 克膳食纤维，271 毫克钠。相当于：1/2 份淀粉，1 份瘦肉

南 瓜

拉丁语学名：*Cucurbita maxima* and *C.moschata*

有两种南瓜我最喜欢。一种是胡桃瓜，我会寻找那种脖子细长的（直径 2~3 英寸）来用；另一种是戴利卡特，像一根圆鼓鼓的黄瓜，黄绿色相间的外皮，甜甜的、淡橘色的瓜肉。

南瓜类植物的幼苗受不了霜降，所以我直到过完了阵亡将士纪念日才把它们移到室外，而且夜里还得罩上一个玻璃罩子，直到它们长得足够茁壮。你也可以用塑料的牛奶桶，把底切掉，就可以保护幼苗，只不过有点难看罢了！

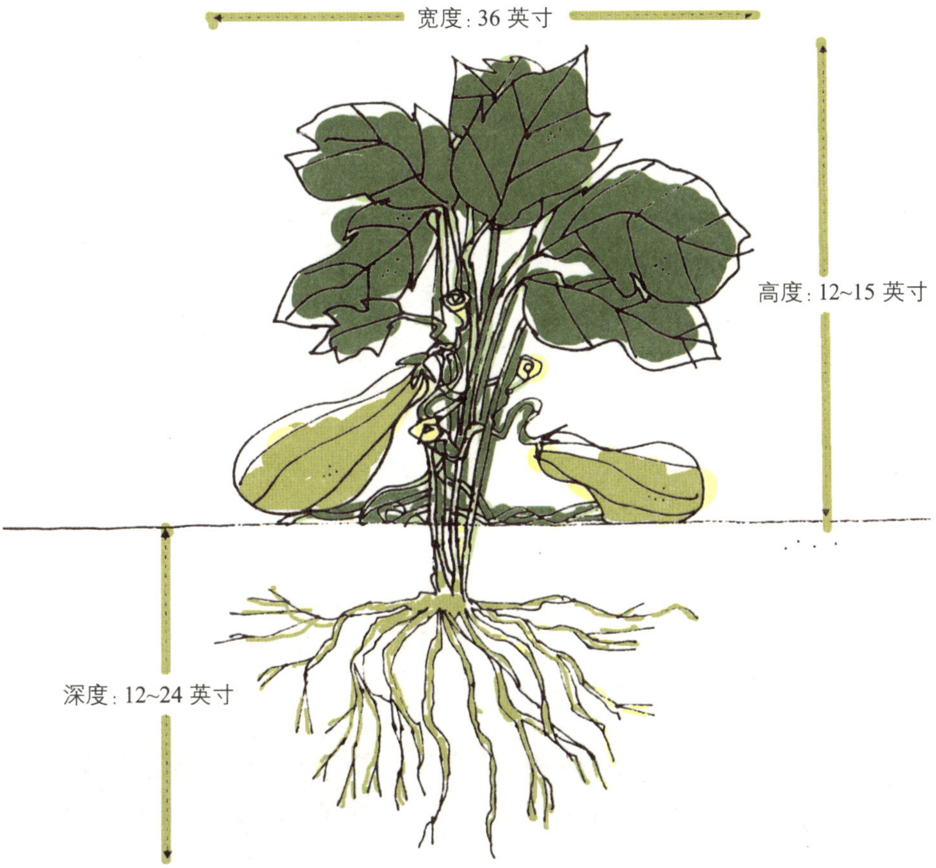
宽度：36 英寸
高度：12~15 英寸
深度：12~24 英寸

南瓜会吸引甲虫和蛀虫，所以你应该花钱置办一些小拱棚来保护它们免遭虫害，一直到开花为止（顺便说一下，如果开花很多的话，你可以把花摘下来，裹上天妇罗面糊炸着吃，不过坦白来讲，这更适合那些深爱炸制食品的人，就像很久以前的我一样）。

要是我在南瓜刚刚结果的时候在下面架一块板子让它离开地面，那么我的南瓜收成会好得多（明年我得试着搭个结实的棚架）。

对许多人来说，把南瓜切开是件让人却步的事，特别是那种表皮很硬的橡子瓜或者笋瓜。让这事变简单的一个方法是用微波炉先加热一下。由于微波炉不同（而且南瓜也不同），所以我没法给你提供很详细的时间，一开始先用高火加热2分钟，然后用一把大刀（12英寸长）试试看能不能切动。很可能还得再加热2分钟，让表皮软化到足以安全地切开的程度。

数据

每100克烤熟的南瓜（3.5盎司，1/2杯）含有：37卡路里，0克脂肪，0克饱和脂肪，9克碳水化合物，1克蛋白质，3克膳食纤维，1毫克钠

一年生植物

浇　水：大量，滴灌

光　照：全日照

混栽植物：

有利的：芹菜、玉米、洋葱、豌豆、豆类

不利的：甘蓝属、土豆

虫　害：蚜虫、黄瓜甲虫、蛀虫

病　害：霉病（绒毛状和粉状）

土　壤：沙质壤土，排水性好

施　肥：施足堆肥；高氮、磷、钾；从发芽到出现花苞只用氮肥

酸碱度：6.5~7.0

品　种：橡子瓜：金之心，Tuffy

胡桃瓜：长岛奶酪

Kurl：日本红香栗

笋瓜：蓝色芭蕾戴利卡特（个儿小、味甜）

意大利面条瓜

适应区域：3~10

播　种：室内，最后一次霜降前3~4周，1/2~1英寸深；土壤温度最低为18℃时移到室外，间距2~3英寸，间苗到2~3英尺

发芽期：4~10天

收获期：播种后60~100天；移栽后60~80天

轮　作：不要种在西葫芦、西瓜后面

可食用部分：果实

南瓜

基本准备

我喜欢用烤过的胡桃瓜圆片来搭配适量的肉菜。把胡桃瓜削皮，然后切成均匀的1英寸厚的圆片，在175℃下烤45分钟。把它作为底菜，搭配小分量（约4盎司）的肉食。南瓜在餐盘中显得很突出，使这道菜成为餐桌上的中心，同时又减少了实际提供的肉量。

日本酱油烤胡桃瓜

这是使用日本酱油的一个好理由。日本酱油是一种更加顺滑,营养更均衡,也更加复杂的酱油。在很多城市的亚洲食品部都能找到。

6 人份

1 个胡桃瓜或者橡子瓜,约 3 磅重
1 茶匙低钠日本酱油或普通酱油
1/4 茶匙现磨黑胡椒

把烤箱预热到 175℃。

把瓜纵向切成两半。用勺子把中间的瓜子和瓜瓤挖出来扔掉。把每半个切成两份,然后再纵向切成 3 块。如果用的是橡子瓜,就把每半个切成 2 块。

把切开的瓜摆到一个直径 12 英寸的涂过油的烤盘里,刷上日本酱油,撒上黑胡椒。喷上少许橄榄油。烤 45 分钟,直到瓜变软。可以在端上桌之前再刷一遍日本酱油。

每份含有:79 卡路里,0 克脂肪,0 克饱和脂肪,20 克碳水化合物,1 克蛋白质,5 克膳食纤维,108 毫克钠。相当于:1 份淀粉

胡桃瓜姜味奶酪蛋糕

这是一个不同寻常的配方,可以算是南瓜派的一个替代品。用胡桃瓜做的脱模奶酪蛋糕,用在感恩节的家宴上是个独具创新的菜品。

12 人份

馅料

1 个小号胡桃瓜,切成两份,去子
2 包无味明胶
1/2 杯水
3/4 杯压紧的红糖
$1\frac{1}{2}$ 杯 2% 含量的白色软干酪
1/2 茶匙肉桂粉

1/2 茶匙姜粉

1/4 茶匙丁香粉

3/4 杯酸奶奶酪

外皮用料

18 颗干无花果，去掉柄蒂

1 杯掰碎的姜汁饼干

装饰用料

1 汤匙细细切碎的糖姜

把烤箱预热到 175℃。

把切开的瓜放到烤盘里，烤 40 分钟，拿出来放凉。挖出 2 杯瓜肉来做蛋糕，其余的冷冻起来以后再用。

等南瓜凉的时候，来做外皮。把无花果放到搅拌机里打几秒钟，加入姜汁饼干，继续搅打，直到混合成很黏的一团。不要打太长时间，否则饼干就失去了口感。取一个直径 7 英寸的深底脱底蛋糕模，涂上点油，把外皮面团压到模底和四周。手指上蘸点凉水以免太黏。

接着做馅。取一口小锅，倒上水，把明胶撒到里面，软化 1 分钟。用小火加热 3 分钟，不停搅拌，直到明胶完全溶解。把南瓜、明胶和其他的馅料都放到搅拌机里，打 2 分钟，直到完全顺滑。把馅料倒进做好的外皮里，放进冰箱，冷冻大约 3 小时，直到凝固成形。

吃的时候，把蛋糕脱模到一个大盘子里，用加热过的刀切开。撒上少许糖姜做点缀。

每份含有：181 卡路里，2 克脂肪，1 克饱和脂肪（5% 的卡路里来自饱和脂肪），36 克碳水化合物，7 克蛋白质，3 克膳食纤维，192 毫克钠。相当于：1 份碳水化合物，1 份瘦肉

草 莓

拉丁语学名：*Fagaria vesca* and *F.virginiana*

　　我承认，我第一年种的植物并没有全部存活和结果。我的草莓是从一个朋友那里得来的，是他在农夫市场上买的根冠(母株)。我把它们跟罗勒一起种在了一个泥土箱里，罗勒却长得非常好。我不知道到底是什么品种，不过我怀疑它们是一种高山或者野生草莓，开出大量粉色的花朵，长出很多匍茎。可是显摆了一通之后，它们结的却是非常小的野生草莓，哪怕有一点点味道也算是特殊优待了！

　　接下来的这一年我要给草莓规划出更大的地方——12英尺见方，在去年种过南瓜的种植床里。而且我还精心挑选了一个品种，但愿能结出足够我们从春天吃到秋天的果实，但前提是我要定期掐掉一些花朵和匍茎。

　　要想在较小的空间里收获更多的草莓，可以把种植床分成10英寸宽的小土堆，间距12英寸，大约4英寸高。这样草莓的匍茎就没有那么旺盛，生长期较长的品种(中日型)就会在整个夏季不停的结果。

　　一定要在果实下面和靠近根部的地方铺上稻草，以免根部腐烂。(这会不会就是草莓这个名字的来源呢？)早期开的花和长出的匍茎都要掐掉，以增大果实的个头。

　　自己种草莓最吸引我的地方并不是甜美的味道，而是完全没有化学物。草莓是最能吸收和保留人为添加的无机物的植物之一。

　　草莓真正的果实是那些小小的种子。而那个圆锥形的果子其实叫假果——有点类似于我们泡沫时代的经济社会？！

　　如果我已经习惯了每次购物的时候都买些草莓怎么办？我就是喜欢把它们跟蓝莓一起放在麦片里。我从没注意过价钱，甚至没注意过它们是不是产自南美洲。我就是喜欢吃莓子，哪怕它们的味道没有我们本地产的那么香甜。不过，我是否已经忘记了新鲜的应季莓子是什么滋味了？

　　回答：我可以自己种，急切地盼望着每一个收获季节的到来以及它带给我的特别款待。

第五章　怎么种，怎么吃

247

数据

每100克生草莓(3.5盎司,1/2杯)含有:32卡路里,0克脂肪,0克饱和脂肪,7克碳水化合物,1克蛋白质,2克膳食纤维,1毫克钠

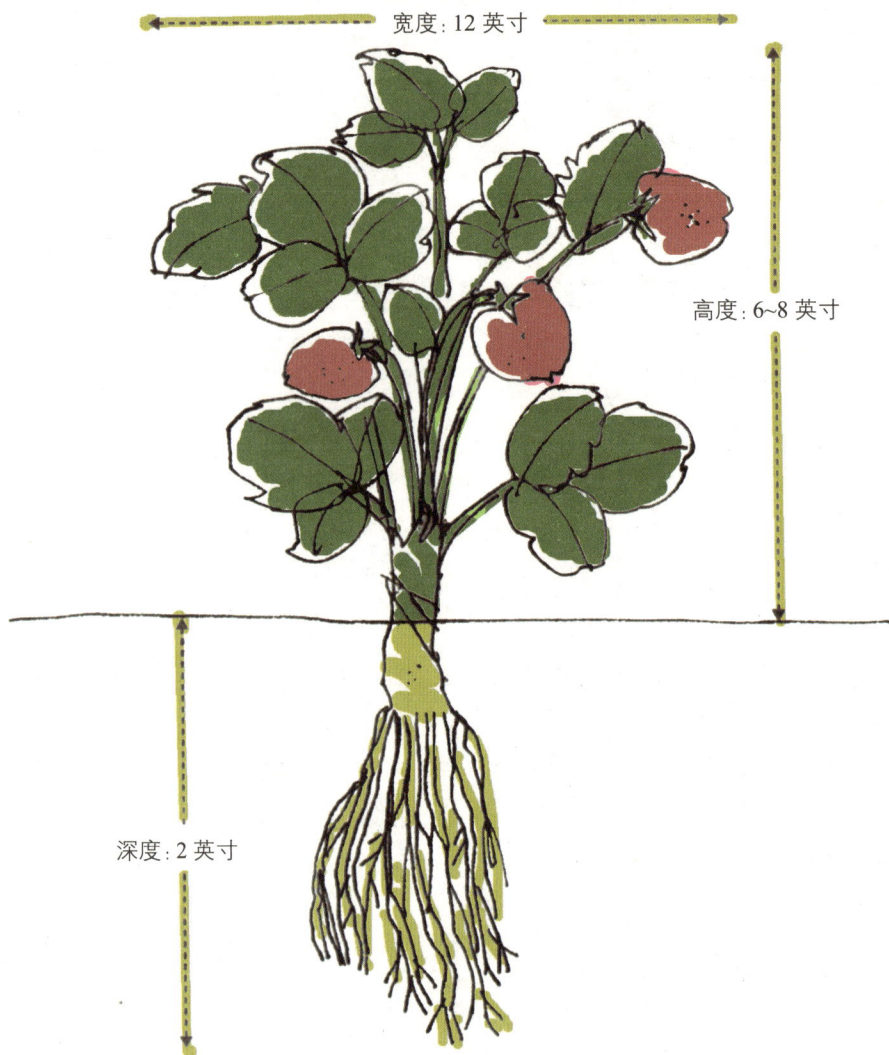

宽度:12英寸

高度:6~8英寸

深度:2英寸

多年生植物

浇　水:适量,滴灌

光　照:全日照到部分遮阴

混栽植物:

有利的:甜瓜

不利的:西蓝花,甘蓝属

虫　害:小鸟和老鼠

病　害:灰霉病、叶焦病

土　壤:排水性好,酸性土壤

施　肥:少量氮、磷、钾;不要过度施肥——过快的生长会导致灰霉病

酸碱度:5.5~7.0

品　种:

不断结果的(中日型):亚历山德里亚、拉勒米堡、喹诺尔特(从初夏一直到秋天)

人工培育的野生品种:黄色阿尔卑斯,菠萝杂交,鲁根

适应区域:3~10

播　　种：室内，在春季移到室外前8周；室外，最后一次霜降过后；播种1/8~1/4英寸深；根冠一半露出土面；间距为12~14英寸

发芽期：7~14天

收获期：美国西海岸从6月到9月；东海岸从6月到7月

轮　　作：不要种在甜菜、玉米、西红柿、辣椒、豌豆之后

可食用部分：果实

阳光草莓

享用自家种的新鲜草莓的最好方法就是用手拿着，蘸一下由1杯低脂香草酸奶加4茶匙松软红糖拌成的酱汁，然后送进嘴里。

每1/4杯酱汁含有：50卡路里，1克脂肪，1克饱和脂肪（18%的卡路里来自饱和脂肪），8克碳水化合物，3克蛋白质，0克膳食纤维，40毫克钠。相当于：1/2份碳水化合物

草莓哈拉贝纽辣椒莎莎酱

4人份

3杯新鲜草莓，切片

1个苹果，去核，切碎

1个哈拉贝纽辣椒，切碎（如果你喜欢吃辣，就留着辣椒子）

1汤匙压紧的红糖

把草莓、苹果、辣椒和红糖混合均匀，立即搭配冷制肉食食用。

每份含有：73卡路里，0克脂肪，0克饱和脂肪，18克碳水化合物，1克蛋白质，4克膳食纤维，1毫克钠。相当于：1份水果

夏日层叠蛋糕布丁

欢迎来品尝我童年记忆中的美味之一，它是两种英式甜点的组合。

10人份

$1\frac{1}{2}$ 杯新鲜的或者速冻的不加糖覆盆子

$1\frac{1}{2}$ 杯新鲜的或者速冻的食用大黄,切片

$1\frac{1}{2}$ 杯新鲜的或者速冻的不加糖草莓,切片

$1\frac{1}{2}$ 杯新鲜的或者速冻的蓝莓

1/2 杯白糖

2 包无味明胶

3 汤匙凉水

3 汤匙开水

20 根意大利手指饼干

蛋 奶糊用料

3 汤匙玉米淀粉

6 汤匙白糖

2 杯 2% 牛奶

1 茶匙香草精

1 杯代蛋液(或 4 个蛋黄)

把水果放进一口大锅里,加上 1/2 杯的糖,煮开后马上关火,让析出来的果汁把糖溶解掉。放置一旁晾凉。把明胶撒到盛有凉水的小碗里,先软化几分钟,然后倒入开水,让明胶彻底溶解,然后跟水果拌匀。

取 10 个高脚甜点玻璃杯,每个里面放 2 根手指饼干。把混合的水果分到杯子里,让饼干立在中间。顶上留出 1 英寸的空放蛋奶糊。

蛋奶糊做法:把玉米淀粉和糖放进一个小碗里混合均匀,倒上 1/2 杯的牛奶,搅匀,做出芡汁。把剩下的牛奶倒进一口厚底锅里,用中高火加热,等到边缘起了泡沫或者表面开始结成一层皮的时候,把芡汁和香草精加进去,不断搅拌,煮开后关火。把锅端下来,晾一会儿,然后轻轻把代蛋液倒进去搅匀。把蛋奶糊均匀地倒在每一份水果上面,冷冻至少 2 个小时让它凝固。如果你喜欢,可以放上一根薄荷枝或者是可以食用的花朵,如三色堇或者紫罗兰做点缀。

每份含有:204 卡路里,2 克脂肪,1 克饱和脂肪(4%的卡路里来自饱和脂肪),41 克碳水化合物,9 克蛋白质,3 克膳食纤维,98 毫克钠。相当于:$2\frac{1}{2}$ 份碳水化合物,1/2 份瘦肉

草莓香蕉果丹皮

这个方法做出来的是能给全家人吃的健康零食，避免了外面买的果丹皮里面大量的糖分。

8人份

3 杯草莓

1 根熟香蕉

2 汤匙冷冻的浓缩橙汁

2 汤匙蜂蜜

1 茶匙鲜榨柠檬汁

在一个 12 英寸×17 英寸×1 英寸的烤盘里铺上保鲜膜。

把草莓、香蕉、浓缩橙汁、蜂蜜和柠檬汁倒进搅拌机里打匀。如果需要的话，可以分批打。打好的水果泥应该盛满 2 杯。

把烤箱预热到 60℃。

把水果泥倒在备好的烤盘上，用刮刀抹开，边缘要比中间厚一点。把烤箱的门留个缝，烤 6 小时，直到水果糊开始发黏。放凉后，沿着长边卷起来，切成 8 个 2 英寸的段。在冰箱里最多能放一个星期，不过家里的孩子可能不到一个星期就会吃完的。

> 每份含有：71 卡路里，0 克脂肪，0 克饱和脂肪，18 克碳水化合物，1 克蛋白质，2 克膳食纤维，2 毫克钠。相当于：1 份水果

甘 薯

拉丁语学名：*Ipomoea batatas*

　　我们在南得克萨斯州（当然是克尔威尔了）和亚利桑那州都曾居住过一段时间，尽管我们喜欢住在南方的那些日子，但是，除非是为了给甘薯的生长提供足够的、持续不断的温暖天气，否则我们是不会跟任何人、任何地方交换在太平洋西北岸的夏日生活的！

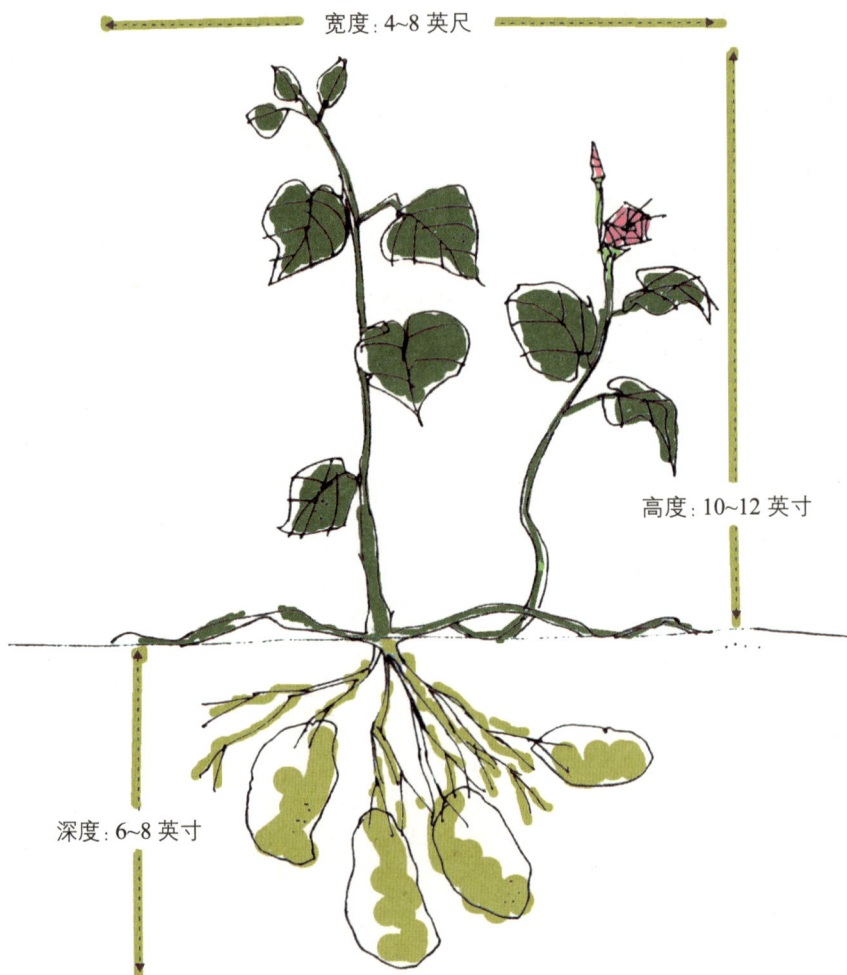

宽度：4~8 英尺

高度：10~12 英寸

深度：6~8 英寸

尽管处于温度方面的劣势，我还是打算明年冒险种一下这种可爱的蔬菜，因为这个过程——按照我的新朋友史蒂夫·阿尔伯特在他的《厨房菜园种植指南》一书中说的——好像很好玩（前提是你有一个小型温室）。在寒冷地区让它们生长的一大秘密就是要用所谓的耐旱品种。

史蒂夫建议先从他所谓的催芽开始。把一个小甘薯放在玻璃罐里，倒上一半的水，让1/3的甘薯泡在水里，放在晒得到阳光的地方，直到它出芽，要一直保持水量。芽长到6英寸高的时候，把它们从甘薯上拔下来，放在水里（或者培养液里）让它们生根，逐渐长成5英寸高的幼苗，才可以移栽到种植床里。

等叶子变黄以后就可以收了。新收的甘薯要先放在太阳下晒干，然后放到温度在12~16℃的地方，可以保存4~6个月。

对了，还有一个问题，那就是甘薯跟薯蓣有什么区别？

事实上，薯蓣是另一属植物，只是外表跟甘薯有点像罢了。从秘鲁到加勒比海地区常常把甘薯物种叫做薯蓣，这才更加让人搞不清楚了。甘薯是美洲对这个世界最大的贡献之一。极富营养，味道甜美，根茎蔬菜之王当然非它莫属了。

数 据

> 每100克烤熟的甘薯（3.5盎司，1/2杯）含有：90卡路里，0克脂肪，0克饱和脂肪，21克碳水化合物，2克蛋白质，3克膳食纤维，36毫克钠

多年生/一年生/暖季植物

浇　　水：少量

光　　照：全日照

混栽植物：

有利的：金盏花（个人观察结果，似乎有助于防御共有的害虫）

不利的：甜菜、欧洲防风

虫　　害：蚜虫、跳甲、金针虫

病　　害：霉菌感染（黑腐病、根腐病）

土　　壤：排水性好，沙质壤土

施　　肥：优质堆肥；低氮、磷、钾（避免高氮，会被叶子吸收，抢夺根茎的养分）

酸碱度：5.0~6.5

品　　种：

耐涝品种（温暖气候）：黄金、宝石、无蔓波多黎各（柔软、含糖量高、橙黄色果肉）

耐旱品种（寒冷气候）：Onokeo、怀马纳罗红薯、黄色泽西

适应区域：6~12

播　　种：最后一次霜降后2周，土壤温度至少在20~29℃之间；种芽，2~3英寸深，垄上间距10~12英寸

收获期：种芽，150~175天；移栽后，100~125天

轮　　作：不要种在其他根茎作物后面；不要在同一个种植床里连续种4年

可食用部分：块根

烤红薯慕斯

我特意配制了橙子、葡萄干和多香果的组合是为了补足而不是遮掩红薯柔滑的

甜味,结果有点像一款质感细腻,滋味别具一格的慕斯。

6人份

1/4 杯鲜榨橙汁

1 汤匙葡萄干

3 汤匙压紧的红糖

3/8 茶匙多香果粉

2 磅红薯,削皮,切成小块

1/8 茶匙盐

1/2 杯酸奶奶酪

1/2 茶匙现磨橙皮末

1 汤匙杏仁片

点 缀品

可食用的花朵,如三色堇、旱金莲、矢车菊

把烤箱预热到205℃。给一个直径10英寸的耐热烤盘喷上油。

取一口小锅,用中火加热橙汁。放入葡萄干、2汤匙红糖和1/8茶匙的多香果粉,搅拌均匀,放置一旁,趁做红薯的时候让葡萄干浸透。

把红薯和盐倒进一口大锅里,倒上水,没过即可,煮开。煮15分钟,直到红薯非常软为止。沥干水分,把红薯再倒回锅里,上面盖上一块干净的毛巾,用很小的火加热5~10分钟,直到红薯表皮变干,呈粉状。

把红薯捣成泥,加入酸奶奶酪、剩下的1/4茶匙多香果粉和橙皮。把葡萄干捞出来,放置一旁,做点缀用,把汤汁倒进红薯里面,搅匀。

把红薯泥平铺到备好的烤盘上,用叉子的齿按压,做出棱纹,撒上剩余的1汤匙红糖和杏仁片。烤15分钟,直到薄刃的刀子切下去不黏为止。

用勺子舀出一份红薯慕斯放在甜点盘上,撒上几颗浸泡过的葡萄干,旁边摆上一朵鲜花即可。

每份含有:231卡路里,1克脂肪,0克饱和脂肪,30克碳水化合物,2克蛋白质,2克膳食纤维,92毫克钠。相当于:2份碳水化合物

红薯泥

有些植物富含热量和营养成分。正因为如此,小小的一份就对我们的身体很有

益处。这道菜的量就很小，但味道好极了！

4 人份

4 个小个儿到中个儿的橙黄色红薯
2 茶匙新鲜的百里香或者 3/4 茶匙干百里香
1/4 茶匙盐
1/4 茶匙现磨黑胡椒

把红薯削皮，切成 1/2 英寸厚的片（大约装满 2 杯）。放在沸水上蒸 16 分钟，让红薯变软。蒸好之后，倒进碗里，用叉子或者土豆泥捣碎器捣碎。拌上百里香、盐和黑胡椒。

每份含有：99 卡路里，0 克脂肪，0 克饱和脂肪，23 克碳水化合物，2 克蛋白质，2 克膳食纤维，59 毫克钠。相当于：$1\frac{1}{2}$ 份淀粉

辣味烤红薯角

4 人份

1 磅橙黄色红薯
1/2 茶匙橄榄油或者橄榄油喷雾油
1/4 茶匙小茴香粉
1/4 茶匙微辣辣椒粉
少许烟熏红辣椒粉

把烤箱预热到 175℃。在一个烤盘上涂好油。
把红薯去皮，切成细长的楔形。放在备好的烤盘里，刷上或者喷上油。
把调味料混合起来，撒在上面。烤 30 分钟。

每份含有：128 卡路里，19 克脂肪，0 克饱和脂肪，28 克碳水化合物，1 克蛋白质，4 克膳食纤维，13 毫克钠。相当于：1 份淀粉

西红柿

拉丁语学名：*Lycopersicon esculentum*

如果有谁非要给自己种菜找个理由的话，那一定是为了吃到真正美味的西红柿：酸中带甜，芳香四溢，宛如一朵盛开的天竺葵。

西红柿是多年生植物，不过大家都是每年种一次。在我们居住的那一带，根本就没法种西红柿，因为多雨的秋季会造成严重的凋萎病。不过我的西红柿长得很好，至少我是这么觉得的，特别是我以前从来没种过。

可是这棵传说中的布兰迪品种只结了3个果子——一个丑八怪，两个既好看又好吃（我向当地的专家请教过原因，却没有得到一点有意义的答案）。

到目前为止，味道最好的是一种橙黄色的樱桃西红柿，叫金太阳，长势很旺，结了好多的果子。同时，那种叫黄梨的小个柠檬黄色梨形品种很早就裂开了，因为果皮太薄承受不了它过快的长势。

最接近落日颜色的西红柿叫做早熟女孩，个头大，颜色深，收获颇丰。

还有另外一种叫做俄罗斯酱的，是用来做意大利罗马风味西红柿酱和晒干用的。

我种在温室里的品种没有种在凸起种植床里的长得好。我在外面搭了棚架，而且用绿色的塑料布给土壤保温。温室里的沿着竹竿和线绳往上爬，但是它们很快就变成了数百只粉虱的家。有人告诉我说可以用较强的水压把粉虱冲掉，可是这个办法只管用一会儿，而且似乎还破坏了低处的叶子。后来我用了稀释过的印度楝树油，效果就好多了。

在泥土箱里的西红柿种得太密了，而且我也没有每天去轻轻敲两下，让它们自己授粉。

明年我打算重点种3个品种：布兰迪、金太阳和俄罗斯酱。后面两种会种在温室里，沿着线绳往上爬。这一次我会每天在靠近花朵的地方敲一敲，帮助它们自己授粉（在室外的话，这项工作是由风和昆虫来完成的），而且还会辛勤地掐掉从每一根叶柄的分叉处长出来的枝芽（朋友告诉我每个星期一个不漏地检查一遍，就会让植物把能量集中在果实上面）。

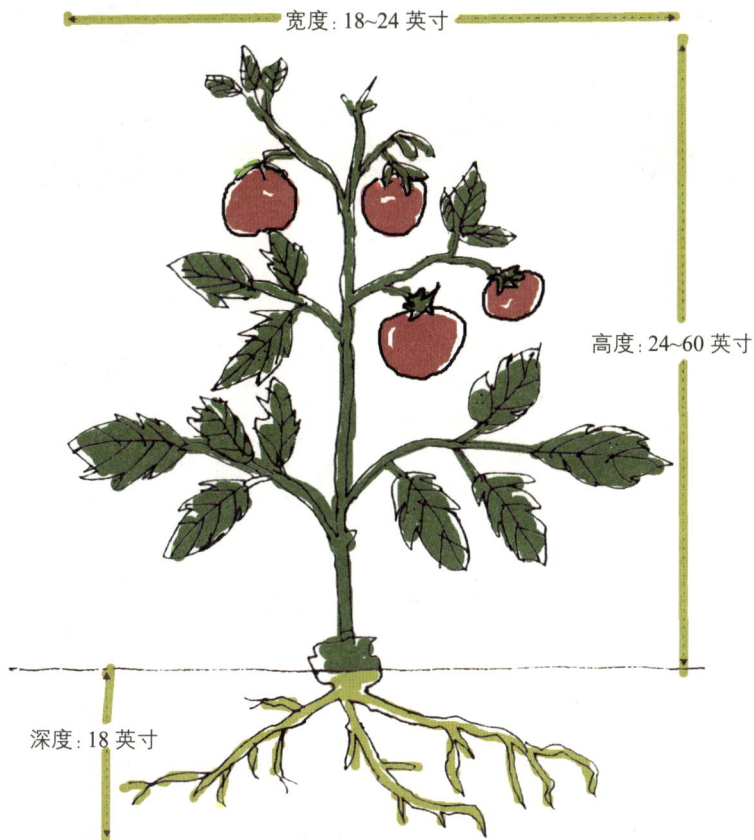

宽度: 18~24 英寸

高度: 24~60 英寸

深度: 18 英寸

数据 每 100 克西红柿(3.5 盎司,1/2 杯)含有:18 卡路里,0 克脂肪,0 克饱和脂肪,4 克碳水化合物,1 克蛋白质,1 克膳食纤维,5 毫克钠

多年生/一年生植物

浇　水:每周 1~2 次(少量到适量的持续滴灌)

光　照:全日照(每天至少 6 小时)

混栽植物:

有利的:罗勒、甘蓝属、大蒜、洋葱

不利的:玉米、莳萝、土豆

虫　害:蚜虫、粉虱、鼻涕虫、蜗牛

病　害:黑斑病,早期凋萎病;种子或幼苗的包装袋上会有抗病代码(V 是黄萎病,F 是镰刀霉枯萎病,N 是线虫病,T 是烟草病毒)

土　壤:轻质、松散,排水性好;在每穴中添加骨粉

施　肥:高磷、钾,适量氮;每 3~4 周施 1 次鱼精

酸碱度:5.5~6.8

品　种:我选择的适合家庭菜园种植的品种包括金太阳(樱桃西红柿)、早熟女孩(早熟品种)、俄罗斯酱(果肉厚实,子少,适合做酱用)、意大利万岁(抗凋萎病杂交品种,适合做成酱汁装在瓶子里面保存)、布兰迪(传世品种)

适应区域:3 区以上

播　种:最后一次霜降前 6~7 周,播种 1/2 英寸深,至少给根系和叶子留下 12 英寸的空间,间距 18 英寸,间苗到 36 英寸

发芽期:5~7 天(最好在 30℃)

收获期：播种后 50~90 天　　　　　　　可食用部分：果实

轮　作：不要种在土豆、茄子、辣椒后面

新鲜西红柿汤

4 人份

1 茶匙橄榄油

1/2 大个儿黄色洋葱，切碎

1 瓣大蒜，拍松

1 茶匙干罗勒

1 茶匙干牛至叶

8 个罗马西红柿，去核，焯水后去皮，去子，切碎

1 杯水

1/4 茶匙盐

用中高火加热锅里的油，放入洋葱、大蒜、罗勒和牛至叶炒 5 分钟，加上西红柿、水和盐。煮开后关小火，炖 15 分钟。不要过滤或者捣烂，就这么端上桌。

每份含有：63 卡路里，1 克脂肪，0 克饱和脂肪，9 克碳水化合物，2 克蛋白质，2 克膳食纤维，181 毫克钠。相当于：2 份蔬菜

烤褐菇配西红柿哈拉贝纽辣椒酱

这是我用在特殊场合的配菜之一，通常搭配红肉或者野味来吃。不过点缀上西洋菜或者芝麻菜，也可以成为一道开胃菜。

6 人份

蘑菇用料

2 瓣大蒜，拍松，切成末

1/4 茶匙卡宴辣椒粉

1/8 茶匙多香果粉

1/4 茶匙盐

1 茶匙橄榄油

1 汤匙鲜榨柠檬汁

6 个中等褐菇, 洗干净, 去掉柄

酱汁用料

1/2 茶匙轻橄榄油

2 杯粗切甜洋葱

3 个哈拉贝纽辣椒, 去核、去子, 切碎

6 个小个儿(或者 4 个大个儿)意大利深红色西红柿, 如罗马品种, 切成 4 瓣

1/8 茶匙盐

1/8 茶匙多香果粉

1 片月桂叶

1 汤匙竹芋粉混合 1/2 杯脱醇红葡萄酒或者水(芡汁)

把大蒜、卡宴辣椒粉、多香果、盐、橄榄油和柠檬汁放在一个碗里拌匀。把蘑菇摆到一个浅盘里, 刷上大蒜混合料, 放置一旁。

酱汁做法: 用中高火加热中型煎锅里的油, 放入洋葱炒 3~5 分钟, 直到洋葱稍稍变黄。放入哈拉贝纽辣椒、西红柿、盐、多香果和月桂叶。调成小火, 煮 10 分钟。把西红柿酱汁滤到一口炒锅里, 果肉扔掉。在酱汁里勾上芡, 用中火加热, 直到汤变浓。关火后要保温。

把烤箱预热。

蘑菇放入烤箱, 每一面烤 3 分钟。然后把蘑菇切成片, 在 6 个盘子里摆成扇形。把烤盘和案板上残留的汁液倒进西红柿酱里拌匀, 用勺子浇到蘑菇上面。

每份含有: 90 卡路里, 0 克脂肪, 0 克饱和脂肪, 17 克碳水化合物, 5 克蛋白质, 5 克膳食纤维, 261 毫克钠。相当于: 3 份蔬菜

意大利黑醋拌西红柿和甜玉米

传统的沙拉会用到西红柿、罗勒和马苏里拉奶酪。这里我用新鲜的甜玉米取代了高脂肪的马苏里拉奶酪, 让沙拉的色彩更加丰富, 味道也更加可口。

6 人份

沙拉用料

2~3 穗新鲜玉米，剥去外皮

3 个大个儿熟透了的西红柿

酱汁用料

1/4 杯不加糖的苹果汁

2 汤匙意大利黑醋

3/4 茶匙竹芋粉

饰菜用料

9 片大片的罗勒叶（要切成丝）

6 根罗勒枝

沙拉做法：把玉米放到锅里，加水煮开后再煮 5 分钟，然后马上放到冰水里。等凉到手可以拿的时候，把玉米粒切下来。把玉米芯扔掉，玉米粒冷藏到冰箱里。

沿着西红柿的蒂切出一个浅的圆锥形，把蒂部去掉。把西红柿纵向切成两半，然后把切开的那面朝下，放在案板上。取一把锋利的刀，沿着西红柿从头到尾的方向切成薄皮，但不要完全切断。每半个西红柿切成 6 片，把最外面全是皮的那片扔掉。全部切好后放置一旁待用。

酱汁做法：把苹果汁、醋和竹芋粉放在一口小锅里混合均匀，用中火加热，直到汤汁变浓、变亮。放到一旁晾凉。

把玉米粒撒到每个沙拉盘里，盘子中间摆上半个西红柿，略微压一下，让西红柿呈扇形铺开。在每个西红柿上面淋上 1 汤匙的酱汁。最后把罗勒叶切成细丝，撒在每个盘子上面。在西红柿扇形下面摆上一根罗勒枝。

每份含有：67 卡路里，0 克脂肪，0 克饱和脂肪，16 克碳水化合物，2 克蛋白质，2 克膳食纤维，10 毫克钠。相当于：1/2 份淀粉，1 份蔬菜

芜 菁

拉丁语学名：*Brassica rapa* var. *rapa*

在我的电视节目里和节目外的职业生活中首当其冲的是特莉娜和她的制作能力，其次就是我的每一位烹饪助理，从芭芭拉、帕特利西亚、安妮、罗伯特一直到最后的苏珊娜·巴特勒。我跟苏珊娜一起做过上千次电视节目。

之所以提起她是因为正是芜菁引起了我对苏珊娜的非凡天赋的注意！

我是在20世纪90年代初期去她在小镇上开的那家名叫红面包的熟食店拜访她的。起先她很矜持，但过后就向我展示出她无比热爱的东西：那一季新收下来的嫩芜菁。我还记得她的脸兴奋得发红，而我同样也惊呆了。我从来没有想到过一个芜菁叶值得如此的大肆称赞！

所以说，我的厨房菜园里怎能没有芜菁呢？

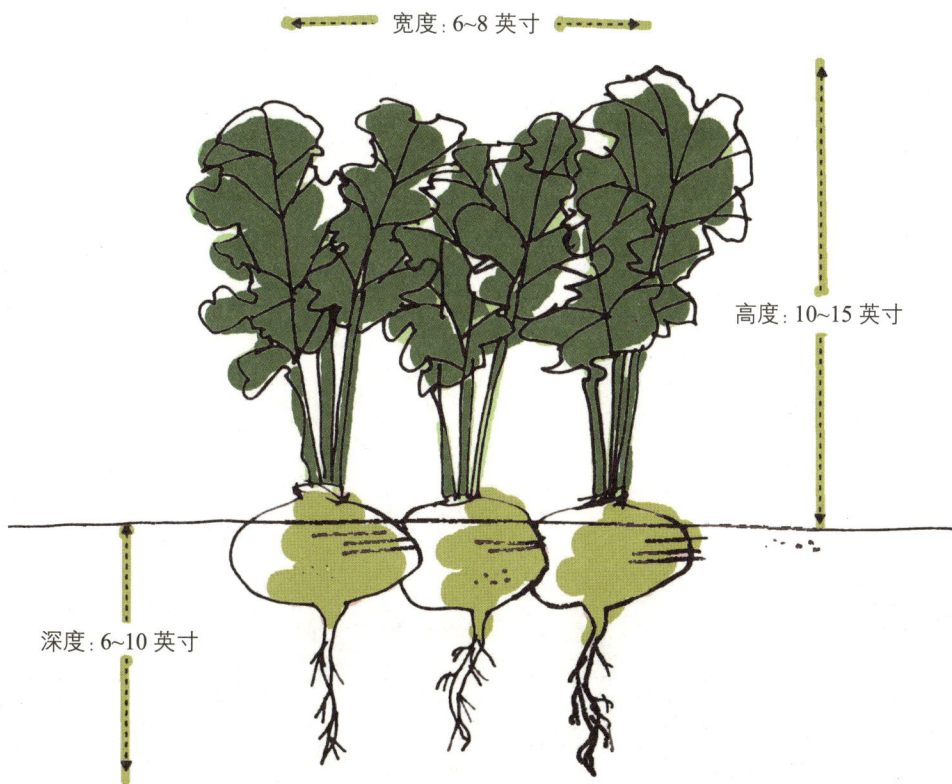

宽度：6~8英寸

高度：10~15英寸

深度：6~10英寸

早春时节，当土壤温度最低为4℃时就可以播种芜菁了。它在30天里就能长出12英寸长的叶子和直径2~3英寸的块根。你可以连续种2~3季，一直到初冬下霜为止。而经历过寒冷天气的芜菁是最好、最甜的。

第一季收获以后，我发现了一个非常好吃的品种，叫东京广博。这种表皮光滑，像高尔夫球大小的白色块根的味道好极了。

再补充一点：要想做出一道很棒的蔬菜汤的话，必须要放芜菁，因为它的味道会给汤的鲜美做出很大的贡献。

数据

每100克煮熟的芜菁(3.5盎司，1/2杯)含有：20卡路里，0克脂肪，0克饱和脂肪，4克碳水化合物，1克蛋白质，4克膳食纤维，29毫克钠

两年生/一年生/冷季植物

浇　水：适量

光　照：全日照到稍微遮阴

混栽植物：

有利的：菜豆、豌豆、西红柿、辣椒

不利的：土豆

虫　害：白菜根蛆、蚜虫

病　害：很少见

土　壤：肥沃的壤土，排水性好

施　肥：堆肥加绿色粪肥；骨粉或磷肥能增加产量；低氮、磷、钾

酸碱度：5.5~6.8

品　种：米兰(早熟)、紫顶白球(传世/冬季作物)、东京广博(小个儿白色)

适应区域：3~12

播　种：早春最后一次霜降前4~6周，播种1/2英寸深，间距2英寸，间苗到8英寸

发芽期：3~10天

收获期：播种后30~50天；最好是在叶子12英寸高，根茎直径2~3英寸时；可以保存在1℃到27℃的地下，但只限于冬季收获的作物；春季种的必须趁嫩的时候采收(30~40天)

轮　作：不要种在甘蓝属后面

可食用部分：根和叶

烤芜菁菜泥

烤制赋予芜菁额外的甜味(湿度降低)。这道菜是非同寻常的美味——特别是撒上烟熏红辣椒粉和欧芹之后，色味俱佳。

4人份

6个中等芜菁，削皮，切成4瓣

盐和黑胡椒，依口味添加

切碎的新鲜欧芹,依口味添加

少许烟熏红辣椒粉

把烤箱预热到190℃。

把芜菁摆到烤盘上,喷上少许橄榄油。烤30分钟,直到芜菁变软。可以撒上盐和黑胡椒直接当做配菜吃。或者把它们捣成泥,添加在汤或者炖菜里。不论是整个吃还是做成菜泥,都可以加上点欧芹和烟熏红辣椒粉做点缀。

每份含有:33卡路里,0克脂肪,0克饱和脂肪,8克碳水化合物,2克蛋白质,2克膳食纤维,78毫克钠。相当于:1份蔬菜

苏格兰爱尔兰全素炖菜

传统的苏格兰爱尔兰炖菜用的是羊肉,不过也包含了我在这里用到的所有蔬菜。去掉肉以后,必须要添加味道比较重的蔬菜,因此芜菁就成为其中的关键配料。

6人份

4个小个儿(直径2英寸)芜菁,切成1/2英寸厚的片

2汤匙日本酱油

1茶匙橄榄油

2个中等洋葱,切碎

1磅欧洲防风,切成2英寸的片

1瓣黄色土豆,削皮,切成1/2英寸厚的片

2个中等胡萝卜,削皮,切成1/2英寸厚的片

18个小个儿煮食洋葱,焯水后去皮

1/2杯去壳大麦米

1/2茶匙现磨黑胡椒

5杯低钠蔬菜汤

18个跟洋葱大小差不多的白蘑菇

1磅新鲜的菠菜叶,洗干净,去梗

把日本酱油撒在芜菁上面,腌15分钟。

取一口深平底锅,倒上油,用中火加热。放入洋葱炒1分钟。放上芜菁、土豆、胡萝卜、煮食洋葱和欧洲防风,炒4分钟,不需要炒到发黄。加入大麦米和黑胡椒,倒上

蔬菜汤。煮开后炖40分钟，直到胡萝卜变软。放入蘑菇，再煮5分钟。

把生的菠菜叶放到6个碗里，然后用大勺子把炖菜盛进去。

每份含有：273卡路里，2克脂肪，0克饱和脂肪，59克碳水化合物，5克蛋白质，18克膳食纤维，200毫克钠。相当于：3份蔬菜，1份淀粉

蔬菜泥

由于这道菜泥能够传递出我所谓的"分层次的"味道，所以很适合加在简单的炖菜、汤和酱汁里面，既能提味，又丰富了口感。我一般每次用1杯——其余的分装在1杯容量的容器里放冰箱冷冻。

4份1杯的量

1茶匙无香橄榄油

$1\frac{1}{2}$杯切碎的洋葱

2瓣大蒜，拍松、切碎

1茶匙姜末

1杯切碎的胡萝卜

1杯切碎的芹菜

3个中等芜菁（每个3/4磅），削皮、切碎

2根欧芹枝

1/4茶匙现磨黑胡椒

5杯水

取一口荷兰锅，倒上油，用中高火加热。放入洋葱炒2分钟，放上大蒜和姜，再炒1分钟。放上胡萝卜、芹菜、芜菁、欧芹和黑胡椒。

倒上水，煮开后，关小火，炖25分钟，直到蔬菜全部变软。把蔬菜滤出来，保留汤汁。把蔬菜放进搅拌机里，用高速搅打，然后把菜泥倒进保留的汤汁里。分盛1杯容量的冷冻食品袋里冷冻起来。

每份含有：40卡路里，1克脂肪，0克饱和脂肪，8克碳水化合物，1克蛋白质，2克膳食纤维，53毫克钠。相当于：3份蔬菜

第六章

香草花园

在我挑选种植的香草中你不会有什么惊喜的发现。要想冒险尝试经典清单之外的香草就相当于向令人眼花缭乱的香草大军敞开了大门，其中有很多是不适合厨房使用的。而我选的这些都是烹饪中能用到的，而且也常常被用在常用食谱里面。

我的香草种在"动物栅栏"外面，比我的菜园要早5年多。那些曾经到访过我家的野兔、鹿和鼹鼠从来没有动过它们，于是我们就开辟出一块上午照得到太阳的半阴地，除了罗勒之外其他的都长得很好（因为罗勒需要种在一个避风的、全天都能晒到太阳的地方）。

土壤是肥沃的沙土和黏质壤土混合而成的，没有添加任何的堆肥。酸碱度为6.5，据说是适合大多数香草生长的。我每个月会在旁边喷洒一次用鱼做成的液体肥料（不是喷到植物上面）。

春天里的最后一次霜降之后，我会把长得很密的香草分开种植，以保证空气的流通和根系有足够的空间。它们长的太大的话，我就会移栽一批到小花盆里送人。我每个星期浇一次水，然后在浇水的当天来处理杂草。

所有高个子的香草都种在后排，越往前的越贴向地面，这样谁都不会遮住谁。我找到一些颜色很漂亮、天然质地的铺路石，把它们垒在香草之间以示区分，而且在下雨天还是一条结实的小路。

整个香草园距离厨房门很近，灯光照得到，万一在漆黑的夜里我需要去采摘点什么呢！

至于它们的用途嘛，现摘的香草用来做沙拉和汤都很棒，还可以作为点缀搭配任何菜肴。香草就像是香水，各有其特点——有些你会喜欢，有些则不然。只有通过使用你才会逐渐有信心大量使用它们，而且能把它们用好！

一个非常重要的用法是用它们来代替一部分的盐，跟柑橘、莓子及其果汁一起使用。减少盐（钠）的食用量对我们每个人都有好处，而我所知道的最好的方法就是用香草、柑橘和香料来给那些平时似乎只吸收盐分的食物增加香味、口感和味道。

除了香草，我还种了一些可以食用的花，以给餐盘添加一些色彩和味道。我把花种在了有栅栏的主菜园里，主要还是由于它们有鲜艳的颜色，因为我希望能用花朵来打破一排排精心种植的蔬菜的单一色调，而且还能吸引蜜蜂和蝴蝶。

罗 勒

拉丁语学名：*Ocimum basilicum*

这种美味的沙拉用香草那浓郁的香气是我必须种它的原因之一。再就是它有类似丁香和大茴香的味道，在温室里很容易发芽和提早种植——尽管种在能晒到阳光的、放在窗台上的花箱里也是一样。我一直等到土壤温度达到21℃后才把它移到外面的种植床里。

我们在几个泥土箱里的一个边上种了4棵幼苗，最后它们把箱子都挤满了。那年夏天很暖和，罗勒长得有点高，很早就开始开花了。由于开花意味着叶子将流失一部分挥发物质，所以我养成了每天都掐掉花骨朵的习惯。

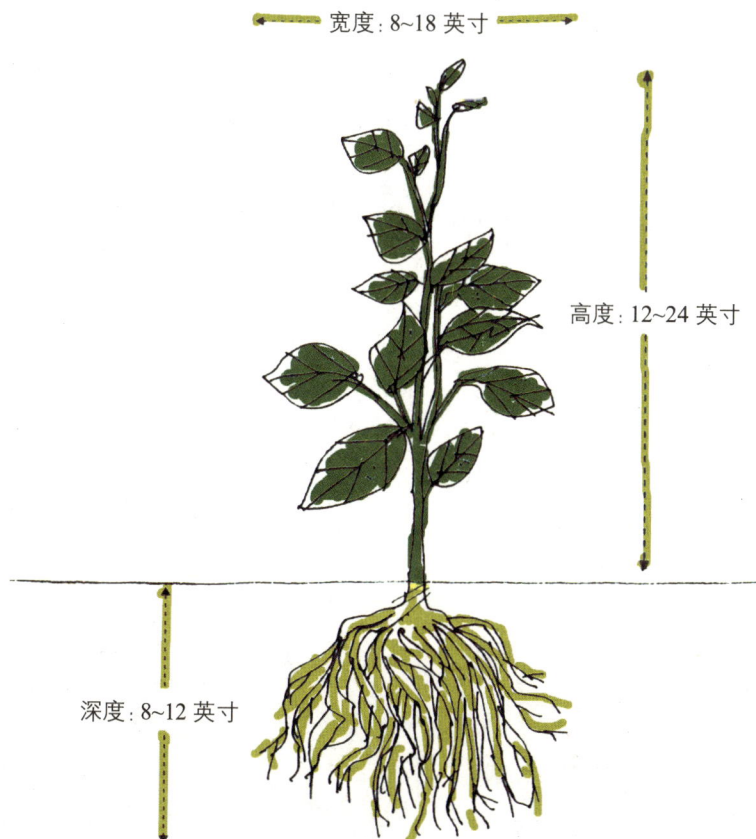

宽度：8~18 英寸

高度：12~24 英寸

深度：8~12 英寸

不要过早地把罗勒挪到室外去，而且一定要把它们安排在阳光最充足、避风最好的地方——在香草园里或者菜园里的可食用花朵的旁边都行。

我在8月底采摘了大量的罗勒叶子，做了很多意大利青酱，用2杯罗勒，1/4杯松子仁，4~6瓣大蒜和1/4杯葡萄子油，放进搅拌机里打成泥。我把酱盛在冻冰块的盘子里（1汤匙一格），解冻后拌上特级初榨橄榄油和磨碎的帕尔玛干酪就可以做意大利面了。每份意大利面用大约1汤匙酱。

不自己做面包的时候（现在经常这样了），我们会买全麦面包来做三明治，里面夹上山羊奶酪、罗勒叶、自然熟透的串番茄，撒上点盐和现磨的白胡椒粒调味——很难想象出比这还好吃的东西了！

每次炒青菜时，我都会在上桌之前才撒上一杯罗勒叶，以保持它们原有的香味。

除非食谱里要求必须把叶子切成丝，比如要求细切的蔬菜，否则只要用手撕开就好，因为刀刃的压力会压坏柔嫩的叶片，颜色很快就会发黑。撕开的叶片颜色会保留得久一些，不过还是需要留到最后一刻去做。

一年生/暖季植物

浇　　水：少量

光　　照：全日照

混栽植物：

有利的：西红柿，辣椒

不利的：黄瓜、食荚菜豆

虫　　害：鼻涕虫、蜗牛

病　　害：灰霉病

土　　壤：富含腐殖质

施　　肥：少量

酸碱度：6.0~6.5

品　　种：Genovese（绿叶子）、深色蛋白石（紫色叶子），有香味的烹饪用罗勒叶品种很多，包括柠檬罗勒和肉桂罗勒

适应区域：4~10

栽　　种：播种1/8英寸深，间距10英寸

发芽期：7~14天

收获期：50~60天

轮　　作：不要种在马郁兰或牛至叶后面（在同一种植床里要分隔开）

可食用部分：叶子

香 葱

拉丁语学名：*Allium schoenoprasum* and *A.tuberosum*（蒜苗）

　　我家草坪上有一丛香葱已经在蒲公英的花海中间挣扎着存活了 7 年了。不论是霜降、下雪还是在零度以下的气温里，它们都会蹿出来，可是在我了解到它们应该每 3 年分株 1 次之前，它们看起来不是很旺盛。于是我在秋天用修剪枝叶的剪刀竖着插进土里，把它们挖了出来，分成 6 份种了下去，中间有 6~8 英寸的间距。

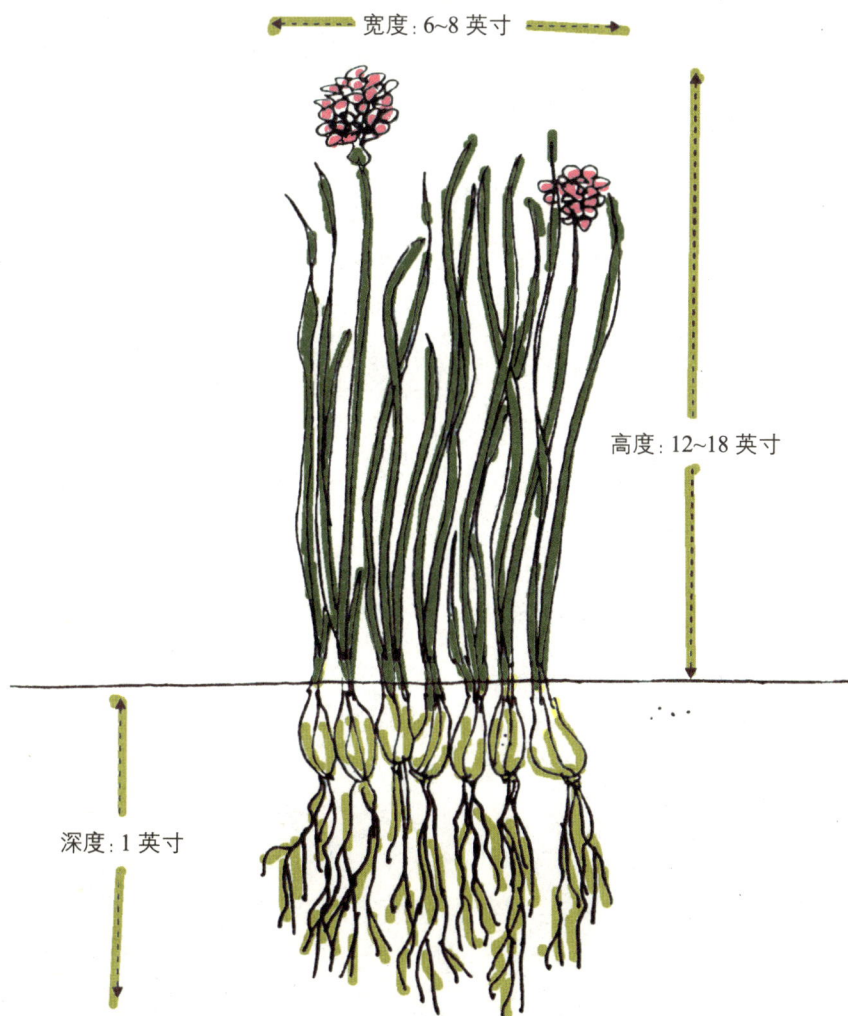

宽度：6~8 英寸

高度：12~18 英寸

深度：1 英寸

今年我要把香葱跟胡萝卜种在一起，据说它能帮助胡萝卜避免一种常见真菌的感染。不管怎么说，紫色的香葱花从一片绿油油的胡萝卜缨子上面冒出来似乎是令人难以错过的美景。

这些年来我种过两种香葱。一种是细细的、空心秆，开紫色的花（红宝石品种），另一种是粗扁、实心的梗，开纯白色的可食用花朵，带有一点大蒜的味道（韭菜）。

在用鸡蛋做的菜里面，我两种都会用到：炒鸡蛋、煎蛋饼、菜肉馅煎蛋饼，甚至是在香香的烙饼里面。另外一个主要的用法就是放在西红柿意大利面上面做点缀。韭菜放在意大利面里面特别好吃，而且还会给全部是绿叶菜的沙拉增添一点亮色。

这种又长又细的叶梗很适合用来装点典雅的亚洲菜式，因为盘子上会有很大的空间；两根香葱随意地交叉摆放比任何的语言都更能彰显你的审美观。

既然说到了美这个话题，我碰巧收到了一条不同寻常的混栽植物的建议：香葱在玫瑰的陪伴下会茁壮成长。自打有了这个发现，我就一直想要亲自试试，以给自己另外一个理由来看看不同植物在某种共生环境下的和睦相处。

多年生植物

浇　水：少量

光　照：部分日照

混栽植物：

有利的：西红柿、辣椒、胡萝卜、玫瑰

不利的：豆类、豌豆

虫　害：无

病　害：真菌

土　壤：富含腐殖质，排水性好

施　肥：每年2~3次鱼精

酸碱度：6.0~7.0

品　种：红宝石（紫色）、花葱（红色花朵）、韭菜（大蒜味；白色）

适应区域：3~9（韭菜，4~8）

栽　种：播种1/2英寸深，间苗到间距6英寸

发芽期：7~14天

收获期：播种后75~90天

轮　作：无（只要每3年分株1次）

可食用部分：叶梗和花

芫 荽

拉丁语学名：*Coriandrum sativum*

    这是一种既有人爱也有人恨的植物。讨厌它的人说它吃起来像肥皂，甚至是臭虫，虽然我很难找到谁能够真正做一下这种比较！

    公平地说，芫荽在早期还是叶子形状的时候确实有一股怪味，不太讨人喜欢，而它结子以后——也就是芫荽子，却是咖喱粉里面广泛用到的一种非凡的香料。

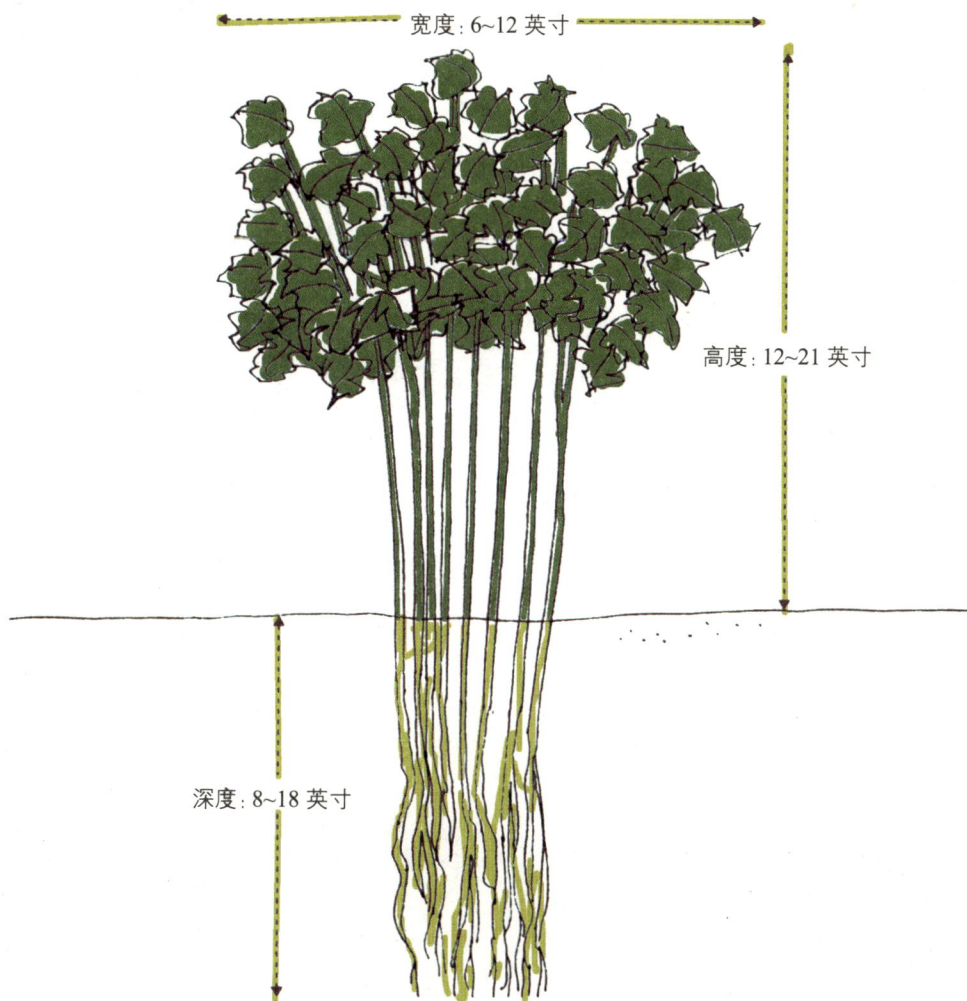

宽度：6~12 英寸

高度：12~21 英寸

深度：8~18 英寸

我是通过喜欢得克萨斯州和墨西哥州的食物，以及经典的墨西哥菜才变成了芫荽的粉丝的。在这些菜里面芫荽子既是主要的饰菜又是新鲜莎莎酱里面的主料之一。

只要在1/4瓣的鳄梨上面挤上一个新鲜酸橙（或者北京柠檬）的汁，然后撒上一点切碎的芫荽子就足以让你在你家的香草花园里给它留出一席之地了。

等到夏末结子以后，你可以把它们捆成一捆，头朝下放在一个大罐子里面，让它们完全变干。芫荽子自己就会掉下去，所以你就有了第二次收获——芫荽子香料。

你也可以把芫荽的根挖出来，晒干，在给汤或者酱汁调味之前把它打成粉末撒进去。那种芳香是一种非同一般的混合香味。你可以让同桌的朋友们猜一猜："接下来……猜猜我在这里面用的是什么香草？"我可以肯定他们绝对猜不着！

你可以试试把现磨的芫荽子（用法就像用研磨瓶把胡椒磨碎一样）撒到甜菜、洋葱、土豆和小扁豆上面。（小扁豆是纤维含量超高的食物，添加了芫荽子和装饰以新鲜的芫荽叶之后，这就是一份非常适合糖尿病病人食用的淀粉食物！）

一年生/耐寒植物

浇　水：少量滴灌；土层表面要保持湿润

光　照：全日照

混栽植物：

有利的：果树

不利的：无

虫　害：无

病　害：无

土　壤：富含腐殖质，排水性好

施　肥：很少用肥；不要添加氮肥，会让植物长的太大，味道变淡

酸碱度：6.0~6.7

品　种：Santo（晚抽薹）

适应区域：2~9

栽　种：最后一次霜降之后在室外播种，1/2英寸深，间距2英寸；间苗间距6~8英寸

发芽期：7~10天

收获期：65~75天；炎热天气可能需要用轻质纤维网遮阴；叶子长到6英寸时味道最佳

轮　作：无

可食用部分：叶子、叶梗、根（晒干后磨碎）和子（芫荽子）

薄 荷

拉丁语学名:*Mentha suaveolens*（苹果薄荷）; *M. × gracilis*（金苹果薄荷）

　　英国伊丽莎白女王一世发布过一道法令，要求每一个参与吃绵羊肉的英格兰人必须同时吃一种苦味的药草作为赎罪的表示。这种被选中的药草就是薄荷。

　　当时英国的羊毛出口贸易很兴隆,利润可观,但是英国人显然对于羔羊肉过于热爱,结果本末倒置,搞得出口商们很是不爽!

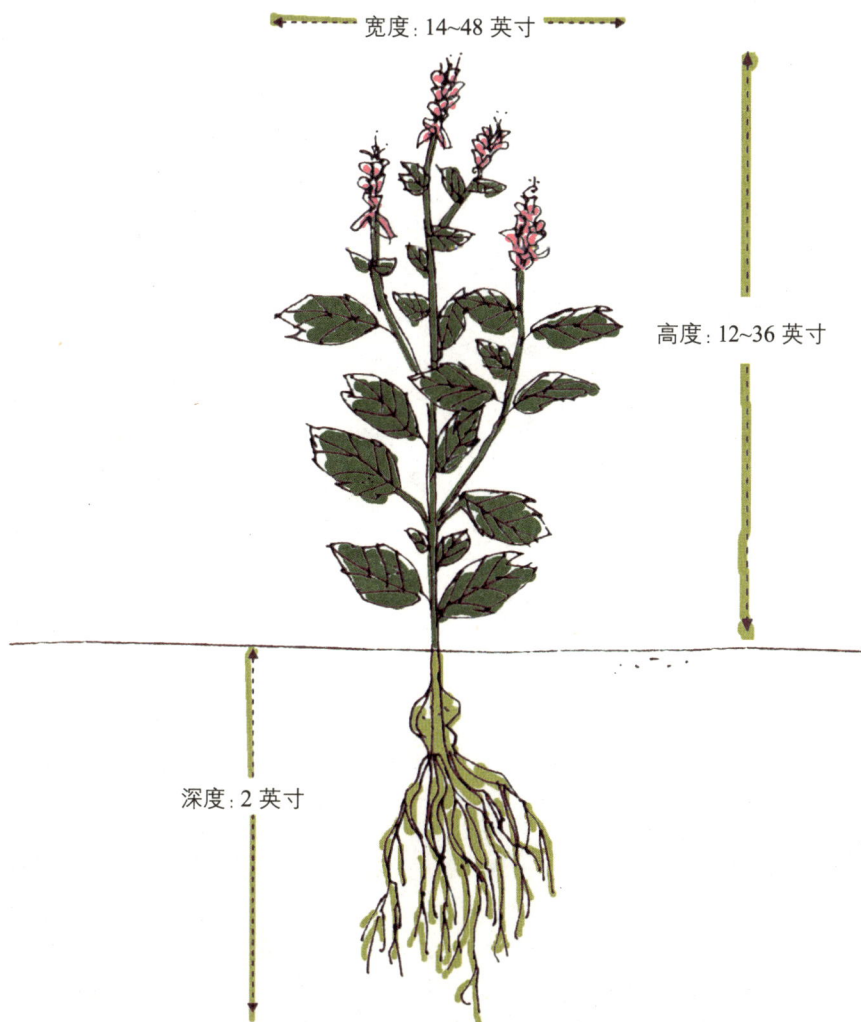

宽度:14~48 英寸

高度:12~36 英寸

深度:2 英寸

薄荷是一种很好的助消化药草，搭配着味道很重、肉质不是那么鲜嫩的羊肉吃很不错，但是配上羔羊肉，特别是在麦芽醋里腌过以后再吃就不只是赎罪了——而是何时不该使用香草的最好的例证。

任何一种香草都是一种烹饪用的香料，其目的是为了突出但绝不能盖过主要食材的味道。薄荷适合搭配豆类、胡萝卜、茄子、土豆和豌豆。

你必须采取措施控制薄荷在香草园里侵略性的天性。我们把砖头埋到地下（大约12英寸深），围起来一块只有2平方英尺的地方——足够我们用的了。你也可以在仲夏时节把薄荷剪短，这样从秋天到冬天就能收获新鲜的薄荷。

可以在春季和秋季进行分株。把切下来的叶梗插在蛭石里面，很快就能长出根来——要保持良好的空气流通性。

我在标题下面列出了两种薄荷品种的植物学名称，但是我必须提到另外几种你或许有意尝试种植的品种，否则就是我的失职了。胡椒薄荷和荷兰薄荷是肯定要说的，还有很特别的巧克力薄荷以及香柠檬薄荷（也叫柠檬薄荷）。放一片柠檬薄荷在冰茶里做点缀会格外的清香。

多年生植物

浇　水：湿润但不能涝

光　照：全日照

混栽植物：

有利的：辣椒、西红柿

不利的：无

虫　害：蚜虫

病　害：黄萎病

土　壤：普通的花园用土就可以

施　肥：很少用肥

酸碱度：6.0~6.7

品　种：苹果薄荷(姜科植物)、菠萝薄荷、金苹果薄荷、越南薄荷(很适合食用)、巧克力薄荷、香柠檬薄荷

适应区域：5~9

栽　种：春季播种，1/4英寸深；春季到夏季可以把切下来的梗泡在水里或者湿润的土壤里让它生根

发芽期：7~10天(种子)

收获期：60天

轮　作：常年生植物(有时候你会希望它不是这样！)

可食用部分：叶子

旱金莲及可食用花朵

拉丁语学名 : *Tropaeolum majus*

你有没有想过植物学家们是怎么给植物取出如此少见又很难发音的名字的？我终于琢磨出来一个答案。这太幽默了！

旱金莲的英文名 "Naturtium" 是由 "Nasus tortus" 转化而来，意思是 "抽动的鼻子"，是指它那形状古怪的喙状花蕊朝下弯向地面的样子。我的 "抽动的鼻子" 在一畦卷心菜那头的阳光下开得无比灿烂，两旁各立着一排绿色的洋葱，犹如有机的卫兵。卷心菜跟旱金莲之间有一道缓冲地带，种的是什锦生菜、罗勒和芝麻菜。

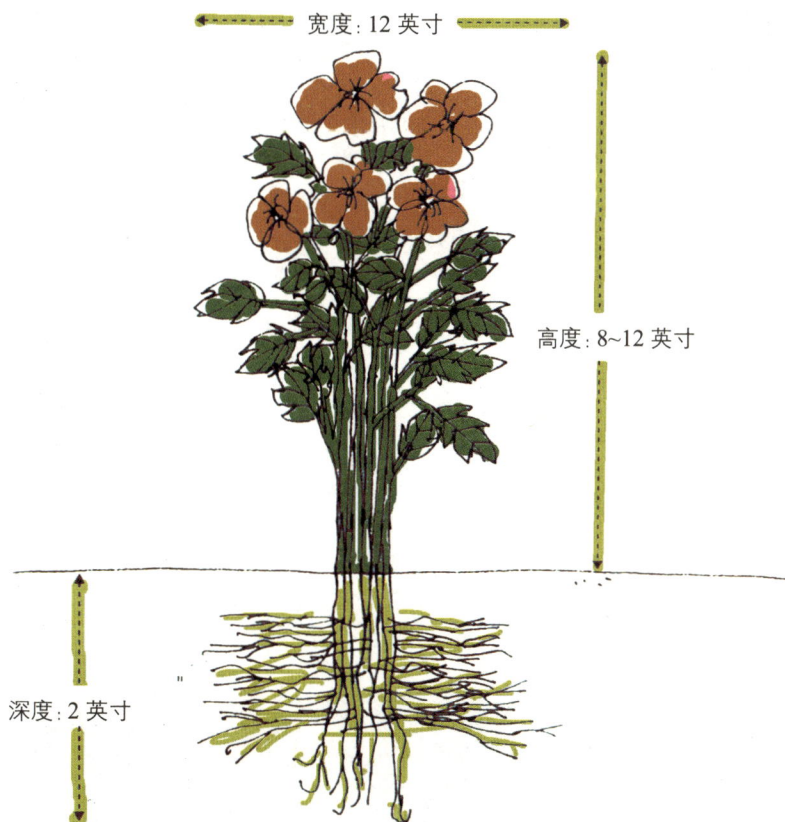

宽度 : 12 英寸

高度 : 8~12 英寸

深度 : 2 英寸

我喜欢它略带辣味、类似芝麻菜味道的圆叶子，也喜欢用它的花朵给沙拉或者某道主菜点缀上亮丽的黄色、橙色和红色。下垂的花蕊越长，花朵就越甜。很长的花蕊还可以放在甜点上做装饰用。

它只是几种可食用的花朵之一，你一定愿意把它们种在凸起种植床里偶尔空着的一小块地上——只是为了在一片绿色的海洋里撒上几抹天然的五彩颜色。

旱金莲确实有吸引蚜虫的坏名声，其实如果你能把它们都聚集在一块地里（就像是给蚜虫开了一家星巴克）也没有那么糟糕。至少能把蚜虫挡在我的茶叶店外面！

我在西红柿、辣椒和罗勒周围种了一圈香雪球，这样就能把那些长在矮处的果实跟地面隔绝开！

今年我计划要种一系列的可食用花朵，包括三色堇、秋海棠、金盏花、雏菊、天竺葵（我只用叶子）、野生紫罗兰、薰衣草、万寿菊和老式的深红色玫瑰（能做非常好吃的玫瑰酱）。

似乎很多种花都可以种，但是其中有一些是不可以吃的，包括铃兰、香豌豆、夹竹桃和毛地黄。一定要先查一查某种花是否确实可以食用，而且千万不要吃任何用过非有机化学肥料或者农药种植出来的花。

一年生植物

浇　　水：湿润但不耐涝

光　　照：全日照

混栽植物：

有利的：适合大多数植物（能把西红柿上面的蚜虫吸引过来）

不利的：甘蓝家族

虫　　害：甘蓝银纹夜蛾、抗蚤蚜虫

病　　害：无

土　　壤：沙质壤土，排水性好

施　　肥：种的时候施少量肥料；不要用过多的堆肥

酸碱度：6.2~6.8

品　　种：紫铜色落日

适应区域：5~10

栽　　种：最后一次霜降后播种，1英寸深，间距2~3英寸

发芽期：9~12天

收获期：50天

轮　　作：不要种在甘蓝属之后

可食用部分：叶子和花

牛 至

拉丁语学名:*Origanum vulgare;O. × hirtum*

在上百种地中海风味的菜肴里都会用到两种常用的香草:墨角兰和牛至。人们很容易把它们混为一谈。

在烹饪中它们的用法和种植的方法几乎是可以互换的。但是,牛至的香味更加浓郁,有些人甚至觉得有些刺鼻。结果,它常常被人叫做野生墨角兰。它大量生长在希腊植被贫瘠的石头山坡上,所以才得名 "Oregano"。Oros 的意思是 "山",而 ganos 的意思是 "喜悦"。

宽度:12~18 英寸

高度:12~24 英寸

深度:1 英寸

　　同时品尝牛至和墨角兰的话，你会发现墨角兰的味道比较淡，而且略有些甜。墨角兰可不像它表兄那么健壮，它长在茂密的草地上，由于常常跟其他香草一起被大量使用在禽肉类炖菜里而被叫做砂锅墨角兰。

　　我习惯于把牛至用在意大利和希腊菜里，而把墨角兰用在法国南部和西班牙的食谱中。不过坦白而言，在实际的用途上，它们俩是一样的。

　　同时想到它们两个的一个因素就是应季新鲜食材的运用。在西红柿、甜柿子椒和茄子成熟的时候，也是它们最新鲜、最好的季节，所以在那些地方的当地人会把它们应用到一起，创造出令人无可非议的著名食谱：普罗旺斯巴斯克炖菜（墨角兰）和海员沙司酱（牛至）等。

　　在我的香草园里，我把牛至和墨角兰种的尽可能远，以免它们相互授粉。虽然它们两个之间的细微差别看起来几乎微不足道，但是对于我来说，发现和区分这一点点差别是多么的有趣啊！

多年生/耐寒植物

浇　　水：少量

光　　照：全日照

混栽植物：

有利的：所有的蔬菜

不利的：不要靠近墨角兰

虫　　害：蚜虫

病　　害：根腐病

土　　壤：排水性好

施　　肥：少量堆肥；每季施2~3次鱼精

酸碱度：6.0~7.0

品　　种：Aureum（金色蔓生）、Kaliteri（银灰色叶子，辣味）、白色周年纪念（淡味，适合做酱料）

适应区域：5~9

栽　　种：最后一次霜降前4周播种，在室内撒到土壤表面；最后一次霜降之后移到室外，间苗到间距18英寸

发芽期：10~21天

收获期：播种后50~60天

轮　　作：无（多年生）

可食用部分：叶子和花

欧 芹

拉丁语学名：*Petroselinum cripum*（卷曲叶片）；
Petroselinum cripum var. *neapolitanum*（意大利平叶）

　　我刚刚开始在厨房里工作的时候，有个大厨让我切一些欧芹，我正忙着把卷曲的叶边择掉，就听他喊道："那是欧芹，不是卷毛狗！"我答道："布莱顿酒店管理技校的主厨老师就是教我们这么做的。"

　　接下来就听见嗖——砰的一声，一把12英寸长的萨巴蒂尔碳钢刀钉在了我脑袋上方不远处的木头墙板上。"我说把它切了！"大厨吼道。后来我才知道他以前在马戏团当过飞刀演员。我马上用极快的速度切起来，再也没敢回头看。

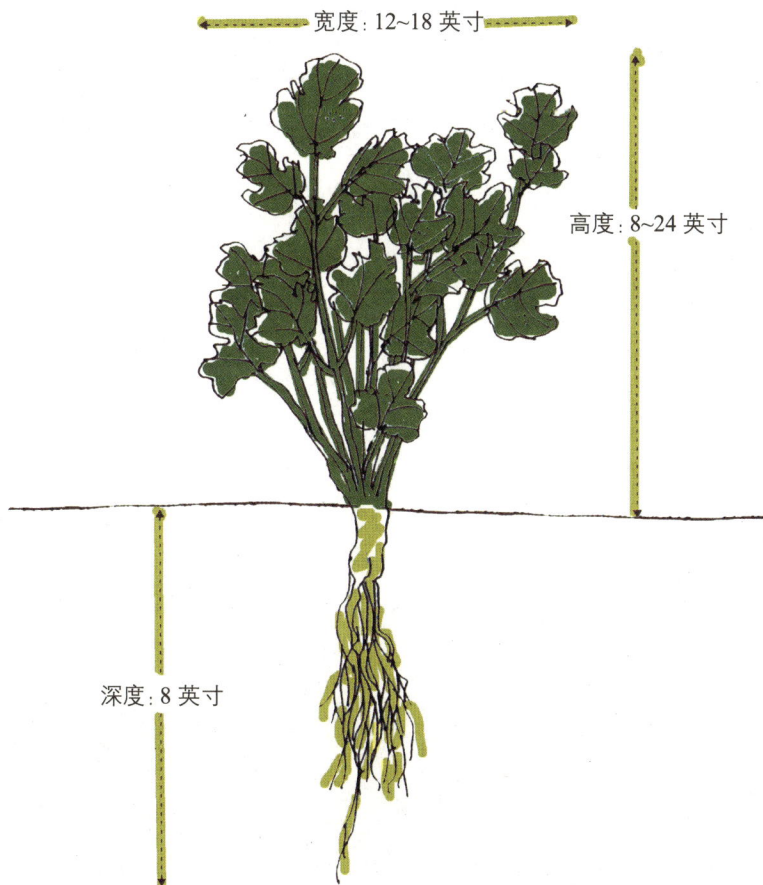

宽度：12~18 英寸

高度：8~24 英寸

深度：8 英寸

有个小窍门：切好一小堆以后——比如说1杯的量——把它们放在一块干布里面，攥成球，用凉水冲，然后把里面的水分彻底挤干，把翠绿色的叶片倒进一个小碗里，放到冰箱里让它变干。这样用它做饰菜的时候就很方便了。

做饰菜用的时候，我会用整片的意大利平叶欧芹铺在菜上面，而卷叶的就要切碎了用。这两种都可以把细细切碎的叶梗加到煎蛋饼和炒蛋里面。

现在说到种了！欧芹不太容易用种子发芽。事实上，有些老掉牙的传言说它"要落到魔鬼那里七次以后才会长出来"。

其实它确实需要好几个星期的时间才能发芽（5~6周），不过可以用温水把种子泡一夜以加快出芽速度，最好是放在保温壶来保持恒温。

经验告诉我要在香草园里放一把园艺剪，装在带盖子的塑料容器里面，以备不时之需。采摘香草一定要用剪刀，而不是用手去撕扯，万一折断了叶梗就得不偿失了。剪的时候也跟其他的叶类蔬菜一样要从外层开始剪，距离地面2~3英寸，留下的中心部分就能得到更多的营养。当一枝很高的花柄长出来时，你一定会注意到的；一旦发现了就要剪掉，因为我们要的是叶子，不是花。

两年生/一年生植物

浇　水：保持湿润，干旱的天气里偶尔浇水
光　照：全日照
混栽植物：
有利的：甜玉米、辣椒、西红柿
不利的：胡萝卜、芹菜
虫　害：尺蠖、螨虫
病　害：无
土　壤：沙质壤土、施足堆肥、排水性好
施　肥：大量施肥；每季施3次鱼精

酸碱度：5.5
品　种：那不勒斯巨人（平叶），Moss Curled（卷叶）
适应区域：2~10
栽　种：早春最后一次霜降前播种，1/4英寸深，间苗到间距8英寸
发芽期：35~42天
收获期：播种后70~90天
轮　作：每年种在同一个地方
可食用部分：叶子和叶梗

迷迭香

拉丁语学名: *Rosmarinus offcinalis*

我一直都喜欢迷迭香。幸运的是，它们在我家房子周围长得很茂盛。然而关于这种香草还有一个老太婆(不是老头)的故事:如果迷迭香长得好,那这个家里一定是做妻子的主事。

我家的迷迭香长得又高又大,所以被安排在香草园的最后一排。它跟其他有刺鼻气味的香草一样能驱赶小型昆虫、蝴蝶、胡萝卜茎蝇和蜱。所以你可以把它们种在凸起种植床的北头或者东头,以免它们的高个子挡住了其他植物的阳光。

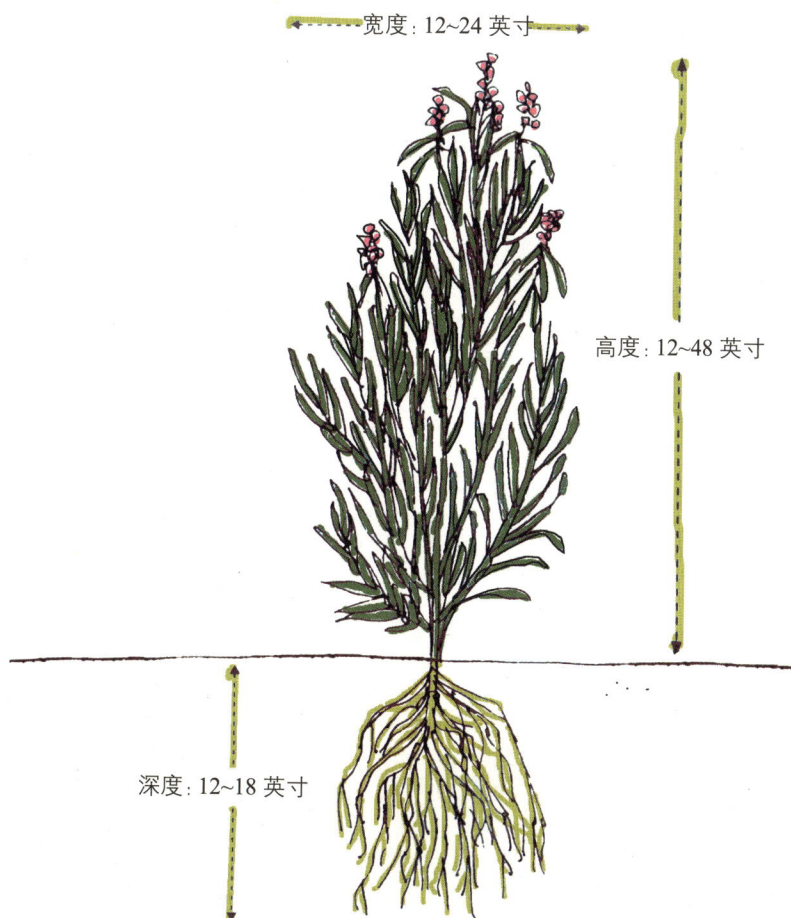

宽度: 12~24 英寸

高度: 12~48 英寸

深度: 12~18 英寸

迷迭香的味道适合搭配所有的肉类，特别是羔羊肉。它的用处很多。当它长高以后，你可以把多刺的叶子剥掉，拿叶梗当烤肉扦子用。我会在低脂蛋奶糊中加入迷迭香和橙子皮以弥补去除的脂肪的香味——真的很有效。

烤肉的时候可以最后几分钟把迷迭香和茴香枝放到炭火里，给肉增添几分别具一格的香味。那种带着芳香的烟熏味是成功的关键，绝对令人叹服！

最后，在煮或者蒸米饭的时候，特别是用糙米做饭时，可以在水里放上一枝迷迭香，就能给原本淡然无味的米饭增添一缕令人陶醉的香气！

还可以把迷迭香跟豌豆、土豆、南瓜、菠菜和西红柿搭配起来（把迷迭香枝包在纱布里，这样端上桌之前很容易把它挑出来扔掉）。

从它的生长区域（8~10）就能看出来它不喜欢很热和很冷的气候。所以（如果你住在很冷的地方话）你最好买一个比较轻的容器，直径至少要有12英寸，用轻质、排水性好的壤土来种迷迭香。容器底部一定要有排水孔，冬天把它搬到室内以后底下垫上一个接水盘就可以了。我们住在7区，而我的迷迭香活了6年，然后死于一年极为严寒的冬天，不过这给了我重新成为一家之主的机会！

多年生植物

浇　　水：少量

光　　照：全日照

混栽植物：

有利的：甘蓝家族

不利的：黄瓜家族（葫芦、小黄瓜）

虫　　害：粉蚧、介壳虫（一种吸食植物的汁液、能使植物发霉的昆虫）

病　　害：无

土　　壤：轻质、沙质壤土，排水性好

施　　肥：每季施3次鱼精

酸碱度：6.5~7.0

品　　种：雷克斯福德（烹饪用），香料岛（4英尺高），罗马美人（小型）

适应区域：8~10

栽　　种：插枝1/4英寸深，间距24英寸

发芽期：18~21天

收获期：插枝后60天

轮　　作：长年

可食用部分：叶子

鼠尾草

拉丁语学名：*Saliva officinalis*

　　鼠尾草跟食用大黄一样都是源自西伯利亚，我只能用顽强一词来形容它！在春末时分把种子播在土里，任它自由地生长一季，不要采收，因为它需要时间来长成熟。等到秋天把上面的枝叶剪掉，用覆盖物盖好。第2年它会长得很旺，而且味道好极了。只需要每隔3年在春季时把它分株就可以了。

宽度：24~48英寸

高度：24~36英寸

深度：36英寸

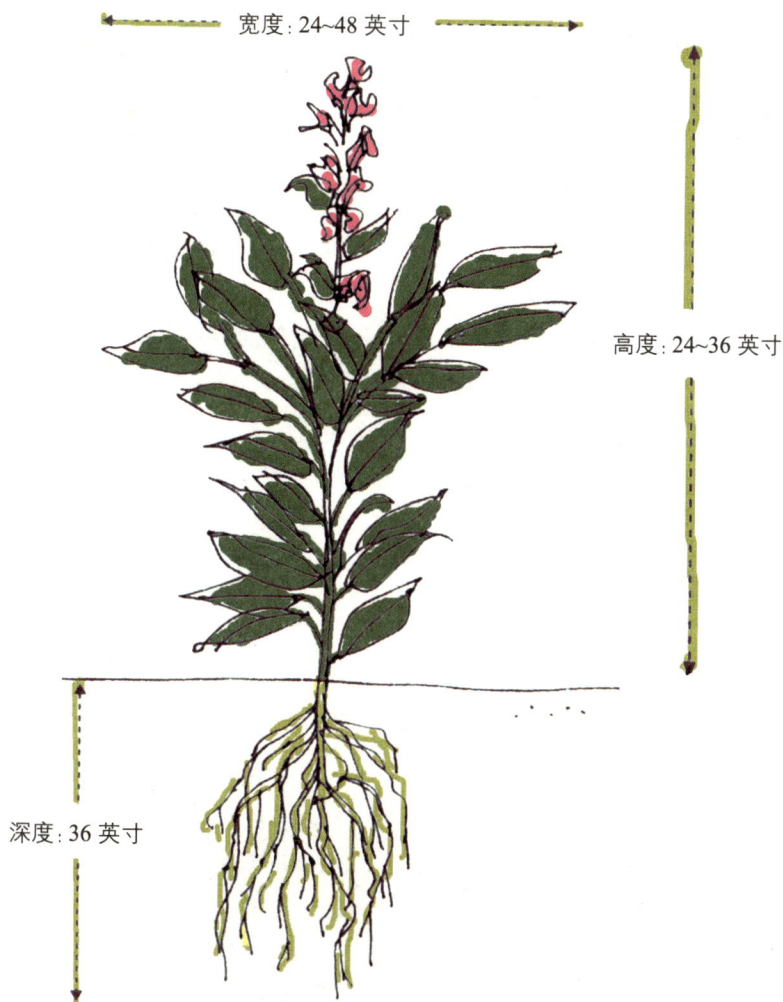

鼠尾草的香味浓郁，甚至有点太浓了，不过它的叶子香味其实相当淡，跟迷迭香的气味差不多，但比迷迭香要淡。因此新鲜的鼠尾草叶子总是在最后一刻才被添加到菜里面，或者被埋在蔬菜、肉类里面，让它们熏染上它的香气。

举个例子，有一道很棒的意大利菜叫意式煎小牛肉火腿卷，就是把风干火腿（意大利熏火腿）跟新鲜的鼠尾草叶子放在一起，然后用切成薄皮的小牛肉把它们裹起来，就像做三明治一样。鼠尾草的功效在这道菜里得到了完美的发挥。

最好的也是最流行的鼠尾草用法是给禽类调味（或者是填料）。这些年来我常常把一头小洋葱和一个小橙子分别切成 4 瓣，每一瓣上放一片鼠尾草叶子，代替调料塞到禽类的肚子里面，然后放进烤箱里烤，烤好以后再把它们拿出来扔掉。

我会单做调味酱汁。用 2 杯全麦面包（切成小方块）混合 1/4 杯上好的鸡汤，1 汤匙切碎的新鲜鼠尾草叶，1/4 茶匙新鲜百里香，1/4 茶匙海盐，1/4 杯蔓越莓干和一个切成丁的波士克梨，放进小号吐司盒里，跟要烤制的禽类一起放进烤箱，烤至少 40 分钟。

我这么做是因为担心肉里面的血水会进入到填塞的料里面，而且在温暖、潮湿、与外界隔绝的禽类体内会有细菌！（洋葱和橙子会给禽肉增添很好的味道，但它们是要被扔掉的）而且没有吸收禽肉油脂的调味酱汁的脂肪含量要低很多。

可是前面提到的几个食谱都是肉类的，而这本书 99.9% 的内容都是讲蔬菜和水果的，那我们该怎么办呢？我把上面说过的那个酱汁改成了用蔬菜汤，填在南瓜里面烤。可以把酱料放在切成两份的橡子南瓜甚至是一个小个儿的戴利卡特瓜里面，用铝箔包上烤制，而且完全不必担心肉类污染的问题。

如果你非要从鼠尾草种子开始育苗的话（比如说有朋友有一种特别香的品种，但你找不到现成的幼苗），那么你必须找个向阳的窗台（或者温室）来播种。鼠尾草在室外不太好发芽。它需要的土壤温度在 13~27℃ 之间，而且要等 7~21 天才能出苗。如果是用种子发芽的，第一年不要采收，让它完全长大。

多年生植物

浇　　水：少量

光　　照：全日照

混栽植物：

有利的：西蓝花、甘蓝家族

不利的：黄瓜家族

虫　　害：无

病　　害：无

土　　壤：壤土，排水性好

施　　肥：少量施肥；每季施 2 次鱼精

酸碱度：5.5~7.0

品　　种：百姓花园、黑加仑子、菠萝、三色（给花园里增添五彩缤纷的花朵）、希腊人（香味太冲，不适合烹饪）

适应区域：4~8

栽　　种：最后一次霜降之前 6~8 周播种（室内，撒在土壤表面），最后一次霜降之后移到室外，间苗到间距 24 英寸

发芽期：种子 7~21 天

收获期：播种后 75~80 天

轮　　作：每 4 年彻底轮换一回（或者分株），不要种在甘蓝属之后

可食用部分：叶子

夏香薄荷

拉丁语学名：*Satureja hortensis*

香薄荷分两种：夏香薄荷和冬香薄荷。冬香薄荷里有一种很矮的品种叫做山区矮人，可以编成一道低矮的树篱（只有 4~5 英尺高），你可以隔着篱笆跟邻居聊天。但是这个品种质感粗糙，味道干涩，不太适合烹饪使用。

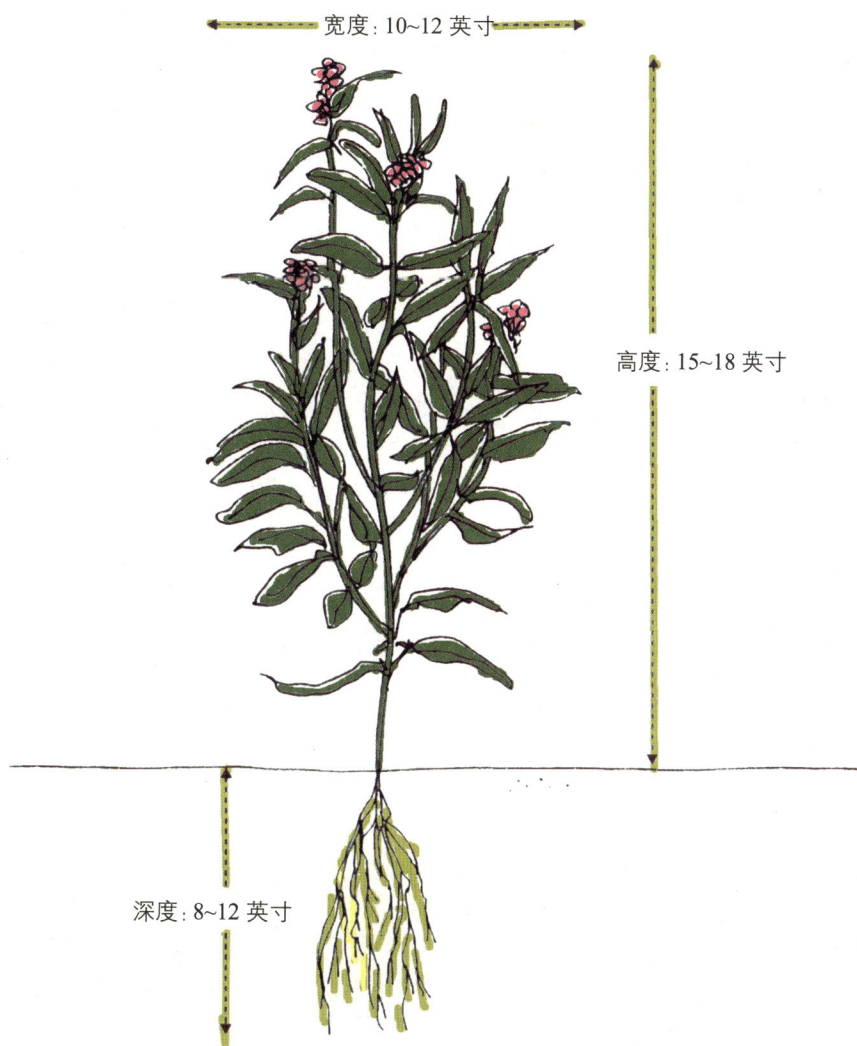

宽度：10~12 英寸

高度：15~18 英寸

深度：8~12 英寸

不过，这两种香薄荷都有一个很有用的特点：它们是天然的驱虫剂。在某些地方，它们能抑制特别爱啃食豆类植物的叶虫和象鼻虫的数量。揉碎的香薄荷叶可以用来驱赶蚊子或者缓解被蚊虫或蜜蜂蜇咬之后的疼痛。

跟大多数用种子播种的香草一样，只要把香薄荷的种子撒在湿润的土壤表面即可。它们既需要潮湿也需要尽可能多的阳光。你找到的种子一定要新鲜，不能超过一季。如果你家已经有了一棵香薄荷，你可以把它分株或者插枝来繁殖。种在容器里的话，深度一定要达到 6 英寸。

同样，跟其他个头较高（8 英寸以上）、会开花的香草一样，要留意它们长出花柄，在开花之前把它剪掉，以增强叶子的香味。

夏香薄荷的用途很广，每一道用豆子做的菜都能用得上。不知道为什么，那种类似于薄荷的香味非常适合搭配食物。如果你自己做香肠或者购买原味（低脂）香肠肉来做的话，加上点夏香薄荷，一定会大受好评！

如果你喜欢非常复杂的拌沙拉，那么加上几片新鲜的夏香薄荷叶，就会获得一种美妙的胡椒味。

如果所有这些还不够的话，等到仲夏时节，夏香薄荷会开出 3 种颜色的小花朵，粉色、白色和淡紫色，密密麻麻的连成片，引来蜜蜂在花间飞舞。

一年生植物

浇　水：少量

光　照：全日照

混栽植物：

有利的：豆类、甜玉米

不利的：无

虫　害：无

病　害：无

土　壤：沙质壤土，排水性好

施　肥：少量施肥

酸碱度：6.5~7.0

品　种：Aromata（最适合烹饪用）

适应区域：5~9

栽　种：播种 1/4 英寸深（种子必须新鲜）或者插枝 1/4 英寸深（最好用剪下来的枝头）；最后一次霜降之后移到室外，间距 10 英寸

发芽期：7 天

收获期：播种后 60~70 天

轮　作：可以种在任何作物之后

可食用部分：叶子

龙　蒿

拉丁语学名:*Artemisia dracunculus*

　　我对十字军的东征并不是很支持,但是他们确实干了一件好事:在东征军的掠夺途中,他们发现了龙蒿,并且把它带回了西方世界。如果没有龙蒿的话,很多伟大的法式经典菜就无从谈起了。

　　法国人发明了一种不可思议的像黄油一样的酱——蛋黄酱,而里面那种类似茴芹的香味就来自法国龙蒿。正是这款酱帮助我认识到这一种香草是如何能够把鱼肉、禽肉和侏儒芦笋、西蓝花、胡萝卜、豌豆和西红柿等许多种蔬菜的味道提升到一个全新的高度的。

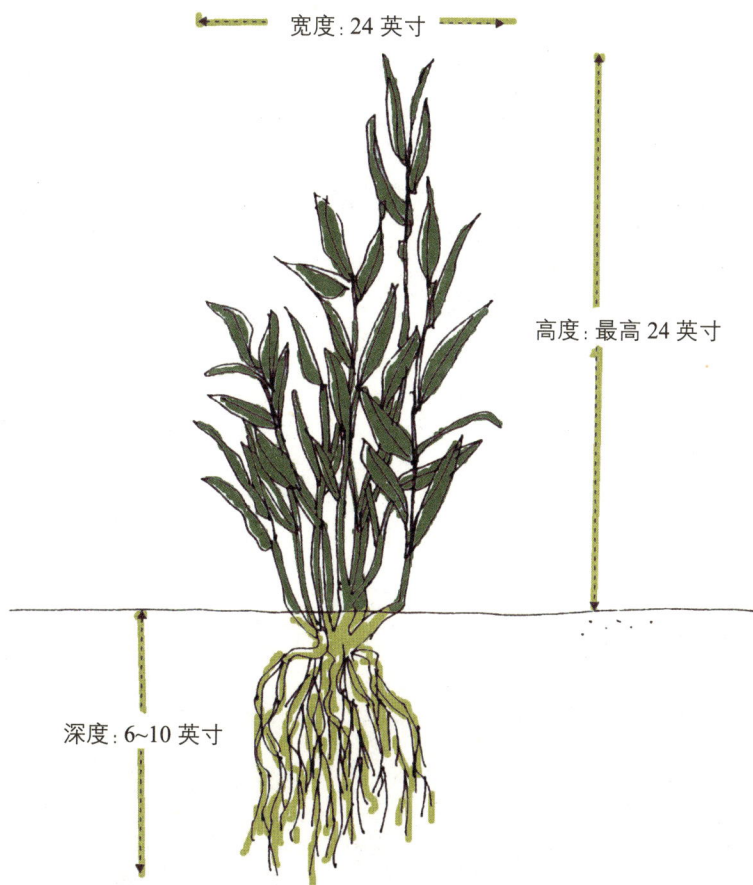

宽度:24 英寸

高度:最高 24 英寸

深度:6~10 英寸

使用这种香草的一个很棒的办法是把它做成一种美味的醋，用在沙拉酱里面：把龙蒿洗干净，晾干，放到一个干净的（消过毒的）罐子里，大约1/4满。倒满日本米酒醋，密封好，保存在一个凉爽干燥的地方。千万不要尝试用油来做，因为任何保存在油里面的生的植物都有可能产生肉毒杆菌的危险。

龙蒿分两种：法国的和俄罗斯的。尽管最初的龙蒿是从西伯利亚和中东地区传过来的，但是尽量不要用俄罗斯龙蒿来做烹饪用香草，因为它缺少产生甘草味的重要成分：草蒿脑。

龙蒿不是用种子种的，只能通过插枝来育苗。很烦人的一点是它在温热的气候下会枯萎，所以9区及以上地区不能种植。它喜欢湿润的土壤，但不能过于潮湿，而且土壤的pH值绝不能低于5。它跟其他的香草一样，要在深秋时剪掉地上部分，用厚厚的覆盖物盖好，而且每3年分株一次。

一年生植物	**酸碱度**：6.5~7.0
浇　水：少量	**品　种**：法国龙蒿（适合烹饪用），俄罗斯和墨西哥龙蒿太苦，不能做烹饪用
光　照：全日照	
混栽植物：	**适应区域**：4~8
有利的：各种蔬菜	**栽　种**：插枝，间距10英寸；每3年在春季分株和重新栽一次
不利的：无	
虫　害：无	**发芽期**：5~10天
病　害：霉病	**收获期**：移栽后60天
土　壤：肥沃、沙质，排水性好	**轮　作**：不要种在向日葵之后
施　肥：少量施肥；每季施2~3次鱼精	**可食用部分**：叶子

百里香

拉丁语学名：*Thymus vulgaris;T. citriodorius*

    我们有些朋友在露台花园的铺路石之间种上了柠檬百里香。它们渐渐长满了每一个角落，漂亮极了。百里香的适应性很强，在温暖的夜晚，脚下踩过的百里香会散发出最为诱人的香气，不像白金汉宫绿草茵茵的草坪里种的黄春菊，如果你在盛夏时去那里拜访，喝茶的时候会闻到一股青苹果的味道……至少我听说是这样的。

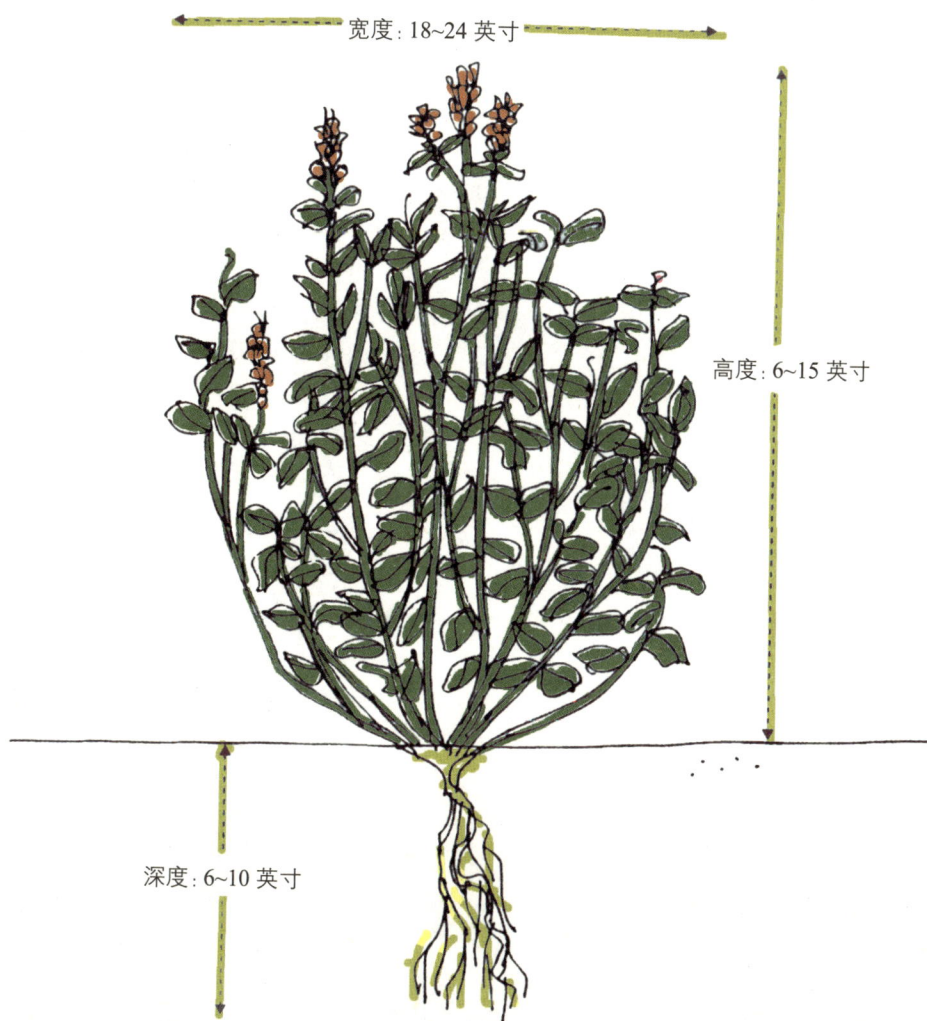

宽度：18~24 英寸

高度：6~15 英寸

深度：6~10 英寸

百里香是一种紧贴着地面的香草，从来没有超过9英寸高，而匍匐在地的柠檬百里香只有不到5英寸高。

据记载百里香有60多个品种，我还没能在厨房里把它们全部试用一遍，到现在为止我最钟情的是柑橘类/柠檬和薄荷香味的组合。我现在只用这个。

由于柠檬百里香不能从种子开始种植，你只能求助于两种繁殖方法：分株或者压条法。分株就是把一株成年的植物从地里面挖出来，竖着把根系切开，分成两堆。然后把它们种回地里，周围留下6~8英寸的生长空间。

压条是一种园艺技法，要让一枝长得特别长，然后（根还埋在土里时）去掉上面的叶子，把叶梗埋到土里。挖一道浅浅的沟，用刀子刮一刮叶梗朝下的一面，然后用沙子和泥煤苔把沟填满。然后把刮过的叶梗压到沙子里面，用弯成U形的铁丝像订书钉一样把叶梗固定住，被刮伤的地方就会长出根来。你可以用一根小木桩把叶梗的末端撑起来，让它朝上！

当然了，你也可以从苗圃购买幼苗，不过一定要确保那是柠檬百里香。

把百里香种在高个儿香草的前面，一般来讲高个儿的都种在种植床的最后一排，这样会便于采收。

用它来做芦笋、豆子、西蓝花、胡萝卜（加上肉豆蔻）、甜玉米、茄子、西红柿、菠菜和土豆会产生非同寻常的好味道。

多年生/耐寒植物

浇　水：少量

光　照：全日照

混栽植物：

有利的：甘蓝家族

不利的：黄瓜家族

虫　害：蚜虫

病　害：无

土　壤：轻质，排水性好

施　肥：一定量的肥（较少）；每季施2~3次鱼精

酸碱度：5.0~5.7

品　种：柠檬百里香、橙子百里香（都很适合烹饪用）

特殊护理：当下面的叶子干枯以后，掐掉主干上的叶尖，留下距离地面3英寸的高度，这样上面的叶子会再长出来

适应区域：4~10

栽　种：最后一次霜降之后播种，1/4英寸深；春季可以分株；间苗后间距6~12英寸

发芽期：8~12天

收获期：播种后70天

轮　作：多年生

可食用部分：叶子

基本食谱

下面这一部分是一些基本的食谱配方，包括我的异域特色混合香料的做法。此外，我还囊括了几道全麦、淀粉类菜色的食谱，虽然厨房菜园里无法种植这些谷物，但它们是完美均衡的日常饮食中不可或缺的一部分。

异域混合香料

缺少时间已经成为自己在家做饭的生活方式是否能残存下来的一个非常现实的因素，也正是这个原因推动了越来越多的方便食品和加工食品的出现。

结果，尽管我有多年来创新食谱的经验，但是我的编辑和出版人都建议我把每一个食谱里的原料限制在8种以内。这可给我出了难题，因为我希望能用不同层次的味道、香味、色彩和口感来代替大量的盐、脂肪、糖和精制淀粉，所以我会用到各种各样的香草、香料和柑橘类水果，这样就使得大多数食谱中原料的数量都超过了8种！

于是我想出另外一个办法，就是把各种用于提味的调味料混合起来，做成一种原料，我管它叫异域混合香料（类似著名的普罗旺斯香草和中国的五香粉）。我的异域混合香料仅供直销，由于供应量有限，所以我把配方提供出来，这样你可以自己进行制作和创新。

巴厘风味

3/4 茶匙月桂叶粉

4 茶匙姜粉

3 茶匙姜黄根粉

$1\frac{1}{2}$ 茶匙干洋葱末

$1\frac{1}{2}$ 茶匙干蒜末

$1\frac{1}{2}$ 茶匙现磨黑胡椒粉

6 茶匙辣味红干椒碎

德国风味

16 颗整个儿的杜松子

1 茶匙干 Cascade hop 啤酒花

1 茶匙干羊肚菌粉

4 茶匙干香葱

2 茶匙辣根粉

2 茶匙葛缕子粉

8 茶匙干墨角兰

2 茶匙白胡椒粉

希腊岛风味

4 汤匙干牛至

6 茶匙茴香子粉

6 茶匙干柠檬草

3/4 茶匙现磨黑胡椒粉

哈里萨风味
3 茶匙葛缕子

$1\frac{1}{2}$ 茶匙小茴香子粉

6 茶匙芫荽粉

12 茶匙红辣椒碎

印度风味
5 茶匙姜黄根粉

$2\frac{1}{2}$ 茶匙干芥末

5 茶匙小茴香子粉

5 茶匙芫荽粉

$1\frac{1}{4}$ 茶匙红辣椒粉（卡宴辣椒）

$2\frac{1}{2}$ 茶匙莳萝子粉

$2\frac{1}{2}$ 茶匙小豆蔻子粉

$2\frac{1}{2}$ 茶匙葫芦巴子粉

摩洛哥风味
5 茶匙现磨肉豆蔻

5 茶匙小茴香子粉

5 茶匙芫荽粉

$2\frac{1}{2}$ 茶匙多香果粉

$2\frac{1}{2}$ 茶匙姜粉

$1\frac{1}{4}$ 茶匙红辣椒粉（卡宴辣椒）

$1\frac{1}{4}$ 茶匙肉桂粉

北部法国风味
10 茶匙干龙蒿

$1\frac{1}{4}$ 茶匙月桂叶粉

5 茶匙干百里香

1/2 茶匙丁香粉

10 茶匙干细叶香芹

西北意大利风味
8 茶匙干牛至

4 茶匙干罗勒

4 茶匙茴香子粉

4 茶匙鼠尾草末

2 茶匙干迷迭香

太平洋西北岸风味
3 汤匙红辣椒碎

2 汤匙干莳萝碎

$2\frac{3}{4}$ 茶匙姜粉

$2\frac{3}{4}$ 茶匙茴芹粉

波兰风味
4 茶匙葛缕子粉

$1\frac{1}{2}$ 茶匙干墨角兰

3 颗整个儿的杜松子

1/8 茶匙丁香粉

3/4 茶匙白胡椒粉

斯堪的纳维亚风味
$4\frac{1}{2}$ 茶匙辣根粉

$2\frac{1}{4}$ 茶匙葛缕子籽

3 汤匙干欧芹

$2\frac{1}{4}$ 茶匙干羊肚菌粉

$2\frac{1}{4}$ 茶匙干海藻

1 茶匙白胡椒粉

1/2 茶匙多香果粉

$4\frac{1}{4}$ 茶匙海盐

1/2 茶匙干莳萝籽

上海沿海风味

3 汤匙红辣椒碎

$2\frac{3}{4}$ 茶匙姜粉

$2\frac{3}{4}$ 茶匙茴芹粉

南部法国风味

$2\frac{1}{2}$ 茶匙干迷迭香

$2\frac{1}{2}$ 茶匙干罗勒

5 茶匙鼠尾草末

$1\frac{1}{4}$ 茶匙月桂叶粉

5 茶匙干墨角兰

5 茶匙干牛至

泰国风味

10 茶匙干柠檬草

5 茶匙高良姜

$1\frac{1}{2}$ 茶匙红辣椒粉（卡宴辣椒）

$1\frac{1}{4}$ 茶匙干绿薄荷

5 茶匙干芫荽叶

$2\frac{1}{2}$ 茶匙干罗勒

蔬菜汤

这款低钠蔬菜汤比用蔬菜的边角料要好，当然比用白水更好！（请注意：我认为芜菁非常重要。）

4 杯

1 茶匙无香橄榄油

1 个洋葱，切碎

2 瓣大蒜，拍松

1/2 茶匙现磨姜末

1/2 杯粗切胡萝卜

1 杯粗切芹菜

1 杯粗切芜菁

1/4 杯粗切大葱，只要白色和淡绿色部分

3 枝欧芹

1/2 茶匙黑胡椒子

5 杯水

取一口大号汤锅，倒上油，用中火加热后，放上洋葱和大蒜，炒5分钟。放入其他的原料，倒上水。煮开后，转成小火，炖30分钟。用细眼滤网和纱布把汤过滤出来。

可以马上使用或者分装成2杯一份，标上日期，放到冰箱里冷冻。

> 每份含有：12卡路里，1克脂肪，0克饱和脂肪，0克碳水化合物，0克蛋白质，0克膳食纤维，1毫克钠。相当于：没有吃

派 皮

这款派皮减少了脂肪带来的热量，但仍然酥脆，很适合做派的表层酥皮——不是同时用做表面和底层的！如果需要的话，你可以做两层表皮或者一层派底。

$1\frac{1}{2}$ 杯蛋糕面粉

1茶匙白糖

1/8茶匙盐

2汤匙无香橄榄油

1/4杯无盐黄油棒，冷冻15分钟（便于切开）

1茶匙醋

4汤匙冰水

把面粉、糖和盐放进食品搅拌机里，倒上油，搅拌均匀。把黄油切成小片，加到面粉里。打10分钟，直到混合物变成小豌豆粒大小的团状。

倒上醋和冰水，再打10分钟，直到面团开始结成团状。平均分成两个面团，分别包好，放到冰箱里冷藏至少30分钟，然后再擀开。

也可以手工制作面团。把面粉、糖和盐混合起来，倒上油，拌匀。加入黄油，用面点切刀或者两把刀子搅拌，切成小豌豆粒大小。放上醋和冰水，用叉子搅拌，直到面团开始结成一团。揉成两个面团，包好，放到冰箱里冷藏至少30分钟，然后再擀开。

> 每份（1/16配方量）含有：78卡路里，5克脂肪，2克饱和脂肪（11%的热量来自于饱和脂肪），10克碳水化合物，2克蛋白质，0克膳食纤维，52毫克钠。相当于：1/2份淀粉，1份脂肪

橄榄迷迭香意大利面包

我把这个乡村风味的自制面包配方加进来是因为这样一份大有嚼头的配菜可以令一顿素餐增色不少。

12 人份

1 茶匙干酵母

1 杯温水

5/8 茶匙盐

1/2 茶匙干牛至

1/2 茶匙干罗勒

1 茶匙干迷迭香

2 杯到 $2\frac{3}{4}$ 杯通用面粉

2 个甜洋葱,切成 1 英寸的片

2 个红色甜椒,切成 1 英寸的片

3 瓣大蒜,带皮

1 茶匙橄榄油

12 个切成一半的西红柿干,切成丝

12 颗黑橄榄,去核,切成 4 瓣

少许犹太盐或海盐

把酵母撒到温水里,静置 10 分钟,让其充分溶解,然后加上 1/2 茶匙盐、牛至、罗勒和迷迭香,放入 2 杯面粉,均匀混合后,加上其余的面粉,直到揉成一个中等大小的硬面团。在案板上撒上干面粉,揉至少 5 分钟,直到面团表面光滑,富有弹性。把面团放到一个涂过油的碗里,盖好,放置在温暖又不通风的地方发酵一个半到两个小时,直到面团变成原来的两个大。

把烤箱预热到 220℃。

把洋葱、甜椒和大蒜放在烤盘里,加 1/2 茶匙油拌匀。撒上剩余的 1/8 茶匙盐,烤 25 分钟,直到蔬菜脆嫩,刚刚发黄,大蒜变软为止。放凉后,剥去大蒜的外皮,切成片。

把烤箱温度调到 205℃。取一口直径 10 英寸的耐热煎锅或者派盘,涂上油。

把面团擀成大的长方形,把混合蔬菜均匀铺上一层,放上西红柿干和黑橄榄,把面皮四边向内折起来。把蔬菜揉到面团里面,直到完全均匀。把面团放到备好的煎锅里,饧 30 分钟,直到面团发到原来的两倍大。

用手指在发起来的面团上戳几个深坑。把剩余的 1/2 茶匙油刷在表面上,撒上少许犹太盐。烤 30 分钟,直到变成金黄色。放在架子上晾 10 分钟,然后切开。

每份含有:116 卡路里,1 克脂肪,0 克饱和脂肪,24 克碳水化合物,3 克蛋白质,2 克膳食纤维,91 毫克钠。相当于:$1\frac{1}{2}$ 份淀粉

酸奶奶酪

我不喜欢过分强调某一种食物或者某个想法的价值。但是，我家用酸奶奶酪代替了黄油、人造黄油和奶油，大大改变了我们从饱和脂肪中摄取热量的方式。我们每年少摄入了超过4万卡路里的热量，相当于将近11磅的人体脂肪！

16份1汤匙的用量

把一块吸水的厨用纱布铺在一个酸奶过滤网或者是漏勺里，放到一个大碗上面（好接滤出来的乳清）。把酸奶（1桶大约32盎司不含有明胶、淀粉或玉米淀粉等增稠剂的脱脂原味酸奶）倒进滤网里，盖好，放到冰箱里冷藏12小时或者一整夜。大约50%的乳清会被过滤出去，剩下的就是比较结实的酸奶奶酪了。

本书食谱中未列出的其他使用酸奶奶酪的方法：

按1:1的比例把软质人造黄油（不含反式脂肪酸）和酸奶奶酪混合起来，可以涂在面包上吃。或者用2/3的酸奶奶酪加1/3的人造黄油，这样脂肪和卡路里的含量更低。

把酸奶奶酪拌上枫树糖浆，就着派吃。

用酸奶奶酪来代替酸奶油来搭配烤土豆，加上现磨的胡椒和香葱。

做成酱汁搭配煮鸡吃：把酸奶奶酪加到鸡汤里，用玉米淀粉勾芡，撒上刺山柑、甜椒和少许欧芹。

每份含有：12卡路里，0克脂肪，0克饱和脂肪，2克碳水化合物，1克蛋白质，0克膳食纤维，17毫克钠。相当于：没有吃

韭葱大麦米饭

如果你这些年来一直关注着我的工作（以及巨大的变化），你就应该知道我提倡的享用食物的四个基本要素——色、香、味和口感。口感虽然排在最后，但绝对是不可缺少的。事实上，人们之所以那么喜欢吃脂肪的原因就在于它的口感，也就是那种满嘴留香的感觉。所以说口感是至关重要的！为了增加口感，这里我使用的是脱壳大麦米，而不是精加工过的薏米。我会煮一批这种米粉，按一杯一份分装起来冻到冰箱里。用它搭配各种食材做的汤都很不错。

12份

1 茶匙橄榄油

2 根葱,只用葱白和淡绿色部分,洗干净,切成段

4 瓣大蒜,拍松,切成末

3 杯脱壳大麦米

6 杯纯净水

1 茶匙盐

取一口中号或者大号的锅,倒上油,用中火加热,放入葱和大蒜炒 5 分钟。用滤筐把大麦米淘洗干净,倒入锅里,翻炒均匀。加上水和盐,煮开后关小火,盖上锅盖,煮 45 分钟(用薏米的话,煮 30 分钟)。做熟后大麦米应该略有嚼劲。

每份含有:117 卡路里,1 克脂肪,0 克饱和脂肪,23 克碳水化合物,4 克蛋白质,5 克膳食纤维,144 毫克钠

糙米饭

我一向不是很喜欢吃糙米。它似乎总是让人难以下咽,而且一旦煮过了头,就碎了。后来我们找到了这种长粒糙米,用我过去做白米饭的蒸煮方法做出来很好吃。不过这种糙米确实要多煮 10 分钟左右,所以我们每次都做两份,然后冻起来一份。对糖尿病患者来说,糙米是更好的主食选择,因为他们需要减慢把吃进去的食物转化成糖分的过程。

4 $\frac{3}{4}$ 杯的分量

1 杯长粒糙米

5 杯纯净水

1/2 茶匙盐

把米放在滤筐里,用凉水冲洗干净。取一口中号锅,加上水和盐,煮开。放上糙米,转成中小火,煮 30 分钟。

另取一口锅,加上水,烧开,上面放上一个手工筛子。米粉煮好以后,倒进筛子里面,盖好锅盖,蒸 8~10 分钟。

每份含有:171 卡路里,1 克脂肪,0 克饱和脂肪,36 克碳水化合物,4 克蛋白质,2 克膳食纤维,306 毫克钠

蒸粗麦粉

这道经典的淀粉食物含有干硬、蓬松、细小的颗粒(北部非洲硬质粗粒小麦)。大部分市面上供应的类型事实上都已经是蒸过了然后再烘干的，花不了 6 分钟就可以做好。还有一种的颗粒比较大，蒸的时间要长一点，虽然口感没有那么细腻，不过味道是一样的。蒸粗麦粉能很好地吸收肉汁，也是一份上好的轻淀粉类沙拉的优质基底。一般都用水来做，不过我更喜欢用蔬菜汤。

一杯干的蒸粗麦粉能做出来 $3\frac{1}{2}$ 杯。我用 1/2 杯略微压紧的熟粗麦粉来做配菜，用一整杯来做沙拉。

6~7 人份

$1\frac{3}{4}$ 杯低钠蔬菜汤或者水

1 杯蒸粗麦粉

1 茶匙盐(如果用水的话)

用一口小锅把蔬菜汤煮开，放入蒸粗麦粉，搅拌 4~5 次。关火，盖上锅盖，焖 5 分钟，让它胀起来。用叉子轻轻搅拌，让米粒分开。

每 1/2 杯含有：99 卡路里，0 克脂肪，0 克饱和脂肪，20 克碳水化合物，3 克蛋白质，31 克膳食纤维，28 毫克钠

小茴香汤煮小扁豆

我们都喜欢吃小扁豆，去过印度之后就更加喜欢了。达尔(Dahl)是一种用小扁豆加了很多调味料做的菜，在印度非常常见，就像墨西哥菜里的米饭和豆子一样。重要的是要用上好的汤慢慢地炖，而且小扁豆的火候要掌握好——刚刚熟，不能太烂。这道菜对糖尿病患者很有助益，因为纤维含量高，能减缓食物变成糖分的速度。

4 人份

1 杯小扁豆(绿色、棕色或红色)

$1\frac{1}{2}$ 杯低钠蔬菜汤或者水

1茶匙小茴香粉

盐,依口味添加

把小扁豆洗干净,摊开晾干。有破损的或者变色的一定要挑出来扔掉。把其他的原料准备好。

把蔬菜汤倒进中号锅里煮开,然后慢慢把小扁豆倒进去,关小火,盖上锅盖,炖10分钟。在最后10分钟的时候加上小茴香。尝一尝,如果很淡的话,可以加点盐!

用水做的每份含有:169卡路里,1克脂肪,0克饱和脂肪,28克碳水化合物,14克蛋白质,15克膳食纤维,3毫克钠

藜 麦

这种谷物在南美洲有五千多年的种植历史,是非常好的淀粉食物,可以代替传统的土豆、意大利面或者米饭。还可以用来做混合沙拉。注意:吃不完的要冷冻。

$4\frac{1}{2}$杯的分量

1杯水

1/4茶匙盐

1杯藜麦

1汤匙切碎的新鲜欧芹或者芫荽叶

2茶匙野生蘑菇粉(可选)

把水和盐放到中号锅里煮开,把所有的藜麦都放进去,搅拌一下不要让麦粒粘在锅底。煮开之后,关小火,盖上锅盖,煮14分钟,直到麦粒把所有的水分都吸收进去。放上欧芹拌匀。如果需要可以撒上野生蘑菇粉以提味。

每份含有:106卡路里,3克脂肪,0克饱和脂肪,27克碳水化合物,6克蛋白质,3克膳食纤维,148毫克钠

后 记

分享收获对社区的贡献

　　我的厨房菜园就像是我们社区的一个缩影。土壤是聚集地，种子是我们用来交流的词句。词句用的越清楚，我们就越容易了解事情的真相，而大家都了解了真相之后做出的行动才能构造一个和睦的社区。

　　我致力于创建一个团结的社区。

　　自从长大以后，我一直在尝试播下善意的种子，鼓励邻居们聚餐、分享美好的事物，共同发现生活中的快乐。

　　可是我伤心地发现，生活的压力以及为了追求急速的幸福而一次次的分心使我们本应坐在餐桌旁与彼此共同度过的时光变得非常的有限。我不是坐在象牙塔里说这些的。它就发生在我身边，因为我自己也被湮没在商业社会的机会主义泥石流中。

格雷汉姆和特莉娜来了！

　　我真的很想逃出去，爬到高处，那里应该有一些能让我喘息的地方吧？可是总有忙不完的事情，催促着我赶上一个又一个的最后期限。

　　现在你已经翻遍了这本书，可能已经准备好要拿起铲子来播种像种子一样的鼓励的话语了。但一定要从小处开始。哪怕只是一个泥土箱也能给"快乐"一词带来全新的含义，既有成就感，又有好味道。也许我有点不切实际的幻想，但是我坚信你迈出的第一步无论有多么小，所得到的回报都会非常的有意义，最终你将会下定决心，为了那个美好的追求投入更多的时间和精力。

自从我开始计划写这本书起，我的生活就发生了改变。我花在植物上面的时间增加了我跟其他人接触的时间，既在我们社区共有的花园里，也在我们彼此的餐桌上。我们是为精心准备的新鲜食物而欣喜，而不是为了参加某个"料理铁人"比赛而高兴。

不过，除了个人的成就感和更好的美味等直接好处之外，更加有营养的饮食才是与社区里的邻居们分享我们的丰富收成最快乐的方面。最近的经济萧条和恶劣的环境对他们都造成了不利的影响。其实我们食用的水果和蔬菜越多，我们应对当今这个有毒环境的能力就越强。

为什么不能让我们的邻居们分享我们的幸福呢？比邻而居不就是这个意思吗？

住在夏威夷的时候，我在草坪上种的是适于热带气候的圣奥古斯丁草。我是一簇一簇种的，中间间隔有 12 英寸的土地。每一簇都匍匐着向四周扩展，遇到相邻的那一簇，然后连成了一片。光秃秃的地面很快就铺上了一层绿茵茵的地毯，它们最大化地利用了水分和阴凉的地方，所需要的照料比传统的草坪要少得多。

把你自己想象成一簇圣奥古斯丁草吧：找一个只有一小块空地、愿意试验性的种几棵植物的邻居，互相鼓励，你来我往，给自己打造一个全新的、更加有意义的生活方式。如果你住在城里，没有自己的土地，你可以问问市里的公园及休闲管理处哪里有已经成规模的厨房菜园种植者团体可以让你参加，或者去社区园艺协会的网站上查找自己所在地的组织。

后记

301

附录一

损失控制

　　现在想起来似乎是很多年以前的事了。1979 年，在一次飓风灾害过后，我带领一队人马来到了多米尼加岛。在这次救助活动中我遇到了一位法国的生物动力农学家，他带我去看了飓风给他引以为荣的农作物造成的影响。大部分作物都平安度过了那场暴风雨。"你怎么对付害虫呢？"我问。"我给它们种了足够多的作物。"他答道，"你看见这些窟窿了吗？"他举起一片卷心菜的叶子对着阳光。"嗯。"他面带法国人特有的撇嘴一笑补充道："有了这些窟窿的帮助，菜会熟得更快！"

　　当然他说的不是真的，不过他真正的意思是说那些带有窟窿、被虫子啃过的痕迹、甚至有斑点和碰伤的菜叶不应该被当成是这棵菜不能吃的警示。事实上，恰好相反！

　　我们太习惯于完美无缺的产品了，哪怕一个小斑点也能让我们将其拒之门外。现代的标准原则是超市里（在特殊卤素灯照耀下）展示的每一棵植物都必须散发着反射出来的亮光，闪烁着活力十足的样子——充满了维生素、矿物质和美好生活的祝福。可是为了达到这个标准，我们有一系列的化学药剂来控制每一种有可能对完美构成威胁的因素。

　　早些年间，我们用 LISA 的缩写来代表低投入的可持续性农业。那时候我们的目标是尽可能多使用本地材料，这样第一季的收获只会造成土壤的改良，而不是土壤的消耗和侵蚀。简而言之，农业应该是可持续性的，而不是刻意有机的。

　　可能有人会说我这是滑坡谬论，因为它避开了"有机农业"所要求的绝对标准。他们提醒说，只要有了投入，那么形形色色的危险家伙都是可以猎杀的。

　　对于职业农民来说，这种观点可以成立，因为对他们来说，保护庄稼就是在捍卫他们自己的谋生之道。但是对于厨房菜园种植者来说，就不应该采用这套理论，因为他们的顾客是自己的家人、朋友、邻居和关心的人。因此，我选择的是尽可能持续发展的最为自然的路线。

　　我知道自己必须要应对两大主要敌人：虫害和病

害。对付害虫,我可以使用所谓的系统性化学杀虫剂。它们会通过叶子、梗或根系被植物吸收进去,被树液传送到植物的全身。这些化学品的配方按照不同的时滞功效分为三种:

可生物降解的:1~2 周到 1 个月

相对持久的:1~2 年

永久性的:几年(大部分已经停产)

我只选用了可生物降解的产品,而且在使用之后给植物留下 6 个星期的休息时间,然后再采收(只要记下日期就能确保安全)。

接下来我必须决定用什么方法来施用这些化学品。选择包括:粉剂、喷剂、颗粒剂和饵料。我选择把不溶于水的油剂与水混合到一个特定的流速,比如说 60 秒,这是用于植物的最小、最安全的剂量。

接下来就是更容易出现的植物受损的原因了:病害,而且还不少。应对真菌性病害的方法还是分为四大类:

预防性:防止孢子的生长

抑制性:防止现有真菌的继续增长

铲除剂:杀死现有的真菌

抗生素:杀死真菌和细菌

格雷汉姆决定在菜园里不撒粉剂

我买了一把很实用的手动压力喷壶,用来喷施鱼精,偶尔也给叶片喷洒液体洗碗剂(1 茶匙兑 1 加仑水),有助于在叶面上形成一层保护膜。

用喷壶之前,我总是先用纱布把混合好的液体过滤一遍,以免里面的一些细小物质把喷嘴堵死。

最后一点,使用这些化学制剂时我会戴上橡胶手套,穿上长袖的衣服和一条专门打理植物时穿的旧裤子,戴上护目镜、草帽和一个简单却有效的口罩。这下我就可以在那条由黄砖铺成的小路上尽情起舞了!

现在……看到我的这些预防措施,你会不会想要避免使用化学品呢?

另外一种选择

有经验的种植者都说植物越健康就越不容易受到威胁。显然不健康的原因在于土壤的质量,其酸碱度和矿物质的含量是否平衡。所以你需要定期做土壤测试(或

者自己检测），还要经过认真考虑之后制订一个轮作计划，每年、每个种植床都要做好记录。

虫子会飞到你家的菜地里去的。当你发现它们的时候，可以用小拱棚把蔬菜罩上，既不遮挡阳光和空气流通，又能挡住那些会飞的小朋友。

橙色的黏板会吸引细小的粉虱，特别是蚜虫。商店里有卖的，你也可以自己做。有些甚至是可以带着上面被黏住的虫子一起被生物降解的！

你还可以自己引入一些益虫，让它们去攻击那些吃植物的家伙。瓢虫是个非常好的例子，它们喜欢吃蚜虫和螨虫。也有卖螳螂卵的，孵出来以后，它们会吃掉所有看到的东西（但不过分）。可惜的是，它们也是瓢虫偏爱的食物！

你也可以上网去查查信息素的资料。信息素是一种昆虫的催情素，能把性欲旺盛的食叶类昆虫吸引到装有杀虫剂的诱捕笼里面。

所有这些古老的和现代的方法都会帮助你赢得这场与大自然的战争。但要记住一点：如果某棵植物病得很厉害的话，最好的办法就是把它拔出来，装在密封塑料袋里，送到当地的农业技术部门去检查病因。

附录二

体积

1 美制加仑=3.79 升

1 立方英尺=0.03 立方米

长度

1 英寸=0.03 米

1 英尺=0.30 米

1 英里=1609.34 米

1 码=0.91 米

面积

1 英亩=4046.86 平方米

1 平方英里=259 公顷

1 平方英尺=0.09 平方米

1 平方码=0.84 平方米

质量

1 磅=0.45 千克

1 盎司=0.03 千克

容积

1 杯=42.26 毫升

1 茶匙=2.64 毫升

1 汤匙=15 毫升

1 美制液夸脱=0.95 升

1 美制液盎司=29.57 毫升